NF文庫
ノンフィクション

わかりやすい朝鮮戦争

民族を分断させた悲劇の構図

三野正洋

潮書房光人新社

まえがき

第二次世界大戦終了直後とも言いうる一九五〇年六月二五日、朝鮮半島の二つの国（大韓民国と朝鮮民主主義人民共和国）の間に戦火が立ち昇った。

その後、三八ヵ月間（約一〇〇〇日）続くことになるこの戦争を、当時の日本では〝朝鮮動乱〟と呼んだ。

しかしその実体は、決して〝動乱〟というような小規模なものではなく、両国の死者数が少なくとも約二〇〇万人という本格的な〝戦争〟であった。

第二次大戦（太平洋戦争）における日本人の戦没者数（軍人に限れば二四〇万人、民間人を含めると四〇〇万人）と比較しても、この戦争のスケールが小さいとは言えない事実がわかろうというものである。

そして戦争を仕掛けたのは、一九五〇年六月以前の小競り合いを別にして考えれば、間違いなく朝鮮民主主義人民共和国（北朝鮮）である。

金日成（キム・イルソン）を首班とする北朝鮮政府は、アメリカを中心とした資本主義体制に組み入れられようとしていた大韓民国（韓国）の〝解放〟を目的として、大挙南進を実行した。しかしこれは、日本の植民地支配から脱して五年目、ようやく独立国としての基礎づくりに着手しつつあった韓国にとっては、明らかに共産主義者による軍事侵略以外の何ものでもなかった。韓国はアメリカ軍を中心とする国連軍の支援を受けて、必死の反撃を試みる。

北朝鮮は、緒戦では有利に戦いを展開したものの、開戦後半年を経ずして国連軍によって潰滅的な打撃をこうむった。しかしこの後、中国が〝抗美援朝〟のスローガンの下に戦争に介入し、状況は混乱し続けることになる。

隣国で起こったこの戦乱は、当然のことながら我が国に大きな影響を与えた。

太平洋戦争で致命的な打撃を受けていた日本経済は、在日および韓国駐留アメリカ軍による大量の資材購入によって一挙に立ち直った。また、共産主義の脅威が声高に叫ばれ、警察予備隊（のちの自衛隊）誕生のきっかけともなった。

このように身近な戦争であっただけに、朝鮮戦争に関する資料、記録、出版物は我々のまわりに多数存在する。主として韓国、アメリカ側のものではあるが、個々の戦闘の記録、戦争全体を述べた一般書など豊富に手に入る。しかし、いわゆる東側の資料はきわめて少なく、また、あっても社会主義国特有の宣伝臭の強いもので、その真実性には疑問があった。たとえば、自軍の戦果については明らかに過大な数字を挙げ、損害に関しては口を噤《つぐ》むといった事柄である。

けれども、旧ソ連におけるグラスノスチ（情報公開）の影響を受けて、中国、北朝鮮も少しずつ重い口を開きはじめた。とくに中国は、一九八八年以降、西側研究者が驚くほど大量にこの戦争に関する資料を公開している。

そこにはきわめて現実的な数字が記されており、戦果については一九六五年当時発表の数値が二〇〜三〇パーセントに削られ、また損害についての数値がはっきりと示されている。いずれの資料も「(軍の)内部発行」との文字が打たれてはいるが、中国国内、日本の専門書店で容易に入手できるのである。

現代戦史を研究する者にとって、このような状況はまさに待ちに待っていたと言えよう。多くの類書の存在を知りながら筆者に筆をとらせたのは、これらの資料であったことは言を待たない。戦史を正確に分析しようとすれば、敵味方両方の側のデータがどうしても必要なのである。そして、それはようやく実現された。

一九九〇年代を迎えるとともに、韓国、北朝鮮の間には交流のきずなが結ばれようとしている。しかし、両国の政治体制の違いは大きく、南北統一に至る道が容易であるとは思えないが、やはりひとつの民族はひとつの国家の中で生きていくべきであろう。

そのための第一歩として、両国、そしてこの戦争に係わり合った国々は、朝鮮戦争の正確な史実を——どちらが悪かったということではなく——学ばねばならない。そしてこの中に、日本が含まれるのは言うまでもない。

当然本書もまた、その一助となるべきであり、〝朝鮮戦争〟の実態を知らない我が国の若者にも、隣国を襲った最大の悲劇について学んでほしいと思っている。これまでのいくつかの拙書の中でも記したが、将来の戦争を未然に防止しようとする者こそ、過去の戦争を知らねばならないことは自明の理と言えるのである。

本書の中では、それぞれの国および軍隊を次のような呼び方で示す。

大韓民国：韓国と略す。そして大韓民国の軍隊を韓国軍、あるいはＲＯＫ軍とする。ＲＯＫとはRepublic of Koreaからとっている。

朝鮮民主主義人民共和国：北朝鮮と略す。そしてこの国の軍隊を北朝鮮軍、あるいはＮＫＡ軍とする。ＮＫＡとはNorth Korean Armyのことで、本来なら軍の文字は不要だが慣例的に用いている。

国際連合（軍）：国連軍、ＵＮ軍。ＵＮとはUnited Nationsのことである。

中華人民共和国：中国、あるいはその政体から中共と略す。その軍隊を中共軍、中国軍とする。中国軍の正式な名称は中国人民解放軍である。

アメリカ、アメリカ軍（米軍）、ソ連、ソビエト、ソビエト軍という慣用的な言葉はとくに説明することなく使用している。

また、共産軍といった場合には、北朝鮮軍と中国軍の両方、あるいはその連合軍を示す。

平成十一年四月

著　者

わかりやすい朝鮮戦争——目次

第四章　その後の推移——一九五二年一月〜休戦まで

第七章　参加各国軍隊の規模、編成、そして戦闘

口絵・本文写真提供／著者・雑誌「丸」編集部
U. S. Army, National Archives

1950年６月25日、突如北朝鮮軍は38度線全線で砲撃を開始し、約1000日もつづく戦いの火ぶたが切られた。写真は85ミリ高射砲を射撃する北朝鮮軍の砲兵部隊。

あわてて前線へ出動する韓国軍と松隅里付近で見送る避難民たち。韓国側はいくつかの拠点で勇敢に抵抗したものの、開戦から３日後に首都ソウルは陥落した。

朝鮮戦争当時の指導者たち。左から南北の武力統一を推進した北朝鮮の金日成、古くからの民族主義だった韓国の李承晩、韓国派兵を断行した米のトルーマン。

1950年6月29日、漢江河畔の永登浦を視察して米軍の投入を決定したマッカーサー元帥（上写真左から3人目）。右写真は7月2日、佐世保から釜山港に到着した米軍第24師団第34連隊。

倭館西北方の北朝鮮軍集結地をじゅうたん爆撃するB29。戦闘機の驚異的な能力向上によって、すでに旧式化していたが、唯一の戦略爆撃機として使用された。

北朝鮮軍に苦戦を強いられていた米韓軍(国連軍)は、韓国南部の拠点釜山市を要とした防御陣地を形成して陣容を整えていった。写真は1950年8月、洛東江防衛線の霊山正面のM26戦車上で弾着を観測する米海兵隊員。

倭館付近の高地に軽機関銃を据えた米韓軍の兵士。緒戦で打撃を受けた韓国軍は、次第に戦いにも慣れ、米軍は韓国兵を自軍の分隊に編入して共に戦った。

1950年９月18日、仁川に上陸する米第７師団（上写真）。米海兵隊１コ師団を中心とした上陸部隊は北朝鮮軍の背後をついて上陸し、12日後には首都ソウルの奪還に成功した。右は中央庁前に再び掲揚された韓国の国旗。

左写真は襄陽の町で38度線を突破、記念標識板の前に立つ韓国軍第3師団の将兵。ソウル奪還後、無条件降伏を拒否して退却する北朝鮮軍を迫って国連軍は進撃を開始したが、隣国の中国は自国への重大な脅威ととらえた。

北朝鮮の大半を占領して鴨緑江に急速に迫りつつあった国連軍に対し、中国は〝人民志願軍〟と称する正規軍を派遣した。写真は陸続として南下する中国軍。

国連軍による北朝鮮進攻を強く非難し、中国軍の派遣を決定した毛沢東(左写真)と人民志願軍の総司令官として、北朝鮮の全土を短期間で奪還した彭徳懐。

長津湖から後退する米海兵隊員。中国軍は国連軍首脳の予想を上まわる程強力で、またきわめて早い冬の到来に天候も悪化して航空支援も得られず、国連軍は崩壊の危機にさらされていた。

国連軍の空軍機を迎撃するために待機中のＭｉＧ15戦闘機隊。史上初めてジェット機同士の空中戦を行なった機体で、飛行性能が優れていたが、航続力が短いのが欠点であった。

左写真は機器の信頼性と射撃システムに優れていた米空軍の主力戦闘機Ｆ86セイバー。上はＭｉＧ15戦闘機をガンカメラが捉えた瞬間。〝ミグ横丁〟と呼ばれていた北朝鮮北部の空戦のニュースは、世界中で報道された。

米空軍に鉄道橋を爆撃され、夜間必死に修理を行なう中国軍工兵部隊。制空権をにぎっていた国連軍は、大量の戦闘爆撃機を投入して補給路を徹底的に攻撃したため、甚大な損害を受けた共産側はその対策に苦心した。

米空母ボンノム・リチャードに展開するF9F艦戦と爆弾を携行した攻撃機。制海権をにぎっていた国連軍は、空母搭載機からの航空支援を積極的に活用した。

山岳地帯で戦う北朝鮮軍。戦争が長期化すると判断した共産側は、大量の近代兵器を駆使する国連軍に対して、次第に人海戦術による消耗戦を避けるようになり、陣地戦を主体とした持久戦へと戦術を転換していった。

数回にわたる争奪戦後に山頂を確保して一息つく米軍兵士。充分な砲兵の支援をうけて共産軍陣地へ前進しても、幾重にも敷かれた防衛ラインを突破することはできず、予想以上の損害を覚悟しなければならなかった。

1950年７月27日、板門店で休戦協定に署名する中朝側の南日中将(右から２人目)と国連側のハリソン中将(左から人目)。両者は終始無言のまま、調印を終えた。

休戦会談後、日本へ帰還する直前の最後の慰問に心から笑う兵士たち。38ヵ月間にわたって続いた戦争は、朝鮮の全土を荒廃させ、また停戦に反対した韓国は休戦協定への調印を拒否し、今日も南北間の対立は続いている。

わかりやすい朝鮮戦争

――民族を分断させた悲劇の構図

第一章　第二次世界大戦後の朝鮮半島

一　半島分断

一九四五年八月一五日、日本はポツダム宣言を受諾し、連合国に無条件降伏した。それと共に日本の植民地であった朝鮮は、永く、不快な状況から解放され、朝鮮民族による新しい国家の建設が開始された。

少なくともこの時点では、輝かしい未来に対する期待が、朝鮮半島に住む人々のすべてに満ち満ちていたに違いない。

しかし、共に第二次大戦の勝者となった大国アメリカとソ連の対立は、それを許さなかった。

戦争中、朝鮮民族（あえて朝鮮人民とは記さない）の抗日運動は、規模の大小を問わず根深く続いていた。それは、かならずしも朝鮮半島の中だけではなく、中国大陸においても同様であった。

これらの抗日および朝鮮の独立を願う組織は、それぞれ独立に、あるいは関連を持ちながらいくつも存在した。

たとえば、

建国準備委員会
人民委員会
朝鮮独立同盟
抗日朝鮮義勇軍
大韓民国臨時政府
光復義勇軍

などがこれに当たる。

いずれも大日本帝国の支配から脱却し、完全に独立した国家の建設を目的として血と汗を流していたが、目的は同じながら方法、イデオロギーは大きく異なっていた。

それを大別すれば、自由主義諸国の支援を期待する側と、社会主義陣営に頼ろうとする者となる。

もちろん、どちらの側にも属さず、中立的な国家を目指す民族主義者も少なからず存在したが、その力は左右の勢力と比較して小さかった。

日本は降伏したものの、朝鮮半島から外国の軍隊の姿は一刻たりとも消えることはなかった。

同年八月八日、満州（中国東北部）に侵入したソ連極東軍は、弱体の日本陸軍（関東軍・朝鮮軍）を追い散らしながら南下をつづけた。その勢いはまさにとどまるところを知らず、二週間で満州を完全に制圧し、その後朝鮮に入る。途中、日本軍の武装解除を行ない、同時に多くの施設を接収しながら、九月中に同半島の全部を占領（解放）するところまできていた。

これを知ったアメリカは、九月八日、あわてて朝鮮の釜山へ部隊を上陸させたのである。

朝鮮総督府の日本国旗降下式——日本の降伏直後、米ソによる分断統治が急速に進められた。

放っておけば、ヤルタにおける秘密協定に反し、ソビエトは朝鮮全土を手中に収めるかも知れなかった。

しかしながら、ソ連軍は三八度線で停止し、アメリカ政府は胸をなでおろすことができた。

このようにして半島分断の基礎が生まれてしまったのである。

間もなく朝鮮半島の南には、日本の総督府から主権を引き継いだ形の組織が誕生した。もちろん北部には共産（社会）主義国家の建設を目論む者が結集した。

こうして、その後この土地に生まれる二つの国家の性格的な裏付けが決定されたのである。ただそれは、すぐに具体的な形であらわれたわけではなく、後の情勢は複雑な過程を経ることになる。

まず、アメリカとソ連の妥協の産物として、朝鮮に信託統治システムが持ち込まれた。アメリカ、ソビエト、イギリス、中国（蔣介石・国民政府）の四ヵ国がこの地域を信託統治し、人心の安定後、五年以内に独立国を誕生させようというのである。

もっとも、イギリスと中国は単なる付け足しに過ぎず、米ソ二つの大国が半島の将来を決めようとしていた。

事実、一九四七年以降の信託統治に関する会議は、アメリカとソビエトだけによって開催されていたのである。

この地に生まれ、この地で育ち、この地で暮らす朝鮮の人々にとって、このような状況はまさに耐え難いものであった。半世紀以上にわたる日本の植民地支配が終わったとたんに、新しく二大国が居座りはじめたのである。

信託統治に反対する民族運動は一九四六年から本格化し、これは〝動乱〟と呼ばれた。ただし、この運動も中立、右派の民族主義者と、中国（毛沢東派）とソ連の意を受けた共産主義者の対立を交えながら行なわれている。

居座り続けるソ連（軍）は、この間多くの朝鮮人に対し共産主義教育を強化した。

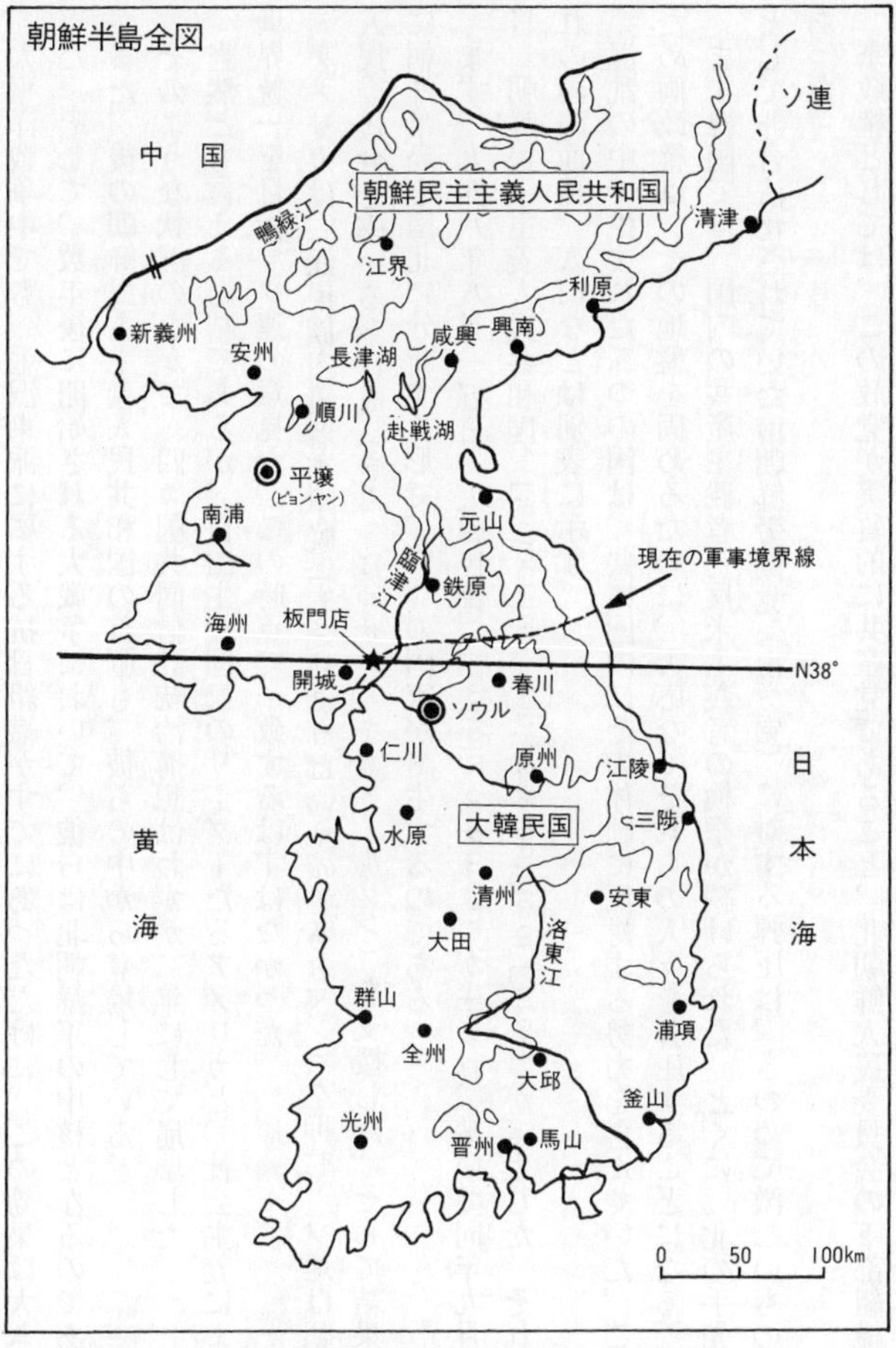
朝鮮半島全図
中国
ソ連
朝鮮民主主義人民共和国
鴨緑江
清津
江界
利原
新義州
興南
咸興
安州
長津湖
順川
赴戦湖
平壌
(ピョンヤン)
南浦
元山
現在の軍事境界線
臨津江
鉄原
板門店
海州
N38°
開城
春川
ソウル
仁川
原州
江陵
日本海
水原
大韓民国
三陟
黄海
清州
安東
大田
洛東江
群山
浦項
全州
大邱
釜山
光州
晋州
馬山
0
50
100km

太平洋戦争中でも、毛沢東派に属する抗日組織がすでにあっただけに、この効果は大きかった。そして、数年後に開始される大戦争において、彼らは北朝鮮軍の中核となるのである。また、後の朝鮮民主主義人民共和国の首脳も、彼らの中から登場している。

そのような状況のなかで、四ヵ国共同信託統治構想はわずか二年にして崩壊した。

当然とも言える帰結であるが、自由主義国家のリーダーたるアメリカと、社会主義による世界統一を目指すソ連の意見が、この時点で一致するはずはなかった。

アメリカは右派民族主義者李承晩（り・しょうばん＝イ・スンマン）を押し、ソ連は朝鮮人民委員会を率いる金日成（きん・にっせい＝キム・イルソン）を支援した。そして結果的に朝鮮半島を南北に分断する形で、二つの国家が誕生するのである。

まず一九四八年八月一五日、大韓民国（Republic of Korea）が生まれ、続いて同年九月九日、朝鮮民主主義人民共和国（Democratic People's Republic of Korea）が誕生した。それぞれの国の面積、人口などは別表に示す。

混乱の中で生まれた二つの国は、共に国内にその体制に反対する勢力を含んでいた。このため両政権は、その地盤を固めるために、否応なくそれらの人々を弾圧することになる。

まず韓国では、国内の共産主義者、反米主義者の検挙が続けられた。とくに〝北の手先〟として非合法化されていた南朝鮮労働党（南労党）に対する弾圧は、きわめて激しいものであった。

李政権としては、この政党が実質的に共産党であること、北朝鮮人民委員会の下部組織であった。

あることなどから、その存在を完全に抹殺しようとした。南朝鮮労働党が、内部に武装勢力を持っていた事実もまた、南の政府を脅かしていたのである。

独立のわずか四ヵ月前、麗水の南一六〇キロにある同国最大の島である済州島において、共産勢力による反乱、蜂起事件が起きた。軍の一部が加わったこの武装闘争は、面積一三六〇平方キロにおよぶ全島に広がり、李承晩が基礎造りに取り組んでいた政権を揺るがせた。

北朝鮮軍は、中国やソ連で経験を積んだ軍人で結成された。写真は中国で抗日戦を闘った、朝鮮独立同盟軍の参謀たち。

もし南朝鮮労働党が指揮するこの反乱・蜂起が成功し、済州島を手中に収めれば大韓民国の存続さえ危うくなる可能性もあった。結局反乱は、鎮圧されるまでに一一ヵ月の歳月と数千の生命を強要したのであった。

また、半島南部に分散する共産分子は、テロ、破壊活動を休むことなく続けていた。このため李政権は、警察、軍隊を動員してこれを壊滅させようとした。時には無実の市民まで逮捕し、国民の反政府感情を刺激してしまった。

当時、李政権下では、済州島のそれよりスケールは小さいものの、いくつかの反政府暴動が発生している。

ただしそれが、民衆の中から起こった真の民主化を求める動きであるのか、それとも共産主義者の煽動なのか、今日でも不明のままである。

多分、両者の混じり合ったものとするのが正しい見方と言えるのだろう。

一方、朝鮮人民委員会がソ連の後押しで誕生させた社会主義国家も、同じような手段でその後の国を造り上げていった。

弾圧の対象となったのは、大国の支配を望まぬ民族主義者、反共主義者、そして共産主義者の中の反ソ連派である。また土地の所有者たちは、農地の国家保有に強硬に反対を唱えた。

もっとも、北部の反金政権派は、南の反政府勢力のようにまとまっておらず、その抵抗は決して強いものではなかったようである。

その代わり、朝鮮戦争の後々まで、政府内のソ連派と中国派の権力争いが続く。

こうして一九四八年の秋から、二つの国家は多くの問題を抱えながらもそれぞれ別々の道を歩みはじめていた。

二　「北」と「南」の比較

ここで、朝鮮半島に新しく生まれた二つの国を簡単に比較してみよう。

ふたつの国家の状況

	韓　国（大韓民国）	北朝鮮（朝鮮民主主義人民共和国）
英文国名	Republic of Korea (ROK)	Democratic People's Republic of Korea (PRK)
国土面積 万 km^2	9.92 万 km^2	12.13 万 km^2
人　口　万人	3300 万人（1955 年）	1650 万人（同）
政　体	共和制	社会主義人民民主制
首　都	ソウル	平壌（ピョンヤン）
元首　(1950 年)	李承晩（イ・スンマン）大統領	金日成（キム・イルソン）首相
独立の時期	1948 年 8 月 15 日	1948 年 9 月 8 日
地　形	山地が多く起伏に富み、その間に平野がある。海岸線はとくに西側においてリアス式で複雑。河川多し。耕作可能面積 22% 全体的に貧しく産業は停滞気味	北部地方はチャンベク、ランニムといった山脈多し。西部には平地あり。水量豊富。耕作可能面積 19%。水豊ダムをはじめとして電力豊富、軽工業は活況を呈す。

両国の主要な都市と河川の発音表記

朝鮮民主主義人民共和国			大韓民国		
平　壌	ピョンヤン	PYONG-YANG	ソウル		SE-OUL
新義州	シンウィジュ	SIN-UI-JI	仁　川	インチョン	IN-CHON
安　州	アンジュ	AN-JU	水　原	スウォン	SU-WON
南　浦	ナムポ	NAM-P'O	大　田	テジョン	TAE-JON
海　州	ヘージュ	HEA-JU	群　山	クンサン	KUN-SAN
鉄　原	チョルウォン	CH'OL-WON	光　州	クワンジュ	KWANG-JU
順　川	スンチョン	SUN-CHON	大　邱	テーグ	TAE-GU
元　山	ウォンサン	WON-SAN	馬　山	マサン	MA-SAN
江　界	カンゲ	KANG-GYE	釜　山	プサン	P'U-SAN
感　興	カンフン	KAM-HUNG	浦　項	ポハン	P'O-HANG
興　南	フンナム	HUNG-NAM	安　東	アンドン	AN-DONG
利　原	イウォン	I-WON	三　陟	サンチョク	SAM-CH'OK
清　津	チォンチン	CH'ONG-CHIN	江　陵	カンヌン	KANG-NUNG
開　城	ケーソン	KAE-SONG	原　州	ウォンジュ	WON-JU
鴨緑江	アムロクカン	AM-LOK-KANG	春　川	チュンチョン	CH'UNG-H'ONG
臨津江	イムチンカン	IM-CHIN-KANG	全　州	チェンジュ	CHON-JU
			晋　州	チンジュ	CHIN-JU
			洛東江	ナットンカン	NAK-TONG-KANG

一九五〇年の時点で、韓国は北朝鮮の二倍の人口を有していた。国土面積は〝北〟が多少大きいが、耕地面積はほぼ同じである。

共に平野が少なく、低いが険しい山岳が連なる。耕作に適した土地の面積は、ともに国土の二五パーセント以下である。南は年間を通じて気温の変化が大きいが、北では冬の気候がとくに厳しいことを除いては過ごしやすい。

工業地帯は日本が残したものが〝北〟の北部に集中し、南にはこれといった産業はない。

このような状況の中で、両国の目指したものは驚くほど良く似ている。

(1) 政治基盤の安定

(2) 軍事力の増強

(3) 経済発展、とくに工業化

である。

北は短期間に共産党政権の基礎固めに成功し、産業界の工業化も順調に進展していた。

また軍事力にいたっては、他のあらゆる国を凌駕するペースで増強されている。これについては、もちろん北の大国であるソ連の影響が大きい。

しかし政治体制については、中国の影響も少なくなかった。

日本の降伏にともない、中国では右派国民政府と毛沢東率いる中国共産党の対立が激化していた。この軍事紛争がいわゆる〝国共内戦〟である。太平洋戦争における日本人の死者数を上まわる戦死者を記録したこの内戦は、一九四九年、共産党の勝利に終わり、同年一〇月一日、新中国が誕生する。

中国共産党の軍事力は人民解放軍として独立し、正規軍だけでも一五〇万人を数えていた。この中に、中国共産党系朝鮮民族部隊と呼ばれる戦闘部隊が存在した。これは、大戦中に中国共産党内にあって、抗日戦、そして戦後に至っては対国府戦を戦い抜いた歴戦の部隊である。

具体的には朝鮮（人）抗日義勇軍と朝鮮独立同盟の連合体であった。このうち、軍事的により大きな戦力はその名の通り前者であり、これが北朝鮮人民軍の中核となった。

またソ連は、旧満州在住の朝鮮人数千人に軍事・思想教育を行なって北朝鮮に送っている。中にはロシア語しか話せない朝鮮人もいた。

当時、北朝鮮の正規軍は約一〇万人であったが、少なくともこの半数は、

(1)　多くの実戦を経験している中国派

(2)　本格的な軍事教育を受けたソ連派

の軍人であった。朝鮮戦争における〝北〟の緒戦の勝利は、これらの軍人に寄与するところが非常に大きいと思われる。

このように、あらゆる面で順調に発展を続ける〝北〟に対し、〝南〟は多くの弱点を有していた。それらは、

○政権が不安定であること

○経済基盤が弱いこと

○アメリカが、ソ連の北朝鮮に対するほどに韓国の支援に熱心でなかったこと
などによる。

まず、相変わらず完全に掃討できずにいる国内の共産主義者の活動はおさまらず、李政権はこの対応に悩み続けた。加えて李の独裁に反対する一般国民の反政府運動も、おさまる様子は見えなかった。

産業は農業・工業とも振るわず、一部の地方では餓死者が出るほどの状況であった。

アメリカはガリオア・エロア（占領地経済復興援助資金）計画に基づいて韓国への援助を行なってはいたが、そのパイプは細く、送られる資金はわずかなものであった。

なぜアメリカは将来の仮想敵国たるソ連、中国、北朝鮮の前面に置かれている韓国を、積極的に助けようとしなかったのであろうか。

これは、同国が長い戦争を終えたばかりで、新しい対立を望まなかったこと、韓国がアメリカの考える極東の防衛線の外に位置していたこと、韓国への関心が薄かったこと、などが理由と考えられる。

また、李政権がかならずしも国民に支持されてない事実をつかんでいたためかも知れない。

北朝鮮に熱心に肩入れするソ連と、韓国に関心を持たなかったアメリカとの差が、とくに軍事面について両国に大きな格差をもたらし、ひいては戦争へと結びつけるのである。

加えて〝北〟が〝南〟の実状をよく把握していたのに対し、〝南〟は自国内の状況に手一杯であり、〝北〟の情勢を知る努力を怠っていたことも事実であった。

第二章　戦争前夜

一　〝北〟の〝南解放〟の理論的裏付け

独立後二年の歳月が流れ、朝鮮民主主義人民共和国の基礎は確立された。

これと同時に、金日成を首班とする北政府は、朝鮮半島南部地域（大韓民国）の解放を考えはじめた。この理由は、第二次世界大戦後、つぎつぎと勝利を重ねてきた社会主義陣営全体に満ち溢れていた熱気に突き動かされたことが第一の要因と言えよう。

まず、ソ連はナチス・ドイツを破り、日本の植民地である満州国を崩壊させた。また東ヨーロッパの国々を勢力圏に取り込み、千島南部、北方諸島、リトアニアなどのバルト海三国に領土を拡大している。他方、中国共産党は、アメリカ製の近代兵器で装備された二〇〇万人の国府軍を大陸から駆逐し、広大な中国全土の統一という大事業を成し遂げた。

この二大国との友好があるかぎり、〝北〟は不滅であろう。

一方、南に眼を向ければ、民衆は李承晩政権の圧制に苦しんでいる。体制の改革をはかる者は弾圧され、公務員、政治家による汚職は後を絶たない。すべての悪の根本は、アメリカを中心とする資本主義の導入であり、これが人民の間に富の不公平を生んでいる。南部地域の住民はこのような状況が変わることを望んでおり、その気運は一部だけのものではない。現に麗水、大邱などでは民衆の蜂起が続発しており、全土の三分の一の地域に戒厳令が施行されている。

農業生産は一九四八、四九年とも計画を下まわり、主食さえ満足に供給し得ない。今こそ、南部地域に社会主義を持ち込み、南の人民にもその思想の恩恵を与えるチャンスでもある。その過程における唯一の障害が李政府であり、それが崩壊すれば、南北は統一に向かうであろう。

朝鮮半島は統一されねばならず、それは当然、北政府の手によってなされなくてはならない。

そのための援助に関しては、中国、ソ連は少なからず手を貸してくれるはずである。今、南部の状況を見ると、「南進解放」の条件は見事にそろっている。

(1) 李承晩政権はいっこうに安定せず、国民の支持を得ていない。したがって〝北〟の南進が開始されれば、大衆はこれに呼応するであろう

(2) 幾多の弾圧にもかかわらず、南朝鮮地区には少なからず共産主義者とその同調者が存在する。彼らは南進のさい、積極的に協力するはずであり、これはきわめて強力な戦力ともなり得る

戦前の主な出来事（1947〜50年）

年　月　日	記　　事
1947・ 2・ 4	北に人民委員会（政府相当）誕生
2・ 8	〝北〟朝鮮人民軍を創設
4・10	済州島で大暴動発生。鎮圧までに約1年を要する
6・ 8	南に南朝鮮臨時政府が誕生
9・17	国連、朝鮮問題を討議
10・22	最後の信託統治会議決裂
11・14	国連、臨時調査委員会設置
1948・ 1・17	〝北〟、国連調査団の立ち入り拒否
2・ 7	救国闘争という名のゼネスト南で実施さる
3・16	中共、北に徴兵を勧告
4・19	南北経済協力会議開催（一度だけで決裂）
5・10	南部で総選挙実施、李承晩選出さる
5・13	北、南への送電停止
8・15	大韓民国誕生
9・ 9	朝鮮民主主義人民共和国誕生
1949・ 2・ 1	国連に朝鮮問題検討委員会が発足
2・25	〝北〟、単独で国連へ加盟要請、却下
6・23	韓国独立党党主暗殺さる
6・25	〝北〟祖国統一戦線を結成
7・ 4	在韓米軍、撤退を完了
9・21	中華人民共和国誕生
11・ 1	〝北〟国連委員の退去を要請
1950・ 1・ 6	〝北〟と中国首脳北京で会談
1・20	1.4万人の中共系朝鮮人部隊、北朝鮮軍の指揮下へ入る
1・26	米・韓相互防衛協定成立
2・23	李・マッカーサー日本で会談
3・ 9	国境での衝突回避のため、国連監視団の結成きまる
5・30	李承晩政権総選挙で大敗
5・31	〝北〟、拡大中央委員会開催
6・25	朝鮮戦争勃発

(3) アメリカは韓国に対し、本気で援助する意思を持っていない。それは、軍事援助の実態を調べればよくわかる。一九四九年末において、韓国の軍事力は〝北〟の半分程度と思われる。またアメリカは、韓国を自由主義諸国防衛のためのラインの外にある国、と位置づけている

(4) 南進の場合、アメリカが軍事介入してくる可能性は高くない。たとえ介入しようとしても、短期間で解放を終えればその現実を認めるものと思われる。またアメリカは、東太平洋地域における兵力の削減を実施している。したがってその軍事力には限界がある

現代から振り返ってみても、いずれの論拠もかなりの説得力を持っている。この時点における金日成の判断は、中国、ソ連の指導者さえも納得させ得るものであった。それだからこそ、二大国首脳は金の決断にあえて反対しなかったのであろう。

それでは、これまでの各項目について、その論拠となるべき事柄を見ていこう（それぞれの番号は前記の番号に対応する）。

(1) 戦争の直前、つまり一九五〇年五月三〇日の韓国議会の総選挙で、李承晩の率いる与党は、二一〇議席中二七パーセントしか獲得できなかった。また、反政府暴動も小規模ながら続いていた

(2) 済州島の蜂起は、一九四八年四月から四九年二月まで続いた。民間はもちろん、軍の一部にも共産主義者、〝北〟の同調者がいる。また南部地域への工作員の送り込みも順調に進んでいる

(3)アメリカは韓国への軍事援助費として三ヵ年に一一〇〇万ドルの供与を決定しているが、一九五〇年はじめの時点で到着している分はその五パーセントに満たない。また、戦車、重火器、戦闘用航空機はまったく配備されていない

(注・両国の軍事力については別項で詳細に述べる)

さらに、一九五〇年一月一二日、当時のアメリカ国務長官R・アチソンが議会における質問に答えて、「自由主義諸国を守るためのアジアにおける防衛線は、日本、台湾、フィリピンを結ぶラインである。また、万一〝北〟の南進があった場合、韓国軍はこれに充分対抗できるだけの戦力を持たず、場合によっては韓国(表現は南朝鮮)の放棄も考慮する」と発言している

(4)前項とも関連するが、アメリカは一九四五年八月からの三年間に、陸軍の七二パーセント、海軍の七一パーセント、空軍の六七パーセントを削減している(トルーマン大統領の報告)。戦争になった場合でも、アメリカがこの地域に短期間に投入できる戦力は、空軍は航空機二〇〇機、陸軍は歩兵二コ師団、海軍は航空母艦二隻、戦艦一隻程度で、対日戦の時の五パーセント以下と思われる

これに対して、大韓民国の李承晩首相(のちに大統領)は、現状をどのように考えていたのであろう。

彼は筋金入りの反共主義者であり、したがって〝北〟の人民委員会、〝南〟の朝鮮労働党を憎み切っていた。これは時には「北進、北伐(〝北〟の征伐)の実施」といった強硬な意

ようやく砂盤教育をはじめたばかりの韓国軍(上)——写真下の北朝鮮軍は、同じ時期に近代戦を闘う態勢を整えていた。

見として表われた。アメリカ政府首脳が、韓国への軍事援助に消極的だった理由のひとつは、「急激な軍事力の増大は、もしかすると北進へとつながる」と考えていたのかも知れない。

反対に李は、アメリカ議会に強力なコネクションを持っていたので、万一の場合にもアメリカが祖国を見捨てることはないという確信を持っていた。

また別の見方をすれば、当時の東西対立の激化という情勢下では、彼が強硬な反共主義を唱えれば唱えるほど、アメリカ議会に彼の支持者を増やす結果になっていった事実もある。

李としては、〝北〟の軍事力の強化の実状を当然知っていただろうから、それを理由にアメリカの援助を引き出すべきであった。もちろん、このさい北進を唱えるのは適当ではない。もし北進を口に出せば、当時戦争に飽きているアメリカが援助を増やすはずがなかったからである。

最終的にアメリカの韓国への総援助額は、戦争前の一年間に一億五〇〇〇万ドルと決定されていた。しかしながら、予定どおり引き渡された額はその約四〇パーセント（六〇〇〇万ドル）に過ぎなかった。

そのうえ、軍事費に関しては前述のとおり予定の五パーセントにも達していないのである。ソ連がこの間、どれだけの援助を〝北〟に与えたか不明であるが、現物供与だけを見てもアメリカの五〜一〇倍に当たると思われる。

この対韓援助の額を見るかぎり朝鮮戦争が、多くの我が国の研究者がかつて述べたように南から仕掛けられたものとは考え難い。そしてこの事実は、他の事柄によっても証明されるのである。

二　両国の軍事力

すでに記したとおり、朝鮮民主主義人民共和国の誕生は一九四八年九月九日である。

それより半年前の同年二月、ソ連占領軍は朝鮮半島北部から完全に撤退したが、後を継いで二月八日、北朝鮮人民軍（略称ＮＫＡ）が創設された。

ここで、〝人民軍〟が建国以前にすでに生まれていた事実に眼を向けるべきである。現代

開戦時の両軍の兵力（1950年6月25日）

	韓　国（大韓民国）	北朝鮮（民主主義人民共和国）
総　兵　力	9万8000人	13万5000人
師　団　数	8コ	10コ
戦車、装甲車	M 8（37 mm 砲）装甲車×27台	T 34（85 mm 砲）戦車×180台 SU 76（76 mm 砲）自走砲×70台
大口径火砲	100 mm 以上の砲　89門	同　600門
航　空　機	T 6 練習機、L 5 連絡機　32機	La 9、11、YaK 9 戦闘機×90機 Tu 2 爆撃機、Iℓ 10 攻撃機×70機 航空機の合計　196機
注）	完全編成の師団　8コ 警察隊　2〜3万人	完全編成の師団　8コ 編成中の師団　2コ 他に独立連隊　2コ 機甲旅団　1コ 機甲連隊　1コ 整備旅団　5コ 最新のロシアの出版物によると〝北〟の戦闘車両の総数は440台となっている。

の北朝鮮はいざ知らず、当時のこの国家はなにより も軍事優先であったことを示しているのである。

しかも、ソ連の実戦部隊は撤収したものの、数千人のソ連人が軍事顧問団として残り、戦術、重火器の使用法などの教育を行なっていた。

一九四五年当時、人民軍の兵士はゲリラ戦については充分に経験を積んでいたが、戦車、航空機の操縦、正規軍の戦闘に関してはなんの知識も持っていなかった。その後約二年間のソ連軍人の努力は実を結び、人民軍は二〇〇台の戦闘車両、一五〇機以上の戦闘用航空機を駆使して近代戦を戦うだけの力を身につけたのである。

この結果、朝鮮戦争直前の総兵力は一三・五万人、完全編成の歩兵師団八コを運用するまでになっていた。

対する韓国軍（ROK）は、四六年一月に創設された（南）朝鮮警察隊がその母体である。

この組織は、四八年八月の独立と共に発展的に解

北朝鮮軍歩兵師団の兵器保有数（1950年6月）

	小　隊	中　隊	大　隊	連　隊	師　団
61 mm 軽迫撃砲	4	12	36	108	324
7.7 mm 機関銃	4	12	36	108	324
14.5 mm 重機関銃					36
45 mm 軽対戦車砲		2	6, 4	30	60, 40
82 mm 重迫撃砲		9	27	81	244
76 mm 対戦車砲			4	12	36
120 mm 重迫撃砲			6	18	54

師団付属　1コ戦車大隊
76 mm 対戦車砲 2 コ中隊　計 24 門
122 mm 榴弾砲 3 コ中隊　計 12 門
SU 76 自走対戦車砲　12 台

注）1コ師団の総兵員数は1万2100名
6, 4は6門と4門装備の大隊のあったことを示す。

韓国軍歩兵師団の兵器保有数（1950年6月）

	小　隊	中　隊	大　隊	連　隊	師　団
60 mm 軽迫撃砲	3	9	27	81	243
7.7 mm 軽機関銃	2	6	18	54	162
12.7 mm 重機関銃		8	24	72	216
81 mm 重迫撃砲		6	18	54	162
57 mm 対戦車砲*					6
105 mm 榴弾砲**					15

注）* 師団直属の対戦車砲中隊1コ
〃　砲兵中隊3コ
総兵員数は1万1000名
** 新・旧の砲が混在

消し、大韓民国国防軍と称されることになった。

〝北〟が初めから自国の軍隊を重火器装備の正規軍として育成したのに対し、〝南〟の国防軍の方は対ゲリラ戦に主眼を置いた野戦警察軍を目指していた。したがって、装備はＮＫＡに比べると軽火器中心であり、大型兵器にしてもせいぜい装甲車を保有する程度であった。

またソビエト軍と同様に、アメリカの軍事顧問約五〇〇人がいたが彼らは朝鮮半島の軍事的状況に関し、三つの判断の誤りをおかした。

まず〝北〟の侵攻が差し迫ったものだと考えていなかったこと、次に敵の戦力の過小評価、そして最後に、この地が戦車の戦闘に適していないと判断したことである。

このうちのひとつにでも、〝南〟にいるアメリカ軍人がより慎重な見通しを持っていれば、緒戦の韓国軍の大敗北は避けられたに違いない。とくに戦車の運用に関しては、充分に調査することなく「不適」との決定を下してしまった。そのため、〝北〟が実施した戦車の集中運用による〝ミニ電撃戦〟に、なすすべもなく破れるのである。

別表に開戦直前の両国の戦力を示す。

総兵力では約四〇パーセント、師団数では二〇パーセント、北朝鮮側が優勢であったが、その他機甲兵力、空軍力でも圧倒的といえた。また、師団の兵員数では一〇パーセント、火砲の数、質でも二〇〜三〇パーセント凌駕していた。加えて前述のとおり、〝北〟の兵士の半分は実戦の経験を有している。

このように分析すれば、〝北〟の総合戦力は〝南〟の約二倍であったと見るべきである。

また、戦争に不可欠な情報収集力でもNKAにぬかりはなかった。一九四九年から五〇年春にかけて、実に三〇〇回以上にわたり〝北〟は韓国内に情報員を潜入させている。

これには、国境を越えて徒歩で送り込む、高速艇を使用するといった手段のほかに、空からパラシュートで潜入させるという方法も使われた。

韓国軍と警察は、これらのゲリラ、スパイの対策に翻弄されて、まさに休むひまもないといった有様であった。

一九四九～五〇年の一八ヵ月間に、逮捕あるいは射殺した〝北〟の工作員の数は優に一〇〇〇名を超えているのである。

また、〝北〟は数十人からなる威力偵察隊をたびたび越境させて、韓国軍を襲撃した。

この目的は、一にも二にも国境防衛線の弱い部分を捜し、南進の場合の進路を見つけ出そうとしたものであったに違いない。

第三章　戦争の期間、規模、そして経過

一　期間と規模

朝鮮戦争は、一九五〇年六月二五日午前三時五〇分、北朝鮮軍の全面侵攻により開始された。

北朝鮮政府から韓国政府への宣戦布告はついになく、攻撃は完全な奇襲となった。

そしてこの戦争は、一九五三年七月二七日午後三時に実施された協定署名により、休戦にいたる。したがって戦争の期間は三年と一ヵ月と二日、つまりほぼ一〇〇〇日に当たり、歴史学者の中には『朝鮮半島における一〇〇〇日戦争』と呼ぶ者もいる。

また、戦争勃発から約一年後の一九五一年七月一〇日、第一回の休戦会議が始まった。しかし、この会談は幾度となく中断し、一応の成立までに丸二年を要した。そしてこの間、戦いは休むことなく続いていた。

戦争の様相から見ると、最初の一年間が機動（遊撃）戦、その後の二年間が陣地戦と分け

戦争の経緯の概略

〔第1期：1950年6月25日〜9月14日〕
1 戦争勃発──6月25日、韓・米軍敗退
2 ソウルの陥落──6月28日
3 釜山橋頭堡の確保と米軍の大規模増援──9月14日まで

〔第2期：9月15日〜10月25日〕
1 国連軍仁川上陸。戦局逆転、北朝鮮軍退却──9月15日
2 ソウル奪回──9月28日
3 国連軍北上、北朝鮮軍の壊滅近づく

〔第3期：10月26日〜1951年1月末〕
1 中国軍大挙介入──10月26日より
2 国連軍、全面的に撤退
3 ソウル再度占領さる──12月4日

〔第4期：1951年2月1日〜6月末〕
1 国連軍再反攻、共産軍一斉に退却──2〜3月
2 共産軍態勢を立て直して攻勢──4月
3 和平への気運高まる──5〜6月

〔第5期：1951年7月1日〜1953年7月21日〕
1 和平会談はじまる
2 航空戦のみ活発化
3 陸上戦闘は38度線の北方で陣地戦となる。そのまま2年間大きな変動なく休戦を迎える

ることもできる。

この境いはきわめてはっきりしており、陣地戦に移行するとともに、両方の側ともに核兵器でも使わないかぎり勝利、または敗北の可能性もなくなった。あとはいかに自軍に有利な条件で休戦に持ち込むか、という課題だけ残されたのである。

戦史研究上、頻繁に使われる経緯の区分を表に示す。これは西側の見方であるが、東もまた似たような分析結果となっている。

次に朝鮮戦争の規模を、他の戦争と比較してみることにしよう。冷徹な見方ではあるが、戦争の規模は死傷者の数から決ま

ることが多い。

参加各国の戦死者／負傷者の数は、

○国連軍側

韓国軍　　四一・五万／四二・九万（自軍発表）

アメリカ軍　五・四万／一〇・六万（同右）

他の連合軍　〇・五万／一・〇万（同右）

○共産側

北朝鮮軍　　未発表　約九〇万（推定）

中国軍　　一三・三万／二三・三万（自軍発表）

となる。

北朝鮮軍の九〇万人を戦死者三五万人／負傷者五五万人と見れば、

軍人の戦死者合計　九五・七万人

軍人の負傷者合計　　一三二・八万人

となる。これに加えて、民間人の死者は南北両国で一〇〇万人に達しているはずである。

前記のうち、中国軍の犠牲者に関する数値は一九八八年に中国人民解放軍が公表したもので、それまで秘密とされていた。

また、北朝鮮の損害は推定であるが、国連軍だけではなく中国も死傷者九〇万人という数字を挙げているので、かなり信頼性は高いと見てよい。

ふたつの戦争の総括

	朝鮮戦争	ベトナム戦争
戦争の期間	1950年6月25日～ 1953年7月27日	1961年1月～ 1975年4月30日
のべ期間	3年1ヵ月	14年4ヵ月
主要な対戦国	韓国、アメリカVS 北朝鮮、中国	南ベトナム、アメリカVS 解放戦線、北ベトナム
他の参加国	国連軍としてイギリス他 14ヵ国	韓国、オーストラリア、フィリピン、タイ、ニュージーランド
戦争の結果	休戦、南北分断が続く	南ベトナム崩壊、統一ベトナムの成立
犠牲者の総数	250万人	350万人
民間人死者	100万人以上	200万人以上
軍人の死者	韓国軍　84万人 （死傷者）	南ベトナム軍　19万人 （戦死者）
	北朝鮮　約90万人 （　〃　）	NLF/NVA　92万人 （　〃　）
	中国軍　約37万人 （　〃　）	アメリカ軍　5万8000人 （　〃　）
	アメリカ軍　3万4000人 （戦死者）	MAF　5300人（　〃　）
	他の国連軍　約　5000人 （戦死者）	
米軍の投入総数	230万人	350万人
最大投入数	約35万人	54万8000人
投下爆弾量	49万5千トン	702万トン （カンボジア、ラオス含む）
航空機の損失	2600機	8700機
直接戦費	200億ドル	1300億ドル

韓国軍の損害の約三〇パーセントは、開戦後一ヵ月半以内に生じたもので、この点からも戦争は〝北〟の侵攻によって開始されたことがわかる。

なお、それぞれの数値には事故による死亡、負傷を含んでいると思われる。

この種の統計をとり、それを公表しているのはアメリカ軍だけのようであるが、それによると死亡者五・四万人（正確には五万四二二九人）の内訳は、戦闘によるもの三万三六二九人（六二パーセント）、事故によるもの二万六〇〇人（三八パーセント）となっている。多分、他国の軍隊もほぼ同じ割合で、事故による死者を記録していると考えてよい。

この戦争には、

○自由主義諸国軍（国連軍：UN軍）側　韓国、アメリカの他イギリス、トルコなど一五ヵ国

○共産側　北朝鮮、中国、ソ連（空軍二コ師団のみ）

の計二〇ヵ国が参加した。ソ連の参加は長い間秘密とされてきたが、一九八九年にソ連軍（赤軍）が公式に参加を認めた。ソ連軍人の戦死者は、事故死、戦病死者を含めて二〇〇名内外（一説には一八四名、この数値はパイロットのみか？）と見られる。

最後に、朝鮮戦争と、一九六一年から一九七五年まで続いたベトナム戦争とを対比した表を掲げておく。これにより、朝鮮戦争のスケールが（とくに若年の読者に）理解されやすいと考えられるからである。

二　月ごとの経過

一九五〇年六月（戦争勃発後の一ヵ月）

前日の雨によってぬかるんだ大地を蹴って、二五日午前三時五〇分、北朝鮮軍（NKA）約八万が三八度線を突破し、南へ侵入を開始した。

攻撃は、熾烈な事前砲撃が約一時間続いたあと実施されたが、韓国軍（ROK）にとっては完全な奇襲となった。

NKAの攻撃目標は、当然のことながら三八度線からわずか六〇キロしか離れていない〝南〟の首都ソウルである。ソウルへは開城、議政府、春川の三つの道があるが、このいずれの道路も北朝鮮軍の兵士と戦車で溢れかえっていた。

その戦力としては、

開城への攻撃：第一、第六師団（戦車、装甲車約九〇台）

議政府への攻撃：第三、第四師団（戦車、装甲車約一二〇台）

春川への攻撃：第二、第七師団（戦車、装甲車約三〇台）

がふり当てられた。

これらの部隊はいずれもNKAの最精鋭部隊であって、兵員数、兵器ともほぼ完全に充足していたものと思われる。

また、投入された戦車の七割はソ連製のT34（八五ミリ砲装備）であった。このT34は、当時一台の戦車も保有しておらず、また強力な対戦車兵器を持っていなかったROK軍に対し、恐ろしいほどの威力を発揮した。

空軍の支援攻撃のスケールこそ小さかったものの、この北朝鮮軍の進撃はまさに一一年前にドイツ軍が成功させた〝電撃戦＝ブリッツクリーグ〟を彷彿とさせるものである。いったん韓国軍の前線を突破したら、陣地の占領を狙わず、敵の首都を目指して全速力で突進するという戦術は完全な成功をみた。

ROK軍のいくつかの拠点は勇敢に抵抗したものの、奇襲の利、戦力の差、そして戦争というものに対する心がまえの違いなど、いずれも守る側にとって不利なことばかりであった。〝北〟の侵攻を考えないわけではなかったが、韓国軍も政府首脳も全面戦争になるとは思っていなかったようである。

前日六月二四日夜には、ソウルで大きなパーティーが開かれており、韓国の閣僚、軍人の多数がこれに出席していた。彼らは美酒に酔いしれ、華やかな夜会の余韻を残したままベッドへ入り、その中で「敵軍侵入」の報を聞くことになる。

一六コ師団、戦車二四〇台からなるNKA軍の主力がソウルに向かって前進を続けている一方で、東海岸においても〝北〟の攻勢が始まっていた。一コ連隊が陸路江陵へ進撃し、舟艇部隊が海路三陵に上陸した。結局、NKA軍の攻撃がなかったのは、西海岸だけである。

このような全面的な侵攻にもかかわらず、韓国軍および同国駐留アメリカ軍の反応は鈍かった。

北朝鮮軍　1950年6月（開戦時）

師　　団	編　　成	所　属	戦力レベル
第1師団	第20、22、24歩兵連隊	第1軍	A
2	第4、6、17	2	A
3	第7、8、9	1	B
4	第5、16、18	1	A
5	第10、11、12	2	A
6	第13、14、15	1	A
7	第1、2、3	2	B
10	第25、27、29	1	C
13	第19、21、23	予備	C
15	第45、48、50	〃	C
第105機甲旅団	第107、109、203機甲連隊 第206機械化歩兵連隊 T34戦車120台	1	A

注）A、Bレベルの7コ師団にSU76自走砲各12台（計84台）が配備されていた。

その他の独立部隊

1コ重砲兵連隊（122mm砲×24門）	1300名
1コ対空砲連隊（37mm、57mm砲）	1200名
1コオートバイ偵察連隊	3500名
1コ工兵旅団	2500名
1コ通信連隊	1000名
2コ士官学校生徒部隊	4000名
ゲリラ、コマンド部隊	2500名
治安部隊（武装警察）	3万4000名
民兵	1万5700名
海　軍　　艦　艇　57隻	1万7000名
空　軍　　航空機　180機	2000名
海兵隊	9000名
国境警備隊	1万9000名

資料：The Korean War

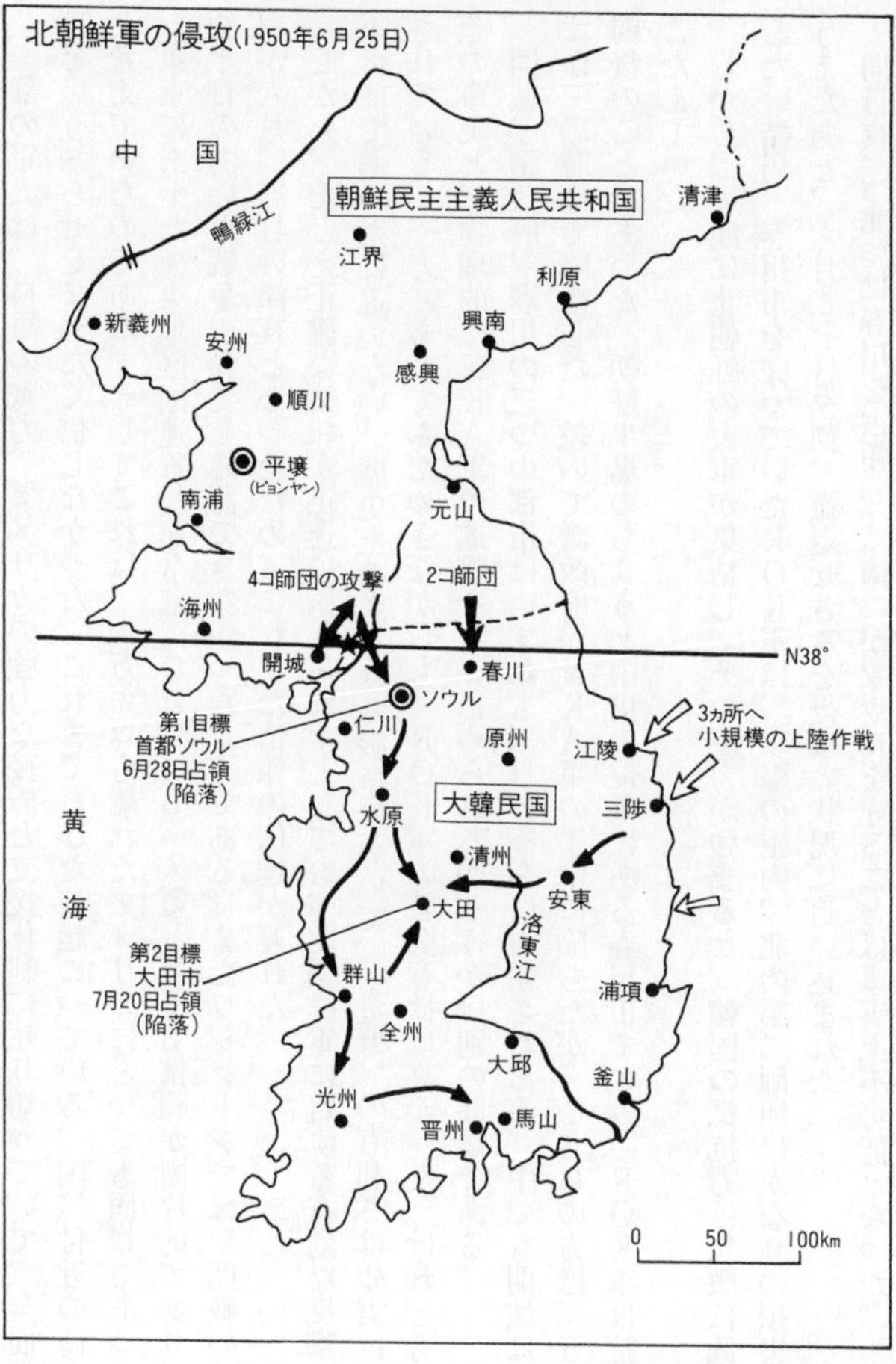
北朝鮮軍の侵攻(1950年6月25日)
中　国
鴨緑江
朝鮮民主主義人民共和国
清津
江界
利原
興南
新義州
安州
感興
順川
平壌
(ピョンヤン)
南浦
元山
4コ師団の攻撃
2コ師団
海州
N38°
開城
春川
ソウル
第1目標
首都ソウル
6月28日占領
(陥落)
仁川
原州
3カ所へ
小規模の上陸作戦
江陵
水原
大韓民国
三陟
黄
海
清州
安東
大田
洛東江
第2目標
大田市
7月20日占領
(陥落)
群山
浦項
全州
大邱
釜山
光州
晋州
馬山
0
50
100km

一部の軍人は、自軍の戦力、アメリカの強力な後盾と支援体制に頼り切っていて、全面侵攻という知らせをまったく信じなかった。これまでたびたび起こっている、国境付近の衝突と考えていたのである。そしてこれは、一万キロも離れたアメリカにとっても同様であった。東京にあった極東地区国連軍総司令部（GHQ）も、入電してくる情報が断片的であり、約半日のあいだ戦争の勃発を確認できなかったようである。またワシントンでは、開戦の確認が六月二五日の深夜となったため、これまた情報の伝達が遅れた。

しかし、たとえ正確な情報が迅速に伝えられたとしても、北朝鮮軍に対する有効な反撃は不可能であったに違いない。歴史上のあらゆる戦争において、〝奇襲〟の有利さは如実に示されている。一方、あわてふためきながらも、ROK軍の戦闘意欲は高かった。けれども、その事実と、物理的にNKA軍の進撃を喰い止められるかどうかは別の問題である。

開城、議政府、春川の三つの都市はいずれも三日のうちに占領されるが、中でも開城はわずか三〇時間で陥落した。続いて議政府がNKA軍の手中に陥ちたが、こちらの方は三五時間後のことであった。朝鮮半島のちょうど中央の位置にある春川市でのみ、ROK軍は持ちこたえていた。

しかし、周囲に北朝鮮の大軍が集結し、その圧力が強まると、韓国の抵抗力は急激に低下した。結局、春川市を守っていたROK軍は、攻撃の主力、北の第二師団にかなりの損害を与えたあと、六月二七日夕刻、撤退せざるを得ない状況に追い込まれた。

同日夜、〝北〟は春川を占領し、〝南〟がソウルを守ることは事実上不可能となった。

戦争勃発わずか四八時間後、人口一五〇万の大都市にして大韓民国の首都ソウルは、敵の砲火を浴びる。住民は鉄道、道路、そして漢江（ハンガン）の水路を使って南へ脱出しようとしたが、主要な交通機関は満足に動いていなかった。

開戦の朝、靴もはかずに貧弱な装備で応戦する韓国兵——周到に準備された北朝鮮軍の侵攻は、韓国軍を圧倒し続けた。

また、ソウルを死守しようとしていたROK軍も互いの連携を欠き、住民と共に南へ向かう。

加えて、首都を共産主義者に渡すまいとする人々が、市の建物の一部を破壊しようとしたため、混乱はますます大きくなった。

これらの人々の中に、共産主義の同調者が入り込み、市内では銃撃戦も始まった。

戦争に先立ち、〝北〟が韓国領内にあらかじめ潜入させていたスパイと破壊分子（いわゆる第五列）は、朝鮮戦争の全期間を通じて想像以上の活躍をするのである。

六月二八日、ソウルは市民の約半数が住みついたまま、北の手に陥ちた。市内には住民の死体が散乱し、多くの建物が炎上した。

政府はあやうくNKA軍の手から逃れ、南方四〇キロにある水原へ移ったが、ここもはや安全ではなかった。また陸軍は、首都の死守を決定していたにもかかわらず、途中でその決定を翻し政府とともに南に下った。

たしかに、ROK軍がいかに兵力をソウルに投入しようと、首都を維持することなど無理であった。

ようやく〝北〟の全面侵攻を確認したアメリカは、六月二七日午前一〇時（ソウル時間、ワシントンでは一一時間遅れの二六日午後九時）、この戦争に極東のアメリカ軍投入を決定する。

この決定はただちに公表され、北朝鮮の首脳に衝撃を与えた。彼らはアメリカの介入はないと信じていたのである。もっとも、アメリカ軍の実戦参加は遅れて開戦一週間後となり、また戦力もわずかに一コ連隊規模であった。

ただし、日本にいた第五空軍の出足は早く、六月二八日早朝から爆撃機を発進させて共産軍を攻撃した。

六月三〇日、NKAの一部は、ソウル市内を流れ朝鮮半島を中央で分割している大河漢江を渡った。

この六月最後の日、政府が移転した水原市の郊外にも砲弾が降り注ぐような有様であった。

韓国軍の人的被害は約四万人、この数字は全ROK軍の三五パーセントに相当する。これに対し、北朝鮮軍のそれはわずかに五〇〇〇人に過ぎなかった。

一九五〇年七月（第二ヵ月目）

七月一日、南の釜山港にはじめてアメリカ軍の第一陣（第二四歩兵師団第二一歩兵連隊の一部）が上陸し、翌日にははるか北方の戦場に向かって前進した。

板付から空路出発するスミス支隊——米軍の軍事介入はないと信じていた北朝鮮は、本格的投入の決定に衝撃を受けた。

韓国軍が待ち望んでいたアメリカ地上戦闘部隊であったが、その連隊といってもわずかに歩兵四〇〇名だけである。大隊長の名からスミス支隊と呼ばれたこの部隊は、戦闘参加直後、NKA軍の大波に呑み込まれることになる。

漢江を渡ったNKA軍は進撃の速度を緩めず南に下り、つぎつぎと韓国の町や村を占領していった。七月四日には水原を陥落させ、烏山に向かう。ここには前述のスミス支隊とペリー砲兵大隊が待ちかまえていた。

北朝鮮軍との戦闘に充分な自信を持っていたアメリカ陸軍であったが、その自信は突入してくるT34戦車によって簡単に打ち砕かれた。ソ連製の戦車は、アメリカ軍の持つ対戦車火器（六一ミリバズーカ砲、七五ミリ対戦車砲）による反撃をはね返し、大した損害も受けずに防衛線を通過していた。

七月六日、NKA軍は平沢、七日には天安、烏山を占領した。

間もなくアメリカ軍とROK軍は、水原の南四〇キロの大田市を中心に、強力な防衛線を作ろうと努力した。日本から送られるアメリカ陸軍も、ようやく師団（約一・四万人）規模となり、第二四歩兵師団と韓国軍第一軍団（不完全編成の三コ師団）が配備された。

これだけの兵力に対して、北鮮軍は第三、第四師団を送り、米・韓連合軍の壊滅をはかる。ここでアメリカ軍を叩いておけば、全軍の士気は上がり、南下のスピードに弾みがつくというわけであった。

七月一三日から開始された大田市をめぐる戦いは一週間以上にわたって続いた。

とくに国連軍はT34戦車への攻撃に慣れ、「戦車狩り」も始まった。この大田市の戦いで、NKA軍は初めて大量の戦車（約四〇台）を失っている。

しかし全体の状況としては、NKA軍のたび重なる攻勢を国連軍がもちこたえ得ず、ここでもまた大敗を喫する。

七月二二日、大田市のアメリカ・韓国軍は町を放棄し南へ逃れた。最初のうち、整然と行なわれていたこの撤退もしだいに混乱し、その中で第二四師団長ディーン少将が行方不明となってしまった。彼は、こののち一週間にわたって山中を逃げまわるが、ついにNKA軍の捕虜となって約三年半にわたり抑留されるのである。

七月一四日、この戦争におけるひとつの重大な決定が下された。これは、韓国軍をアメリカ第八軍の指揮下に編入するというものである。また七月七日、国際連合の安全保障理事会は、賛成七、反対一、棄権一、欠席二をもって北朝鮮を侵略者と認定し、国連軍を投入して韓国を防衛することを決定した。これに従い、のちにアメリカ以外の一五ヵ国が朝鮮半島の戦闘に参加する。

大田市を占領したあとも、NKA軍は休むことなく南へ南へと進撃を続けた。防御にまわったROK軍はそれに対応できず、次から次へと撤退を強いられていた。防御線の一部、河東峠の戦いにおいては、ROK軍の前参謀総長蔡少将が戦死した。アメリカ軍のディーン、ROK軍の蔡両少将の損失は、この時の国連軍の敗北の実態を如実に示したものといえよう。

1950年8月の大韓民国の危機

一九五〇年八月（第三ヵ月目）
七月末までに、北朝鮮軍は韓国の国土の六七パーセントを手中におさめ、続いて残りの部分の完全占領を狙っていた。

八月に入ると、米・韓両軍は半島南部中央を横切るように流れる河、洛東江の南に防衛線を引いた。そして、洛東江に架かっていた二つの橋は爆破された。

この結果、釜山市を要《かなめ》に、大邱を頂点とする扇形の防御陣地が作られたが、これは〝釜山橋頭堡〟と呼ばれることになる。

もしこの橋頭堡が壊滅すれば、大韓民国という国家は存在しなくなり、アメリカ軍も日本に引き揚げざるを得ない。

八月三日、国連軍にとってひとつの大きな勝利が得られた。

つまり馬山をめぐる戦闘でアメリカ第二五歩兵師団が、北の第六師団に打撃を与え、それを無力化したのである。

しかし、八月五日早朝から、北朝鮮軍は持てる兵力の全部を投入して、釜山橋頭堡をつぶそうと試みる。その兵力は第一軍団（六コ師団）、第二軍団（五コ師団）の計一一コ師団であり、本来なら一〇万を越す兵員を有するはずであった。けれども、実数は七～八万となっていた。

対する国連軍には、アメリカ本土から続々と兵員、物資が送り込まれてきており、ある一日には一万トンの軍需品と三〇〇〇人の兵士が釜山港に到着している。

八月二〇日までに、その総兵力は一二万名を越え、それに加えて海軍の空母航空部隊と空軍が制空権を握っていた。南北約一三〇キロ、東西九〇キロの狭い地域にたてこもった防衛軍の戦力が、包囲している側を大きく上まわったわけである。

戦争勃発から一ヵ月以上が経過し、一時は完全に虚をつかれたアメリカ軍だが、少しずつ態勢を立て直しつつあった。そして、この余裕は韓国軍への物資補給にもあらわれ、ある部隊には運びきれないほどの弾薬と食糧が支給されたのである。

しかし一方において、NKA軍の攻撃はいっこうに衰える気配を見せなかった。固い防御陣地に対し、多大な犠牲を払いながらも猛烈な攻勢が続いた。

これにはそれなりの理由があった。

北朝鮮軍は三〇〇キロ以上進撃してきており、戦力はすでに限界にまで落ち込もうとしていた。また、本国から送られてくるはずの物資は、アメリカ軍機の攻撃によって、そのほとんどが途中で灰と化した。

このため、もしここで釜山橋頭堡をつぶせないと、逆にNKA軍が崩壊する危険があった。いったん国連軍の反撃が始まれば、不足がちの補給状態の中、本国から遠く離れた地域で決戦を強いられるのである。

この事態を防ぐためには、橋頭堡を占領するか、早々に撤退を開始するか、選択する道はどちらかひとつしかない。

当然のことながら、北朝鮮は前者を選んだ。

これにともない浦項、大邱では、損害を恐れず強襲してくるNKA軍によって幾度となく危機が訪れた。

とくに洛東里ではNKA軍の三コ連隊が洛東江を渡ってしまい、また大邱市では、市内に共産軍が突入してきた。

八月一八日から、国連軍は大量に陸揚げされたM26戦車を中心に、少しずつ反撃を開始した。

三隻の航空母艦からのベ一二〇〇機の艦上機が出撃し、これに空軍機のベ八七〇機が加わった。

共産側の航空支援は、わずか一〇機足らずの戦闘機によって行なわれていたに過ぎなかったので、この差は無限とも言えた。

二〇日過ぎには相変わらずNKA軍の攻撃はあったものの、釜山橋頭堡の安全が確保された。

もっとも、橋頭堡を占領できなかったNKA軍の一部はその場から立ち去らず、陣地を構築して防御陣地から出撃してくる国連軍に反撃する態勢をとった。したがって、これを知らずに安易に攻勢に転じた場合、強い抵抗を受けることもあった。

八月中旬に馬山に向かって実施されたアメリカ陸軍の攻撃、そしてその失敗はこの好例と言えた。

八月三一日、三コ師団からなる北軍第一軍団の主力が国連軍を攻撃した。もはやNHA軍には、それだけの余力がないと思っていたUN軍に多少の混乱を引き起こしたが、これが六月二五日に開始された〝北〟の最後の攻撃であり、すぐに大きな打撃を受けて中断してしまった。

仁川上陸作戦の規模

	硫黄島上陸	仁川上陸
第1次上陸部隊	海兵2コ師団　約2万人	海兵1コ、陸軍1コ師団約4万人
第2　〃	海兵1コ師団　約1万人	なし
上陸戦車数	168台	27台
水陸両用車	450台	164台
大型上陸用舟艇	120隻	70隻
小型　〃	250隻	200隻
支援砲撃部隊	戦艦6隻、巡洋艦5隻	戦艦1隻、巡洋艦4隻
事前の爆撃/投弾量	4000機/8400 t	ほとんどなし
投入航空母艦	10〜12隻	小型空母2隻
米軍の24時間の戦死者	2400名	160名

この時から一ヵ月半、戦局は一変し、これまで優勢に戦ってきたNKA軍は全面崩壊の危険にさらされるのである。この時点までの同軍の損害は、三万人を越えていた。

一九五〇年九月（第四ヵ月目）

九月から、アメリカ、韓国の国連軍にイギリス、フランス、トルコなど一五ヵ国の軍隊が加わり、正式に国連軍（United Nations Military Force：略称UN軍）が発足する。

それを待っていたかのように、全指揮権を握っているアメリカ極東軍司令官ダグラス・マッカーサーは、UN軍による大反撃を実施する。

釜山橋頭堡の危機が去ってから二週間後、二五〇隻の艦船がソウルの西五〇キロにある仁川（インチョン）へ向かったが、これにはアメリカ海兵隊一コ師団を中心に約四万の上陸部隊が乗船していた。

九月一五日零時、猛烈な艦砲射撃と航空機の対地攻撃が始まり、数時間後、上陸用舟艇の大群が仁川の海岸に殺到した。NKA軍はこの大規模上陸作戦を事前に察知できず、わずかに数百名の兵士が抵抗しただけであった。

上陸軍は、その日のうちに仁川港全域を確保し、その後はつぎつぎと物資が陸揚げされた。九月一七日になって、北朝鮮軍は戦車数十台を投入して、国連軍上陸部隊に対抗したが、一日にして撃破されてしまっている。

上陸から一二日目の九月二七日、国連軍の先遣隊は六月二八日に占領されていた韓国の首都に進撃し、翌日には三ヵ月ぶりにソウルを奪回したのであった。

この仁川上陸作戦は〝クロマイト（鉄鉱石の意）〟と呼ばれたが、北朝鮮軍に与えたショックは想像以上に大きかった。なぜなら、朝鮮半島南部にいる部隊と本国との間に、国連軍の楔《くさび》が打ち込まれたからである。

相変わらず釜山橋頭堡の周辺にいたNKA軍は、仁川上陸作戦の知らせを聞くといっせいに北に引き揚げはじめた。

しかし、〝北〟軍隊の撤退には多くの困難がともなった。まず輸送用の車両の数が少ないこと、燃料も充分でないこと、つねに国連軍航空機の襲撃にさらされることなどである。もともとNKA軍の戦力は、この時点で大幅に低下しており、追撃してくる釜山からの国連軍に太刀打ちできるものではなかった。

開戦以来、圧迫され続けていたアメリカ・韓国軍にとって、戦局は完全に有利になったのである。朝鮮半島南部およびソウル周辺で、UN軍はつぎつぎと北朝鮮軍を撃破していた。

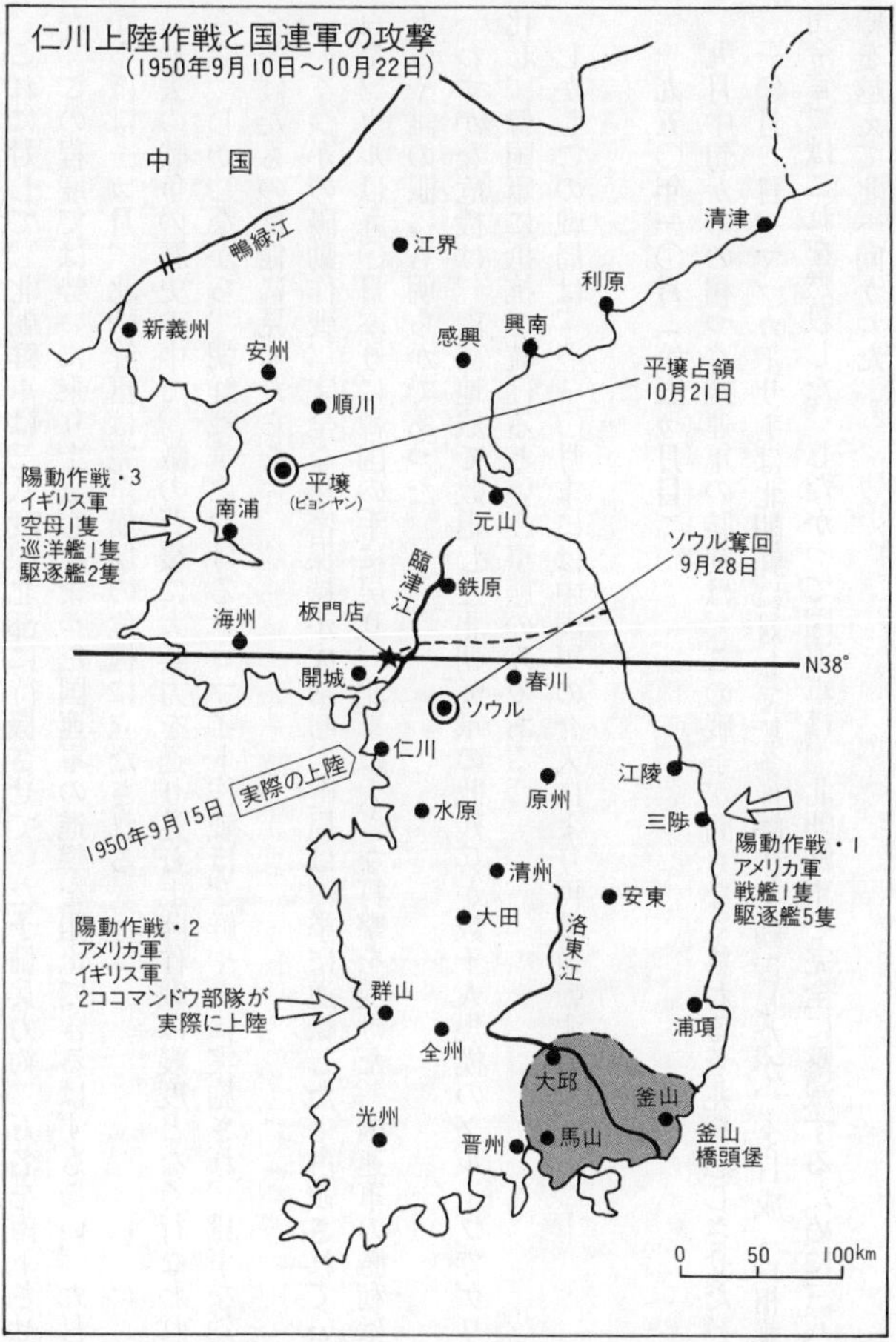
仁川上陸作戦と国連軍の攻撃
(1950年9月10日〜10月22日)
中　国
鴨緑江
江界
清津
利原
新義州
感興
興南
安州
平壌占領
10月21日
順川
陽動作戦・3
イギリス軍
空母1隻
巡洋艦1隻
駆逐艦2隻
平壌
(ピョンヤン)
南浦
元山
ソウル奪回
9月28日
臨津江
鉄原
海州
板門店
N38°
開城
春川
ソウル
仁川
実際の上陸
1950年9月15日
江陵
原州
水原
三陟
陽動作戦・1
アメリカ軍
戦艦1隻
駆逐艦5隻
清州
安東
大田
洛東江
陽動作戦・2
アメリカ軍
イギリス軍
2ココマンドウ部隊が
実際に上陸
群山
全州
浦項
大邱
釜山
光州
晋州
馬山
釜山
橋頭堡
0
50
100km

これに対して、北朝鮮軍は三八度線北部に待機させていた予備兵力約二万名を南下させたが、この程度では勢いに乗り士気も高まった国連軍の進撃を阻止できるはずもない。九月末からほぼ一ヵ月、北朝鮮軍は完全崩壊の危機に立たされる。

過去の戦争の歴史の中で、敵の背後に大兵力を送り込む上陸作戦は幾度となく行なわれてきた。しかしながら、朝鮮戦争におけるクロマイト作戦ほど鮮やかに実施され、見事な効果を挙げたものは他に見当たらない。

いくつかの陽動作戦、完全な秘密保持が成功し、戦局は一挙に逆転した。占領されていた首都ソウルは九〇日ぶりに韓国の手に戻り、北軍は大きな打撃を受けた。国連軍の勝利は、もはや誰の眼にも明らかであった。

わずかな危機は、南部地域で敗退した北朝鮮軍の敗残兵が数千人規模のグループでゲリラ化し、韓国軍に抵抗を続けるという事態のみである。

しかしこの戦局は、翌一〇月末には中国軍の介入により再度逆転する。

一九五〇年一〇月（第五ヵ月目）

九月中旬からの相つぐ国連軍の勝利は、この戦争が間もなく終わる予兆を感じさせた。

一〇月一日、マッカーサーは北朝鮮に対して無条件降伏を勧告したが、金日成（首相兼総司令官）はこれを黙殺した。したがって国連軍は、北朝鮮軍を完全に撃滅するために三八度線を越えて北へ向かった。

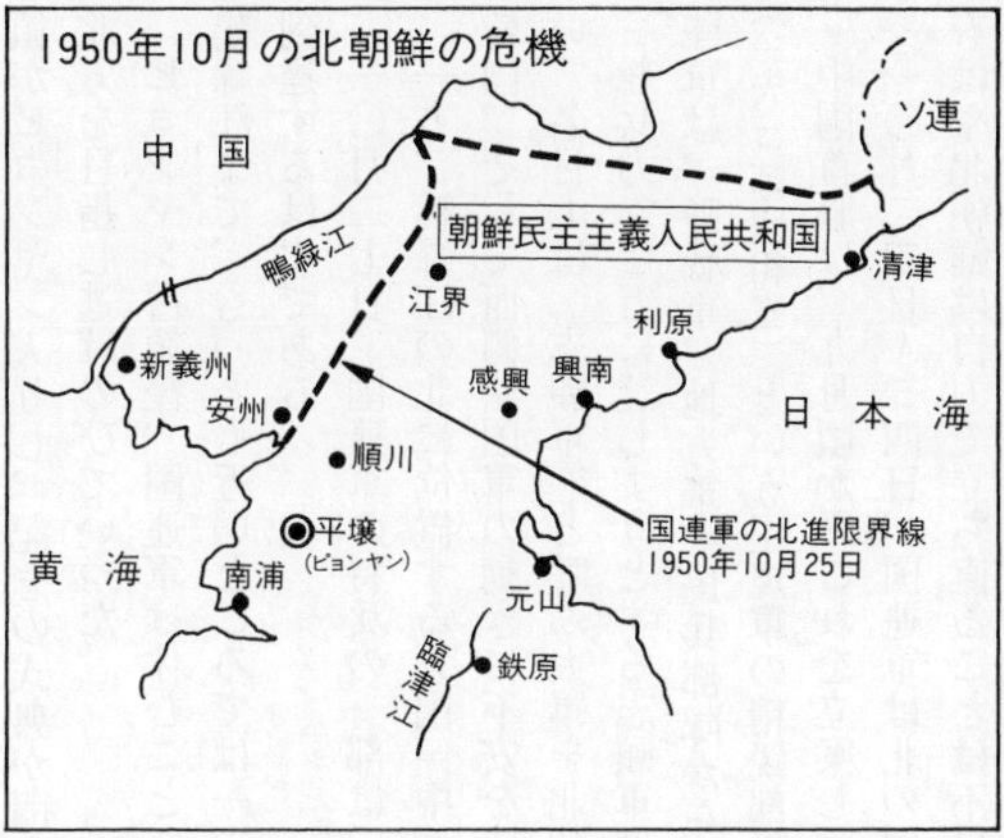

いかに事の成りゆきとはいえ、この行動が戦争をより拡大する結果を招いてしまったことに間違いはない。

それは、中国に西側軍隊の脅威を強く印象づけたからである。

自国領内に侵入してきたUN軍に対して、NKA軍首脳は手元に残してある最精鋭の第九師団を投入した。しかし、たった一コ師団では、約六コ師団相当の国連軍に敵するはずもなかった。

第九師団が大損害を受けると、あとに残るNKA軍の兵力は旅団、連隊規模の集合体でしかなく、北上してくる国連軍を阻止することなど夢物語となる。

アメリカ軍の戦力はますます増大し、三八度線付近で激戦を続けながらも、かなり北方に位置する元山港へ上陸作戦を実施できるほどになっていた。

一〇月一九日、韓国軍が〝北〟の首都平壌（ピョンヤン）を占領した。

二日後、マッカーサー元帥と韓国の李承晩大統領がピョンヤン入りし、記念の式典が開かれた。〝北〟の政府は列車と自動車を乗り継いで北方を目指し逃げのびていった。

ピョンヤン占領後、国連軍は休むことなく敵を追って北上する。中国・北朝鮮の国境たる鴨緑江まで、もっとも近いところでは一二〇キロの距離であって、早ければ一〇日足らずで到達するはずである。

一〇月二七日、国連軍の将兵の一部は、この大河を肉眼で見ることになったのである。

一方、鴨緑江の北に位置する大国・中華人民共和国は、自国の国境に迫ってくるアメリカ、韓国、そして西側諸国軍の動きに不安を感じていた。中国首脳は秘密裡に戦争の準備を行ない、名目上は〝志願軍〟と呼ぶ大軍を北朝鮮領内に送り込もうとしていた。

総兵力二〇万に達しようとする志願軍は、実質的には間違いなく正規軍である。当時中国陸軍は、野戦軍、地方軍、民兵部隊から構成されていたが、南へ送られるのは第四野戦軍（二六コ師団相当）という正規軍の精鋭部隊である。

中国首脳は、九月頃からこれを立案し、国連軍の進攻の度合いを冷静に見つめていた。

一〇月二三日〜二四日、国連軍は北の領土の六割を占領し、その兵力の七割を撃滅した。もはや北朝鮮は自力で立ち直ることは不可能であり、戦争そのものが短期間のうちに終わろうとしていたのであった。

後方支援を担当するアメリカ海軍の輸送部隊には、作業中止の命令が伝えられたほどである。

しかしながら一〇月二五日、戦争の様相は一変する。

韓国軍第一師団、第六師団は、雲山、温井地区で正体不明の大部隊と交戦し、大きな損害を出した。加えて同第三師団、アメリカ第八騎兵連隊も数倍の敵の攻撃を受けて退却を余儀なくされている。

わずかに捕らえた敵の兵士を尋問すると、明らかに中国兵であることが確認された。完全な勝利を握る直前、国連軍の二倍の兵力を有する大敵が姿を現わしたのであった。

一九五〇年一一月（第六ヵ月目）

国連軍総司令部および情報関係者は、前月二五日から始まっていた中国軍の介入を、多くの証拠がそれを示していたにもかかわらず、まったく信じようとはしなかった。

一一月の第一週が終わろうとする頃、ようやくその事実を認めたが、相変わらず本格的な参戦とは思わず、このため対応は遅れに遅れた。

林彪（リンピョウ）を司令官とする七コ軍一八〜二〇万の中国兵は、朝鮮半島北部の山岳地帯を埋め尽くすようにして国連軍に襲いかかった。彼らの重火器は少なかったが、兵員数から見れば国連軍の二倍に達しており、それが〝人海戦術〟をとって襲いかかってくると、いかに近代兵器を豊富に持つアメリカ軍であっても少なからぬ損失を出す。

また、勝利が間近いという情報が流れていたため、米軍の戦闘意欲が低下しつつあった事実も、中共軍に有利に働いたようである。

米海兵隊を包囲する中共軍の人海戦術——国連軍の２倍に達する兵員数で、近代兵器の豊富な米軍に損失を与え続けた。

一一月の一週から二週にかけて、中国軍の攻勢は急速に強まり、国連軍の右翼（戦線の東部）に大きな裂目が生じてしまった。

また、他の戦闘分野でも、国連軍は大きなショックを受けた。

絶対的な制空権を握る国連軍側の空軍（主としてアメリカ空軍）に対し、中国空軍はより高性能なジェット戦闘機ミグ（ＭｉＧ）15をもって闘いを挑んできたのである。ある条件下においては、国連軍のいかなる戦闘機もこのソ連製航空機に太刀打ちできなかったから、アメリカ軍の受けた衝撃は想像以上に深刻であったと言わねばならない。

一一月八日には、新義州上空で史上初めてのジェット機同士の空中戦があり、アメリカ空軍はきわどいながらも勝利を得た。

一一月末になって、国連軍はなんとか戦線を立て直すことができたが、これは中国軍の補給が途絶えがちになり、攻勢の速度が低下したからである。

中国軍は、兵力数から言えば国連軍を常に上まわっていたが、その反面、重火器、戦闘車両、航空機の保有数は決して充分ではなく、輸送力もまた戦闘部隊が満足できるものにはほど遠かった。そしてこの事実が、何度となく国連軍の危機を救うのである。

一一月末に戦線を整理した国連軍は、新たに到着したアメリカ第三師団を中心にして反撃に出た。しかし、中国軍の実力は国連軍の首脳の判断をはるかに凌ぐもので、この反撃は一蹴されてしまった。それどころか、新着の第三野戦軍（一部）を組み入れた中国軍は、一挙にピョンヤンの奪回をはかった。

ピョンヤンの東部に配備されていたアメリカ軍のみならず、国連軍最強と謳《うた》われた第一海兵師団さえ、敵三コ師団の猛攻を受けて撃破されてしまったのである。また、より北にいた国連軍部隊も共産軍に包囲され、十数万トンの物資を置き去りにしたまま危うく元山港から海路撤退していった。

この結果、一二月のなかばには、北の領内に国連軍の姿はまったくなくなってしまったのである。

中共軍のあまりの猛攻撃に、アメリカ軍上層部は大きな危惧を表明し、戦線維持のため核兵器の使用も真剣に討議された。しかし、それを知ったイギリスの反対により、この危険な対応策は実行されることのないまま葬り去られたのである。

ついに総司令官マッカーサーは、国連軍を全戦線から退却させる決心をする。

この年の冬の訪れはきわめて早く、一一月二九日には三八度線付近で零下二〇度を記録した。天候も悪化し、国連軍の頼りの綱ともいえる空軍力の優勢がかなり減殺されてしまった。こうして国連軍は、この戦争でもっとも悲惨な冬を迎えるのである。

一九五〇年一二月（第七ヵ月目）

一二月に入って間もなく、国連軍は南を目指して撤退を開始した。これは撤退（Withdraw）とされたが、実際には疑いもなく退却（Retreat）以外の何物でもない。

一二月五日、国連軍はピョンヤンを放棄してしまい、中国軍、および一ヵ月間にふたたび編成された北朝鮮軍が戦うことなくこの大都市を手中におさめたのであった。

さらに、北部に置き去りにされた形で残っていた国連軍も、興南港から海路南へ引き揚げていった。前述の元山、興南からの撤退が成功しなかったら、国連軍は全兵力の三〇パーセント以上を失ったに違いない。中国軍の海軍力はきわめて弱体で、これらの撤退を阻止できず、別の面では共産側の戦力の限界を示したともいえる。

とはいえ、大量の歩兵を投入して、犠牲を顧みず突進してくる中国軍の打撃力は強烈であった。降りしきる雪の中を国連軍は南へ南へと下り続けた。その退却はまさにとどまるところを知らず、クリスマスの当日、三八度線を越えて南に撤退した。

またその前々日、アメリカ第八軍の司令官W・ウォーカー中将が混乱の中で発生した交通事故（ジープの転覆）により死亡した。これに対して、共産側は狙撃兵によるものとしている。

各国の陸軍歩兵師団の兵員数の目安

	開戦時	1951年以降の完全充足師団
北朝鮮軍レベルA	9000名	1万2100名
〃　B	6000名	8000～9000名
中国軍レベルA	参戦せず	8000～8700名
〃　B	〃	7500名
〃　C	〃	6500～7000名
韓国軍レベルA	9000名	1万1000名
〃　B	7000名	8500名
アメリカ陸軍（歩兵師団）	9000名	1万1000名
〃（騎兵師団）	1万1000名	1万2000名
アメリカ海兵師団	1万6000～1万8000名	2万2000～2万4000名

注）　ただし韓国軍のCapital Div（首都師団）は1万4000名まで増大した。

ウォーカーの後任は、空挺部隊出身のM・リッジウェイ中将である。

引き継ぎを受けたリッジウェイは、ただちに朝鮮入りし戦線を視察したが、そこに展開されている光景は彼の想像をはるかに越える悲惨なものであった。国連軍の将兵の中には、「中国軍は無敵である」という神話が広がりつつあり、彼らの士気は低下していた。

また、撤退が予定より早まったため、多くの軍需物資が運び切れずに共産軍の手に渡ってしまった。

さらに惨めなのは、国連軍の勝利を信じてピョンヤン、ソウルに留まっていた韓国の人々であった。数十万の一般住民がなんの輸送手段も持たず、家族と共に徒歩で脱出をはかっていた。しかしながら季節は真冬で、気温は昼間でも零下一〇度である。

共産ゲリラの襲撃を受けなくとも女、子供、老人はつぎつぎと倒れていったが、国連軍は自らの脱出に大わらわで、これらの人々に救いの手を差し延べることは不可能だった。

結局、一〇月末、「中国軍の本格介入」を容易に信じなかったツケが、ここにまわってきていたのである。

アメリカ海軍航空隊、空軍は全力を挙げて追撃してくる共産軍を空から叩き続けたが、それらを喰い止めるだけの力を持っていなかった。

この時点で共産軍の兵員数は約四〇万人(中国軍が七割を占める)であったが、対する国連軍は一四万人となっていた。しかしその兵員数の差以上に、中国軍の人海戦術の恐ろしさが、国連軍将兵の心に重くのしかかっていたのである。

一九五〇年一二月の撤退は、のちに〝一二月の大退却 December Big Retreat〟と呼ばれ、アメリカ陸軍史上最大の敗退として戦史に残った。

一一月〜一二月だけで国連軍は一万人近い戦死者、三万人の負傷者を出してしまったが、これを上まわっているのが民間人の犠牲者で、その数はいまだに不明のままであるが、約一〇万人といわれている。そして翌年早々、ソウルはふたたび共産軍に占領されるのであった。

一九五一年一月(第八ヵ月目)

厳冬の新年を迎えても共産軍の攻勢は衰えを知らず、国連軍の戦線は南に押し下げられていた。リッジウェイはこの事態を深刻に受けとめ、彼らの日本への撤退を考えはじめていた。

また韓国軍については済州島に引き揚げさせ、そこで再興をはかる考えであった。

一月四日、ソウル全域が共産軍の支配下に入り、〝南〟の首都は半年のうちに三回持ち主を変えた。

共産軍の夜襲を撃退して、韓国軍の後退を支援する米軍の90ミリ高射砲(上)と包囲網を山道伝いに脱出する米海兵隊員。

しかし、ソウルから四〇キロほど南へ下った地点で共産軍の南下の速度は急激に低下し、間もなく完全に停止してしまった。

この原因は二つあった。まず、共産軍の補給能力が限界に近づいていたことである。

もともと充分な車両を持たず、また海上交通路がまったく使用できない共産軍は、これまで兵員数を頼りに強引に戦線を南下させてきた。

この結果、鴨緑江から七〇〇キロ、ピョンヤンから三〇〇キロも離れたところが戦場となっていて、あらゆる物資をこの地点まで運ぶ必要があった。けれども少数のトラック、荷馬車、自転車による輸送力では、二〇〜三〇万という兵士を養い、戦わせるためには不充分である。

中国軍の兵士は、国連軍の兵士よりあらゆる面で忍耐強いが、それにも限界があった。前線の部隊の中には、うすい米汁だけで一週間も戦い続けた者もいる。

この事実を知った国連軍は、一月末から少しずつ反撃に転じた。五コ師団（ただし、いずれも未充足）を広く展開させ、ゆっくりと北上していく作戦である。この戦術はわずかながら効果を挙げ、共産軍の南下を低下させたもうひとつの要因となった。

ここで重要なことは、この時点で北朝鮮・中国軍対韓国・国連軍の戦争に関し、どちらの側も勝利を手中におさめるのが不可能になったという事実である。

もちろん、当時にあっては誰一人としてこのような将来の結末を予測した者はいなかった。

これ以後、両軍は互いに攻勢をかけ、防御にまわり、陣容を立て直し、兵力を増強して戦い続けるが、戦線は三八度線をはさんで南北六〇キロの範囲で上下するだけになる。そして、それだけのために十数万の兵士とほぼ同数の民間人の死者が、冷たい統計上の数値として記録されるのであった。

別項で詳述するが、朝鮮戦争は他の大戦争と異なって戦争の期間を次のように分けることができる。

○戦局の変動期　戦争勃発～一九五一年一月

○戦局の固定期　一九五一年二月～停戦まで

このことをはっきりと把握した上で、次の記述に移ろう。

一月末の国連軍の反撃は一応成功したが、規模は小さく、とても共産軍を撃滅させるようなものではなかった。

アメリカ第八軍首脳は、この反撃計画にサンダーボルト（雷電）という大袈裟な名称を与えていた。しかし、参加兵力も一～二万名程度であったから、せいぜい敵の大隊のいくつかに打撃を与え、数ヵ所の前進拠点を占領するにとどまっている。

もっともこの頃には、少なくとも国連軍が日本に引き揚げねばならないような危機は去っていた。この危機をまぬかれた最大の要因は、前述のごとく国連軍の戦力増強よりも、共産軍の補給能力の欠如と見るべきである。

一九五一年二月（第九ヵ月目）

国連軍と共産軍は、三八度線南方で小規模の攻勢を互いに繰り返しながら戦っていた。

この付近の気温は、夜間には零下二五度まで下がり、両軍に凍傷患者が続出した。しかし治療については、設備に余裕のある国連軍が有利であったのはいうまでもない。

一九八〇年代に出版されたこの戦争に関する中国側の記録には、戦闘による死傷者と凍傷によるそれが同数であったと記されている。

このような悲惨な状況にもかかわらず、戦いは休むことなく続けられていた。

国連軍は、サンダーボルトに次いで二月初旬、ラウンドアップ（Roundup＝狩り立て）作戦を実施した。これは、戦線の東の部分で六コ師団（これも十二コ連隊規模）を投入して、この地区の北朝鮮軍を駆逐しようとするものである。

これまた一応の成果を挙げたが、雪と寒さと地形に妨げられ、四ヵ所の地点を占領しただけに終わっている。

一方、西海岸では三コ師団の国連軍が攻勢に出て、仁川周辺に拠点を造ることができた。これで、ソウル奪回の足掛かりができたわけである。

けれどもその直後、約一ヵ月ぶりの共産軍の〝二月攻勢〟が開始された。この間に北および中国本土からの補給品が到着したのであろう。

二月一一日から始まった攻勢により、サンダーボルト、ラウンドアップで奪回したかなりの部分がふたたび占領されてしまった。

もっとも、国連軍は中国軍の人海戦術に慣れ、それに慌てふためくことはなくなってきていた。兵員の数では劣っていても、豊富な弾薬を用意し落ちついて対処すれば、敵に大損害を与え得ることを悟ったのである。

激しく降り注ぐ雪の中で、共産軍の二月攻勢は約一週間続けられたが、そのうち下火になり、二月二〇日には戦線は静けさを取り戻した。その雪の下には、国連軍兵士のそれの四倍を越す死体が残されていた。

このような状況のもと、アメリカ軍はキラー（殺し屋）と名づけられた作戦を実施する。これはその名のとおり、一人でも多くの共産兵を殺傷することを目的としていた。

しかし共産軍の二月攻勢と同様に、なんら戦局に変化を与えることが不可能なこの種の作戦を立案し、実行する参謀の無能ぶりは信じ難い。

零下二〇度という低温、激しい吹雪、低いが険しい山々という地形、陣地にこもる敵軍、兵力不足の攻撃側といった悪条件下で行なわれたキラー作戦は、なんの成果も挙げずにわずか五日間で中止された。

中国軍の一部は、国連軍が攻勢をかけてきたことに気づかないほど、この作戦はみじめな失敗に終わっている。

一月末から二月末の間に、国連軍（作戦の立案はアメリカ第八軍）は、

サンダーボルト　一月二四日発動

ラウンドアップ　二月　五日発動

キラー　二月二一日発動

と立て続けに三つの作戦を実施したが、いずれも大した戦果を記録していない。

前述の悪条件を考えれば、いずれの作戦も成功すると考える方がおかしいといえた。もっとも、それだけ戦闘による米軍の死者の数も少なく、三つの作戦を合わせても一〇〇〇名に達していない。

一方の共産軍にとっても自然条件は同じで、二月攻勢は、苦労して運び込んだ軍需品をい

たずらに浪費するだけの結果になった。人的損失は〝人海戦術〟を採用しているかぎり常に大きく、二月の戦死者は四〇〇〇名前後とみられている。

一九五一年三月（第一〇ヵ月目）

一、二月の攻勢の失敗にも懲りず、在韓アメリカ軍は新反攻作戦リッパー（切り裂く、あるいはノコギリの意）を立案した。

リッパーは、それまでの三つの作戦よりもかなり本格的なもので、ROK軍四コ師団、アメリカ軍六コ師団（一部に他の国連軍が加わる）が参加する。

目標となるのは春川市とソウル市で、ここを結ぶ共産側の戦線を完全に切断しようとするものであった。この地域には中国第六六軍（国連軍の二コ師団に相当）が存在するが、これに対し三倍以上の兵力をぶつけて一挙に撃滅しようと考えたのである。久方ぶりに国連軍は、共産軍より豊富な兵力で戦うことになる。

また、作戦が完全に成功し、共産軍が三八度線以北に撤収すれば、その南に放射性物質（プルトニウム線源?）を散布し、無人地帯を造ろうという案も出されていた。

もちろん、全世界から糾弾されるようなプランは採用されなかったが、このアイディア自体、アメリカが共産軍を全滅させることができないと判断している証拠である。そのうえ、いったん放射性物質を撒けば、被害は敵味方、軍人、民間人の区別なく及ぶのである。

リッパー作戦は三月七日から開始された。小戦闘はあちこちで発生したが、予想されたような激戦はまったく起こらなかった。
米・韓連合軍は大きな障害もなく、
安を覚えるほどであった。共産軍は、

国連軍との戦闘で大損害を受けた共産軍は、首都のソウルからすでに撤退していた。写真は麻浦地区を掃討中の韓国軍。

順調に北上していった。これに参加した兵士自身が不安を覚えるほどであった。共産軍は、いつの間にか三八度線の北側まで、国連軍の知らぬ間に撤退してしまっていたらしい。

ここでも、多くの偵察用航空機を有するはずの国連軍のミスが露呈されている。

勢い込んで準備したアメリカ・韓国軍の精鋭師団は、いっこうに敵に遭遇しなかった。三月一四日、ROK軍の第一師団が何の抵抗もなくソウルに入城した。

また、大損害を覚悟して春川市に突入したアメリカ第一騎兵師団も、一発の銃弾を発射することなく同市を奪回したのである。UN軍への抵抗は、数十人規模の残置ゲリラが行なうものだけで、それも間もなく終わりとなる。

それではなぜ、中国軍・NKA軍は戦線を離脱して北へ引き揚げたのであろうか。

この理由は、中国側の資料によると、

○もともと南への領土的野心を持っていなかったこと

○中国の敵に、自軍の実力をすでに充分に知らしめたと判断したこととなっている。

これに付け加えれば、

○前線が南に伸びすぎて補給が困難になったこと

○火力、航空機が不足がちで、人海戦術に頼らざるを得ず、その結果、人的損害が大き過ぎたこと

となろう。

確かに、中国軍の勝利は莫大な戦死者の上に築かれたものであった。また本国からの輸送も、常に国連空軍の監視下、攻撃下にあり、途中の損失はかなりのものであった。建国からわずか数年、そのうえ国民政府との対立が続いている中で、この戦争は中国にとって確実に重荷になっていた。それが介入後四ヵ月たち、如実に現われたともいえる。

この後、中国、NKA軍は山岳地帯に構築した強固な陣地にこもり、国連軍の攻撃をはねかえす戦略に転ずる。

一九五一年四月（第一一ヵ月目）

共産軍が三八度線より北に引き揚げた事実が知れわたると、国連軍の内部に戦争の今後についていくつかの意見が表われた。

まず李承晩大統領、そしてマッカーサー元帥によれば、

「これまで以上に兵力を投入し、再度北朝鮮に攻め込み、敵が屈服するまで戦い続ける」

というものである。

一方、アメリカ大統領H・トルーマン、国際連合、参戦各国首脳は、

「これを機に和平交渉を行なうべき」

という意見であった。

冷静に見れば、後者しか取り得る道はなかった。たとえ北鮮軍を撃破したところで、その背後には総兵力三六〇万人という中国軍が控えている。そのうえ、三〇〇万人の兵員を有するソ連も、西側連合軍の大規模北進を傍観するとは思えない。

アメリカが、いかに多くの軍隊をこの小さな半島に注ぎ込んだところで、最終的な勝利は大量の核兵器を使用しないかぎり決して得られないのである。

第二次大戦で見事な戦略を披露した名将マッカーサーも明らかに年老い、現実を直視できなくなっていた。また彼がこれまで学び、かつ体験してきたいずれの戦争も総力戦ばかりであり、いわゆる限定戦争への理解は充分でなかったのかも知れない。

トルーマン大統領に代表されるアメリカ政府としては、わずか六年前に終わった大戦争を、極東の地でふたたび始める気はまったくなかった。

この一九五一年初め頃から、強引に戦争を続けようとするマッカーサー（極東アメリカ軍、在朝鮮国連軍の総司令官を兼任）と、トルーマン大統領の確執が強まっていくのは当然の成りゆきであった。

マッカーサー元帥は、台湾の国民政府軍の投入、中国本土の工業地帯への爆撃、沿岸封鎖などの強硬策をつぎつぎと提案した。しかしアメリカ政府としては、中国との全面戦争を覚悟しないかぎり、そのような手段をとれるはずはなかった。

ワシントンとしては、朝鮮半島の一角に自由主義国家が存在していればそれで充分であり、それこそ、この戦争に介入した最大の理由だったのである。

四月一〇日、トルーマン大統領は国務長官アチソン、統合参謀本部議長ブラッドレー、特別顧問ハリマンの了解をとりつけ、マッカーサー元帥の解任を決定する。

後任にはそれまでの第八軍司令官リッジウェイ中将を大将に昇進させ、その任に当てている。

しかし、彼はマッカーサー元帥ほどの絶対的権力を望まず、そのために後任の第八軍司令官J・バンフリート中将との間にいくつかの摩擦が生じた。

いずれにしても、戦争継続中の総司令官の解任という事態は、国連軍内部に大きな影響を与えた。

四月五日から、国連軍はようやく確保している三八度線北の戦線をもっと北上させようとして、ラッギド（Rugged＝デコボコした、のこぎりの歯のような、の意）作戦を発動する。

この名は作戦の対象となる地域が、中級の山岳であったことによる。

目標とされた戦線は、三八度線から二〇〜三〇キロ北に上ったところであって、これは〝カンザス・ライン〟と呼ばれた。

進撃はゆっくりとした速度で行なわれたが、共産軍の抵抗は激しく、作戦開始一〇日目にして完全に停滞してしまった。

一九五一年に入ってから、国連軍は飽きることなく新しい攻撃作戦を実施するが、いずれも兵力は充分でなく、目新しい戦術もなく、大した効果を挙げていない。なぜこのような新たな攻撃を矢継ぎ早に実行したのか、理解に苦しむところである。

ラッギド作戦が中途半端な状態で中止されると同時に、今度は共産側の大攻勢が始まった。この事実を見ても、〝ラッギド〟がなんの効果ももたらさなかったことがわかる。

共産軍の攻撃は、のちに〝四月攻勢 April Offensive〟として歴史に残るほどのものであった。攻撃の主力は三コ軍（九コ師団、実質戦力は六コ師団相当）の中国軍であり、NKA軍は補助的役割を果たしたに過ぎない。

四月二一日、数時間におよぶ準備砲撃のあと、ソウル占領をめざす大きなスケールの攻撃が行なわれた。当時、三八度線付近にいた国連軍兵士の数は一五～二二万名であったが、攻撃する中国軍は三〇万名近い大軍と思われた。

この時の中国軍の戦術は、これまでと同じで、自軍の損害を顧みず国連軍の陣地に突入してくるといったものである。相変わらず機甲部隊、空軍の協力は皆無で、わずかに砲兵と防空部隊が増援されただけであった。

防御にまわった国連軍の戦線は六ヵ所で突破され、約八キロ後退した。とくに中共軍の圧力が強かったソウル東北地域では、二〇キロも押し下げられた個所もあった。

しかし、もはや朝鮮半島には春が訪れていて、天候は非常に良好になっていた。アメリカ軍は空軍、海軍、海兵隊航空部隊を動員して、一日約八八〇機を出動させた。また、砲兵部隊は平均三三〇〇〇発の砲弾を発射して進撃してくる中国軍を痛撃した。

このため、中国軍の人的損害は莫大な数にのぼり、加えて補給が不充分だったために攻勢は開始後一〇日間で中止となった。

国連軍の推定では、この攻勢の際の共産側の死傷者は五万人を越えたとのことである。

この数値が正確かどうかわからないが、このあと中国軍は、人海戦術を基本とした大規模攻撃はほとんど行なわなくなってしまった。

一九五一年五月（第一二ヵ月目）

中共軍の四月攻勢は失敗に終わったが、かといって三八度線付近の戦闘が下火になったわけではなかった。

この五月という月は、国連軍、中共軍が互いに中程度の攻勢をかけ合って激戦が続いた。それは互いの人的損失から見る限り国連軍の勝利に終わるのだが、戦争の決着にはなんの影響も与えない程度のものでしかなかったのである。

〝四月攻勢〟が一段落すると、中国軍は戦線とその後方で態勢の立て直しに着手し、また少しずつ送られてくる軍需物資を蓄え始めた。それまで彼らは高い戦闘意欲を維持していたが、弾薬どころか食糧さえも満足に入手できない有様だった。

この時期、半島上空の天候は良く、国連軍航空機は存分に飛びまわれる状況となった。これらの航空機は、共産側の輸送車両を発見すると執拗に攻撃し、徹底的に破壊した。北朝鮮国内の鉄道網もまた、これらの爆撃をまぬかれることはできなかった。

中国は輸送隊の防空を目的に、新たに三コ高射砲師団（高砲師団）を派遣したが、その能力は決して高いとは言えなかったのである。

中国軍の資料によると中国、北朝鮮の各地から運び出される物資のうち、戦線に到着するのはせいぜい三五パーセントであった。これに対し国連軍は、制海、制空権を握っているので、九五パーセントを確保していたのである。この違いが、見方を変えれば国連軍より多い兵力を有する共産軍の弱点となった。

さて、三八度線をめぐる両軍の戦闘は、次のような順序で推移した。

五月一〇日　国連軍の攻勢
五月一五日　共産軍の攻勢
五月二四日　国連軍の反撃

という具合である。

この状況を見ていくと、一週間から二週間かけて軍需品をストックして攻勢に出る。守る側は必死に反撃するが、一日あたり一キロ程度後退する。そして数日もすると攻める側が息切れし、攻勢は一〜二週間で終了する。その後防御する側が攻勢の準備を始める。五月という月はこのパターンの繰り返しに終始し、死傷者数のみが増えていった典型的な時期であった。

ただし、国連軍の五月二四日の反撃は、ラッギド作戦の目標をなんとか達成する程度には成功した。

一方この時期、航空戦ではかなりの変化が見られた。共産軍はＭｉＧ15戦闘機の配備を増し、国連軍航空機の侵入に対し積極的に反撃している。

当時、朝鮮における国連軍の戦闘用航空機は約一八〇〇機で、そのうちジェット戦闘機は約三五〇機であった。一方、北朝鮮、中国国境付近の共産軍航空機は約五五〇機である。ただし、そのほとんどがミグ戦闘機であったから、戦闘機兵力のみを比較すれば共産側の優勢は否定できない。

北朝鮮の輸送路、軍事施設を攻撃するために敵地へ侵入するＵＮ軍の攻撃機、爆撃機は激しい反撃を受けることになった。

しかし、共産側の空軍機が国連軍の戦線を突破して南に入ってくることは、戦争の初期を除いてほとんどなかった。共産空軍は自国上空の制空権確保のみに専念していて、国連軍の地上部隊に攻撃を仕掛けようなどとは思っていなかったようである。

北朝鮮上空で行なわれたＭｉＧ15戦闘機とアメリカ空軍のノースアメリカンＦ86セイバー戦闘機の大空中戦は、話題性には富んでいても戦局に大きな影響を与えることはなかった。

また中国、北朝鮮とも航空機、戦闘車両の設計、開発、生産技術は有しておらず、ソ連からの供与に頼っていた。そのため、投入できる数はソ連が与えてくれる機数、台数に左右される。

そのソ連は、確かに多くの兵器を供与してはいたものの、そこには一定の歯止めが常にかけられていた。北朝鮮が戦争に勝つことは望ましいが、その勝利が中国の支援によって得られたとなっては困るのである。ソ連政府としては終戦後も、北朝鮮における影響力をどうしても残しておかねばならなかった。

前月の攻勢（四月攻勢）のさい、共産側が使用した戦車はせいぜい三〇台であり、これに対抗する国連軍のそれの一〇パーセント以下となっている。

この事実は、北朝鮮、中共のいずれもが地上戦の有力な兵器である戦車を自国で生産できないことを如実に示している。さらに一例を挙げると、この戦争に投入された一〇〇〇機以上のミグ戦闘機は、全部ソ連製であった。

このように見ていくと、中国軍が多用した〝人海戦術〟は、攻勢時にはこれ以外に方法がなかったことがわかる。

第二次大戦中の日本陸軍が、歩兵の突撃といった戦術に頼ったのとまったく同じ理由で、中国軍は人海戦術を採用したのであった。

この戦争において、中国とアメリカはほぼ同等の兵力を派遣したが、人的損害として、

	戦死	負傷	計
アメリカ軍	三・三六万人	一〇・三三万人	一三・六九万人
中国軍	一三・三〇万人	二三・三〇万人	三六・六〇万人

(注・いずれも自軍の発表値であり、また事故死者を含まず)を出しているが、この差がアメリカ軍の近代兵器、重火器の威力と見られるのである。

一九五一年六月(第一三ヵ月目)

前年六月二五日の戦争勃発から一年がたった。

戦線の位置は三八度線の北一〇~二〇キロに固定され、地図の上からは戦争による変化はまったくないように見える。しかし、この間にも朝鮮半島の地に多くの人々の血、汗、涙が吸い込まれていたのである。

軍人の死傷者だけを見ても、この一年間に韓国軍二一・二万人、アメリカ軍七・八万人、北朝鮮軍六〇万人、中国軍六〇万人という膨大な数にのぼっている(国連軍側の発表値)。これに一般市民の死傷者を加えれば、ゆうに二〇〇万人を越えるであろう。

さらに南、北朝鮮の数百の町、村が破壊されたが、この損害の復旧にはどれほどの資金を必要とするか、誰にもわからないままである。

またこれまでの戦闘から、国連軍、共産軍ともにもはや完全な勝利を得られないことが明らかになった。

戦争勃発から丸一年経過するのを待っていたように、六月二三日、思わぬところから停戦の提案がなされた。

ソ連の国連大使であるJ・マリクは、「交戦国間の軍隊を三八度線を境にして互いに引き離し、まず停戦させる。続いて話し合いによる休戦の討議を開始するべきである」という国連演説を行なった。

翌々日の二五日、中国は党機関紙「人民日報」で、マリク演説に同意するむねを発表した。次はアメリカの番である。

これに答えるように、トルーマン大統領も「原則として平和解決の意向を持っている」との声明を出した。

本来なら戦争の当事者である大韓民国、朝鮮民主主義人民共和国の意向が問われるべきであるが、二つの大国は——当事国に関係なく——自国の考えを公表したのである。

停、休戦についての南北の反応は、次のようなものであった。

韓国：戦争を仕掛けた〝北〟が停戦の条件について大幅な譲歩をしないかぎり戦争継続。

北朝鮮：はっきりした態度を示さず、中国の意向にそう。

〝北〟の突然の攻撃により甚大な被害を受けた韓国においては、政府、軍、国民が一致して停戦に反対していた。このため、のちに強引に和平を進めるアメリカと、戦争を続けるべきとする韓国との間には、感情的な対立が起きた。

一方、ソ連国連大使による唐突な停戦提案には、どのような理由があったのだろうか。

まず、この戦争に参加している中国が手を引きたがっていた、という推測が成り立つ。建国後の大混乱の中で朝鮮戦争が始まり、最大時には五〇万人という大軍を派遣していた人口六億の大国は、この戦争によって大きな経済的負担を感じていた。このため中国が当時友好国であったソ連に仲介を依頼した、という見方は正しいと思われる。

しかし、アメリカをはじめとする国連軍に参加している国々（計一七ヵ国）もまた、戦争から一刻もはやく手を引きたいと考えていた。

ソ連はこの気配を素早く察知し、国際連合に対する影響力を確保しようとマリク声明に結びつけたのであろう。

その舞台裏はともかく、互いに勝つことが不可能な戦争であれば、停、休戦に至る方法を模索するのは当然である。

休戦交渉は翌月から開始されるが、その道は険しかった。

戦場での砲火はその間絶えることなく続き、完全な休戦までには二年という歳月が必要となったのである。そして休戦交渉の会場でも、また遠く離れた地域でも多くのトラブルが相次いで起こったのであった。

休戦会談開催近しの噂が流れると、戦線では短期間ながら戦闘が鎮静化した。

しかし、この間の両軍の行動はいちじるしく異なっていた。まず共産側であるが、防御に徹して堅固な陣地造りにとりかかった。

これは、三八度線の北方全域にわたって構築され、総延長は二二〇キロにも及んだ。またその陣地群は、重要と思われる地帯では三重になっており、縦深距離は三〇キロに達している。

兵士たちは機械力に頼らず、人力で深い塹壕を掘り、地下トンネルを造り上げた。その中には、アメリカ軍の爆撃を無力化する深さ一五メートルの地下司令部、野戦病院まであった。彼らは、この陣地が自分たちの安全に直接かかわっていることを熟知していたので、見事な土木工事をなし遂げていた。

一方、アメリカ軍を中心とする国連軍は、物資を蓄えることに力を注いだ。戦局は有利に進んでいると考え、近いうちに大攻勢が実行されるという噂も流れていた。確かに四〜六月頃、共産軍の士気が一時的に衰えたという事実もあった。

これに対して在韓アメリカ軍首脳も、半島東北部にある元山港に大規模上陸作戦を行なおうというプランを考えていたようである。

六月中旬、中国軍はアメリカ空軍の攻撃によって大損害をこうむり士気が低下していた部隊を撤収させ、新たな兵力を送り込んだ。

また三八度線の北約三〇キロ、半島のほぼ中央にアメリカ軍が〝鉄の三角地帯：Iron Triangle〟と呼ぶ強固な陣地群を構築した。これは平康を頂点に、鉄原を西、金化を東の点とする一辺が二五キロの三角形の地帯で、今後二年間、両軍の死闘の舞台となった。

一九五一年七月（**第一四ヵ月目**）

七月九日から、ソウル北方三五キロの開城で、停戦のための予備会談が始まった。出席者は中・大佐クラスで共に三名、それに通訳官各二名が同席する。

続いて一一日から本会談が行なわれ、

○共産側
北朝鮮　南日中将　ほか少将二名
中国　鄭華中将　ほか少将一名
○国連軍側
韓国　白少将
アメリカ　ジョイ海軍中将　ほか少将二名
が出席したが、代表は南日、ジョイ両中将であった。

使用される言語ひとつとっても、朝鮮（韓国）語、英語、中国語の三種であり、参加者の誰が発言しても他の二ヵ国語に通訳されなければならないという手間のかかる会談である。

話し合いは「まず何について話し合うべきか」という命題から始まった。しかし、互いの雰囲気は険しいものであり、前途多難を思わせた。

またアメリカ軍の、韓国の意向の軽視といった不手際も、全体のムードを暗くしていた。共産側の代表者は北朝鮮の中将（副首相）なのに、国連軍の首席代表は韓国人ではなくアメリカ人となっている。実質的な代表は国連軍の指揮権を握っているアメリカ人でも差しつかえないが、韓国側も中将の階級を持つ軍人を出すべきであった。

さらに海軍のターナー・ジョイ中将はこの種の交渉には温厚過ぎて、南日中将の言葉に翻弄されていた。これが、韓国側の白少将を苛立たせる原因のひとつとなった。

これは国民性の問題なのか、それともアメリカの軍人にはタフ・ネゴシエーター（手強い交渉役）が存在しないということなのであろうか。

ともかく、会談はちょっとした言葉のやりとりから感情的になり、無言の睨み合いが二時間続くことさえあった。

休戦会談の開催と時を同じくして、韓国内では二つの大きな事件が国民の注目を集めていた。

そのひとつは『国民防衛隊事件』である。

これは一部の軍人と政治家が、新しく創設された国民防衛隊（民兵組織）に支給されるべき食糧、金銭を着服していたという汚職が発覚した事件である。

戦時のことであり、民兵のある者は食物も渡されず餓死したといわれている。それでなくとも、軍に参加しようとした五〇万人の男性が、訓練もなく放置されていた。

合計一一名の軍人、政治家が起訴されたが、彼らは実に五〇億ウォン以上を着服していた。

結局、国民防衛隊司令官金准将以下四名が八月一三日、銃殺刑に処せられ、この事件は決着した。

他のひとつは、韓国陸軍第一一師団が居昌郡の住民を〝北〟のスパイ（共産ゲリラ）と誤認して殺害した『居昌事件』である。このため、少なくとも二〇〇名の村民が〝共匪〟として射殺された。

また、事件を起こした軍人の一部は誤りに気づきながら、それを隠すための偽装工作を行なっていた。

確かに〝北〟は常に〝南〟へゲリラを送り込み、それらは住民の中にまぎれ込んで破壊行為を繰り返していたという事実はあった。

したがってこの種の事故は起こりがちではあったが、それにしては犠牲者が多かったこと、隠ぺい工作が行なわれたことの二点から正式の裁判となった。

第一一師団の佐官二名、尉官一名が有罪となり、懲役刑が言い渡されている。

この二つの事件は、韓国政府と軍に対する国民の信頼を低下させた。

一九五一年八月（第一五ヵ月目）

戦争を終わらせようとしている会談が進む一方で、その条件を有利に運ぶための激しい戦闘が戦線の所どころで起こっていた。

八月中旬に国連軍の攻撃によって始まった〝パンチボウルの戦い〟は、その中でも最大級のものである。

アメリカ軍は、朝鮮固有の地名が非常に発音しにくいことから、適当な英語の名前をつけていた。パンチボウルとは、三八度線東北部にある亥安盆地の形からつけられた呼称であって、本来はパーティーで出される果物入りのアルコール飲料を入れる器のことである。日本流にいえば〝スリバチ〟状の地形と考えればよい。

この〝パンチボウル〟の周辺には、標高一〇〇〇メートル級の山々が連なっており、これらはその標高をそのまま名称としてつけられていた。たとえば西にある大墨山は、〝一一七九ハイランド〟といった具合である。

攻撃は八月一八日から開始され、二〇〇門の大口径砲による準備砲撃のあと、アメリカ第二師団、韓国第五師団がパンチボウルの奪取をはかった。また海上からは、第七艦隊の巡洋艦二隻が八インチ（二〇三ミリ）砲で支援し、さらにのべ一八〇機の空軍機が対地攻撃を行なった。

これに対して、共産軍は以前から構築していた陣地にたてこもり、頑強に抵抗した。そのため、国連軍はそれぞれの陣地を、最終的には歩兵の接近戦で奪わなくてはならなかったが、八月二三日、ようやくパンチボウルをとりまく山々の大部分を手中におさめる。

しかしながら、その後にはNKA軍の反撃を受け、結局、二つの高地を放棄せざるを得なかった。

さらに戦いは九月初旬まで続き、元の状態に近い形で終息する。

この間、国連軍の死傷者は二七〇〇名（戦死、行方不明七六〇名）、共産軍のそれは一万五三〇〇名（戦死五六〇〇名）という莫大な数にのぼった。これがたった一七日間という短期間の犠牲者である。

これらの数値は、国連軍側の発表したものであるが、共産側は同じ戦いで国連軍側の人的損害三七〇〇名、自軍のそれは二四〇〇名と記している。いずれにしても、平時なら見向きもされない禿山《はげやま》の争奪戦で、五〇〇〇名以上の人間が死んだのである。

この間も開城で続いている休戦のための交渉は、いっこうに進んでいなかった。相変わらず相手の言葉尻を捉えて詰問する、とるに足らない嫌がらせを繰り返す、といった状態であった。

このような舌戦になると、勝利は常に共産側にあった。国連軍の中核たるアメリカ軍の指揮官たちは、この種の交渉を苦手とした。

会談では共産側が細かい事柄を列挙して国連軍側を非難し、それにアメリカ軍人が弁明する、といった形が多かった。

また、通訳が互いの言葉の細かいニュアンスがわからず、わずか五分程度の発言を説明するのに一時間を要することもあったという。

しかし会談と異なって、当時の戦況は現在から振り返れば国連軍に有利に進んでいた。中国軍、NKA軍とも大損害を出し、軍需物資の生産、輸送も遅れがちであった。しかし、アメリカはこの事実を正確に認識せず、自軍の苦しさのみ痛感していたように思える。この現状認識が、交渉を共産側のペースで進ませていたのであった。

一九五一年九月（第一六ヵ月目）

この年の夏は、大雨と晴天が交互にやってくるという特異なものだった。

地上戦の停滞を見通したように、アメリカ空軍は大量の戦闘爆撃機を投入して、共産軍の支配する地域に猛烈な攻撃をかけた。主力となったのはリパブリックF84サンダージェットで、当時三〇〇機以上が第一線にあり、敵軍の集結地、交通網、陣地を爆弾、ナパーム弾、

両軍の兵力の推移（単位：万人）

	開戦直後	1950年末	1951年末	1952年末	1953年春
韓国軍	9.0	20.0	25.0	35.0	40.0
アメリカ軍	1.0	15.0	30.0	35.0	30.0
他の国連軍	—	2.0	5.0	5.0	4.0
計	10.0	37.0	60.0	75.0	74.0
北朝鮮軍	12.0	15.0	25.0	30.0	32.5
中国軍	—	30.0	40.0	40.0	45.0
計	12.0	45.0	65.0	70.0	77.5

注）輸送部隊を含めた第一線部隊の兵員数。後方支援分を含めればこの数字の1.5〜3倍程度となる。たとえば1953年春にはアメリカ軍49万人、中国軍135万人。

ロケット弾で叩き続けた。

中国側の戦史の中にも、サンダージェットの攻撃の効果が何度となく述べられているが、その中には『敵航空主兵（空軍）部隊有大量増加、我軍大危害（被害大）』という文字が見える。

また一ヵ月の間に、前線にある共産軍の自動車の五〇パーセントが破壊されてしまったこともあった。

これに対抗するため、中共軍は三コ高射砲師団を朝鮮に送り、また多くの対空監視哨を設けて米軍機に対抗した。

九月からの一〇ヵ月間に、対空砲火で月平均一〇八機、空中戦で六九機の国連軍機を撃墜したと公表している。一方、アメリカ側の資料ではその数はずっと少なく、一ヵ月平均対空砲火で二七機、空中戦で三二機を失ったとされている。

いずれにしても開戦後一年たち、アメリカ軍の航空戦力は着実に増加しており、それは共産軍にとって大きな脅威となった。

九月下旬、パンチボウルから西へ六〇キロほど離れた中部山岳地帯で、中共軍の攻撃が開始された。

しかし、その戦術はこれまでとあまり変わりなく、迫撃砲の支援砲撃の下に、歩兵が突撃してくるといった形であった。ただし、相変わらず大量の歩兵が投入され、その数が国連軍兵士に恐怖感を抱かせた。

共産軍に航空機、重砲の支援があれば、その打撃力は国連軍の戦線を容易に突き破ったはずである。中国軍の資料に、迫撃砲以上の火砲の数では常に敵（国連軍）の二五〜三三パーセントしか保有できなかったという記述がある。

具体的には、アメリカ軍の歩兵師団の火砲の数は四〇〇門以上であるのに対し、中国軍のそれは約一〇〇門であり、性能的にも劣っていたと認めている。

なお砲弾の発射数でも、国連軍は中国軍の三倍であった。

これだけの差があれば、それはそのまま死傷者の数につながる。このため、中国軍はある程度の人的損害を覚悟しても、人海戦術をとらざるを得なかったのである。

他方、アメリカ軍では歩兵の兵員がなかなか増えないことが悩みであった。一九五一年末の時点で、戦場に投入できる予備の歩兵の人数は、わずかに一五万人しかいなかったのである。

そのためもあってか、韓国軍を数的にも質的にも向上させる計画が、この月からアメリカ政府によって立てられた。

当時のＲＯＫ軍の兵員数は約二六万名であったが、これを一年後に五〇万名とする〝倍増計画〟が作られ、ただちに実施された。

また兵器として一〇〇台以上のM4シャーマン戦車、五〇機のノースアメリカンF51戦闘機（レシプロ）が供与され、半年後にはかなりの戦力となる。

とくに戦車は、中部山岳地帯での戦闘で移動トーチカとしての威力を発揮した。初期には大量の戦車を使ったNKA軍は、米軍機の攻撃を恐れ、前線に投入しなくなっていた。これによりROK軍の戦車は、共産側のT34より弱体にもかかわらず、味方の歩兵にとって精神的なバックボーンの役割を果たしたのである。

一九五一年一〇月（第一七ヵ月目）

一〇月二三日、二ヵ月ぶりに休戦会談が再開された。この間二ヵ月の空白期間ができてしまった原因は、相変わらずの愚にもつかぬやりとりから始まった口論であった。

もちろん、その間に佐官級による打ち合わせは続いていたが、その場の雰囲気も本会議と同様に険しいものとなっていた。

一〇月末からの交渉は板門店で開始されたが、会談場を中心とした半径五キロの円内が非武装地帯とされた。これまでと違って板門店の会場の施設は多少改善され、この面では国連軍代表に精神的な余裕を与えたと評価できそうである。

しかし中部戦線、とくに鉄の三角地帯（平康、鉄原、金化）をめぐる激戦は、休戦会談の再開とは無関係に続いていた。

一〇月二三日から、中共軍を主力とする共産側の攻勢が平康を出発点として行なわれた。これには約三万の兵員が参加したが、その目標は国連軍の掌握している金化の占領を狙ったものである。

多数の中国兵が陣地から出撃し、米陸軍第九軍団、第一〇軍団の防衛境界めがけて攻撃を仕掛けてきた。この攻撃は、それまでにない豊富な火力（主として重迫撃砲）によって支援されていた。

アメリカ軍の戦線の一部は完全に突破され、部隊は四キロほど後退した。しかし侵入してきた中国軍は、間もなく壊滅することになった。

わずか五〇キロほどしか離れていない航空基地から、数百機の戦闘爆撃機が飛び立ち、絶えまなく侵入軍を叩いたからである。飛行場と戦場の距離が短いので、F84サンダージェットのあるパイロットは一日に八回出撃して、三四トンの爆弾、ロケット弾を投下した。

また、アメリカ軍の砲兵部隊は八〇〇門以上の大口径砲を使用して、一日あたり二万発の砲弾を射ち込んだ。

中国軍の攻勢は四日目に停止したが、七〇〇〇名を越す死傷者を出したと言われている。これに対して、アメリカ軍のそれは約一二〇〇名と少なかった。

ひとつの戦闘として見た場合、この戦いは国連軍側の勝利と言えそうだが、それはあくまで西側連合国の見方であった。共産側としては、少々の犠牲を出しても、このさい敵に圧力を加え続けることが、休戦交渉を有利に導くものであると考えていたようである。

この点からは、アメリカ軍が個々の戦闘では勝っていながら、結果的には敗北したベトナム戦争とよく似ていると言わざるを得ない。

そして、これまたベトナム戦争と同様に、共産側の首脳は人的損失が自軍三、敵（国連軍）一程度の割合なら、この戦争を有利な条件で停戦に持ち込めると信じており、それは結果として、そのとおりの終わり方をすることになる。

この一〇月から一二月にかけては、共産空軍の活躍がもっとも目立った時期でもあった。

中国領から出撃してくるMiG15戦闘機の数は急増し、国連軍航空機に大きな損害を与えた。とくに大型爆撃機ボーイングB29スーパーフォートレスが狙われ、わずか一ヵ月間に撃墜されたもの五機、損傷を受けて使用できなくなったもの八機を数えた。

この空域に出撃可能なB29の総数は一〇〇機前後であったために、この損失は重大であった。

ほかにF86×七機、F84×二機がミグとの空中戦で失われた。

アメリカ空軍機は三二機の敵機を撃墜したが、それにもかかわらずミグの数はいっこうに減らない。このため、B29の出撃は夜間に限定せざるを得なくなった。一九四五年に日本を焼土とした爆撃機は、わずか六年のうちに旧式の航空機に成り下がってしまったのであった。

一九五一年一一月（第一八ヵ月目）

この月の初めから、中国軍は独力で黄海（朝鮮半島西海岸）にある小さな島々に攻撃をかけた。

　これらは大和、小和島を中心に七つの島からなっている。いずれの島にも韓国軍の小部隊がいたが、それに対し中国軍は三〇〇〇人以上の兵員を上陸させ、これらを占領した。

　このさい、大変珍しいことではあるが、中国軍が大量の爆撃機、戦闘爆撃機を繰り出して支援した。爆撃機（ツポレフＴｕ2型、中国呼称図《ツ》2）、レシプロエンジン付戦闘機（ラボーチキンＬａ11、同拉《ラ》11）、それぞれ一〇機が連日出撃し、韓国軍と島の周辺の艦艇を攻撃した。

　またこれらの爆撃機を、十数機のミグ戦闘機がエスコートしていた。

　アメリカ空軍はこの情報に接すると、三〇日にＦ86セイバー戦闘機三一機を出撃させた。

　この日、中国空軍はＴｕ2×九機、Ｌａ11×一六機、ＭｉＧ15×一六機という大編隊を出撃させていたが、Ｆ86×三一機は大和島上空でこれに襲いかかった。空中戦の詳細は別稿に示すが、中国空軍機は合計一二機（アメリカ側の発表）を撃墜されてしまった。

　この戦いは、参加機数から見れば朝鮮戦争最大の空中戦ではないが、共産軍の爆撃機編隊をアメリカ軍の戦闘機隊が攻撃したという珍しい例として特筆される。

　この後、中国空軍は二度と爆撃機を大挙出撃させることはなかった。

　大和、小和島をめぐる地上戦闘は韓国側の敗北に終わってしまうが、この戦いにおけるアメリカ軍の行動はきわめて消極的であった。

　とくに海軍は、戦場に近い仁川港に数隻の駆逐艦を待機させておきながら、積極的な支援を行なわなかった。この理由は明らかではないが、再開された休戦会談を見通してのことであったと思われる。

その休戦交渉の方は、互いに歩み寄りながらも実質的には何の進展も見せなかった。一一月一八日、ソ連外相から「一〇日以内に両軍が停戦し、その後一ヵ月以内に朝鮮半島から外国軍が撤退する」という新提案が出された。両軍ともこれに賛成したが、細部のつめに入ると意見の相違があり、また応酬が続くという有様であった。

一一月二〇日にも「現在の戦線を境界線として、一ヵ月以内に停戦」という案にまとまりかけたが、これまた脆《もろ》くも破れてしまった。

このような状態が、途中に何度かの会談の物別れをはさみながら、こののち一年半にわたって繰り返されるのである。

一一月初旬から中旬にかけて、鉄原の町を見下ろす要衝〝白馬高地〟（標高三六〇メートル）の争奪戦が起こった。

中国軍二コ師団と韓国軍一コ師団はこの高地をめぐって、死闘を続けた。戦争中にこの高地は、二一回も持ち主が変わるのだが、この一一月だけでも三回も入れ替わっている。

そして戦いは、中国軍の夜襲、韓国軍の昼間の逆襲といったお馴染みとなったパターンを何回となく見せつけている。

朝鮮半島のほぼ中央にあたるこの地域には、十数ヵ国の兵士の血と汗が滲み込んでいる。いったん片方の側が攻撃に出ると、一日あたり三〜六万発の砲弾が発射され、三〇〇〇〜一万人の死傷者が記録された。

しかし戦線は互いに強固で、幅の広い陣地を構築していたためほとんど動いていない。また、これが戦局に影響を与えることもなかった。

一九五一年一二月（第一九ヵ月目）

戦争が勃発してから一年半の歳月が流れた。

そして休戦交渉は続いているが、相変わらず妥協への道が見つからないままである。

朝鮮半島の三八度線付近では、

韓国軍　二五・七万人

アメリカ軍　二五・三万人

他の国連軍　一・三万人

北朝鮮軍　二七万人

中国軍　三九万人

（一九五一年一二月一日　国連軍の発表）

が睨み合っていた。

そして、休戦会談が始まったそのあとでも、一日あたり国連軍九四〇、共産側約二〇〇〇人の死傷者を出している。その挙句、どちらの側もすでに全面的な勝利は望めない状況に陥っていた。

両軍とも現在の戦線に沿って三～四層の縦深陣地を築き上げた。とくに航空戦力、重火力で劣る共産軍のそれはきわめて堅固であり、総延長は四〇〇キロ、深さは最大四〇キロにも及んでいる。国連軍がこの陣地群（というより防御ベルト）を突破することは、まず不可能と見られていた。唯一勝利の可能性は、仁川で成功した水陸両用作戦を採用し、敵の背後、たとえば元山、興南へ大兵力を投入する戦略である。

このために必要とする兵力は三〇～四〇万人、そして成功した場合でも二〇万人の死傷者が見込まれた。この作戦（サン・ダイアル Sun-dial：日時計の意）は一時は真剣に討議されたが、これが実施されれば、中国軍の予備兵力約七〇万人が朝鮮に入ってくる恐れがあった。一方、中共軍にとってもいったん陣地から出撃すれば、圧倒的に優勢なアメリカ空軍、海軍航空部隊が空から攻撃してくることは明らかである。これまでの戦闘の経過から、対地攻撃の威力は彼らの骨身に滲みていた。

そのため、いずれの作戦も日の目を見ず、両軍は身動きできぬまま一九五二年という年を迎える。

一九五〇年の戦争勃発以来、その経過をひと月ごとに追ってきたこの章の記述も、この一二月をもって終了とする。

戦争は、一九五一年一二月でちょうど半分の期間を過ぎただけであるが、この後まったく動きのないまま停戦を迎えるのである。

すでに別稿で述べたとおり、この戦争は、開戦（一九五〇年六月）～休戦会談開始（五一年六月）と、その後の戦い（五一年七月）～停戦成立（五三年七月）までの二期間に分けられる。また五二年一月～停戦までの間、戦線（二二〇キロ）の移動の幅は最大でもわずか二六キロに過ぎなかった。

三八ヵ月間の戦争を記録したあらゆる種類の書籍は、五一年六月までの時点でページ数の七～八割を費やしている。これは国連軍側、共産側とも同様である。残りの一年半の戦線の記述が皆無に近い理由は、「書きたくともあまりに変化のない」状態なのであった。

しかし、だからといって地上戦闘がなくなったわけではなく、互いの陣地、拠点を奪おうとする戦いは続いていた。そして両軍とも、このために夥《おびただ》しい数の死傷者を出しているが、それは単に戦う意志をまだ持っているということの証明に過ぎなかったのである。

朝鮮戦争年表（開戦から休戦会談の開始まで）

月 日	1950 年 6 月
6・25	同日未明、北朝鮮軍（NKA）10〜12 万、4 方面から侵攻、朝鮮戦争勃発
26	国連緊急理事会〝北の侵略〟と認定
27	米大統領トルーマン、在日米軍に出動を命令
	国連（UN）、国連軍の派遣を決定
28	南の首都ソウル陥落
30	トルーマン、北朝鮮への爆撃を許可

月 日	1950 年 7 月
7・ 1	アメリカ軍、初めて NKA と交戦
2	アメリカ海軍、注文津沖で NKA と交戦し、小艇 9 隻を撃沈
4	NKA、水原市を占領
5	米軍先遣隊 NKA に撃破さる
7	国連軍の反撃開始さる
8	マッカーサー元帥、国連軍総司令官に任命さる
12	アメリカの在朝鮮兵力を統括する第 8 軍（8 th Army）司令部を韓国に派遣
13	W・H・ウォーカー将軍アメリカ第 8 軍司令官に任命さる
14	李承晩大統領、韓国軍の指揮権をマッカーサーに移譲
15	NKA 洛東江を渡る。米第 24 歩兵師団大きな損害を被る
18	米第 1 騎兵師団、第 25 歩兵師団到着
22	NKA、大田市を占領
29	第 24 歩兵師団長ディーン少将捕虜となる
20〜31	米軍　釜山への大輸送を実施。31 万 t.の物資を揚陸

月 日	1950 年 8 月
8・ 2	米海兵隊（USMC）の 1 コ大隊到着
3	大邱に対する NKA の攻撃激化
8	この 1 日だけで 100 台の米軍戦車が釜山へ到着
11	米第 24 師団が反撃に出るが失敗
19	多富洞付近で戦車戦激化

月 日	1950年8月
8・20	アメリカ空軍、最大規模の地上攻撃を実施
29	英軍第27旅団が到着し、本格的に戦闘に参加

月 日	1950年9月
9・ 1	釜山橋頭堡から全面撤退の噂ひろがる
2	釜山周辺で激戦
4	NKA、全戦線で活発に攻勢
5〜7	国連軍、徐々に反撃を開始
9〜14	NKAの攻撃失敗、原因は補給物質の欠乏
10	釜山橋頭堡の危機去る
13	戦艦ミズーリ、東海岸三陟を砲撃
15	第8軍再編成され、反撃開始
〃	アメリカ軍2コ師団、仁川に上陸〝クロマイト〟作戦発動
18	米軍金浦空港を奪回。航空輸送はじまる
19	フィリピン軍が戦闘に参加
22	永登市を国連軍が奪回
28	連合軍、首都ソウルを奪回。戦争勃発以来2ヵ月ぶり
29	李承晩、マッカーサー、ソウルに入る

月 日	1950年10月
10・ 1	北鮮軍の主力、南領内から撤退
	韓国軍、追跡して38度線を越える
7	国連軍38度線を越える
8	中国の毛沢東主席、中国義勇軍の派遣を秘密裡に決定
18	韓国軍、元山を占領
20	〃　北の首都ピョンヤンを占領
23	中国軍約30万名が南下（中共軍とも呼ばれる）
24	マッカーサー、北朝鮮全土の占領を命令
25	韓国軍が中国軍と初の交戦
26	中共軍大攻勢を開始

月 日	1950年11月
11・ 1	MiG 15戦闘機が初めて登場し、米軍に衝撃を与える
	国連軍、各地で中共軍に破れる
3	米第25師団撤退を開始する
6	マッカーサー、中共軍の介入を認める
8	航空戦活発化、米空軍初めて打撃をうける
11	米軍、本格的に中共軍に反撃するが失敗
12	第3師団到着
23	米軍2度目の反撃開始。3日後失敗に終わる
25	中国、55人の米人捕虜を釈放する
27	中共軍、国連軍の中央突破に成功
28	国連軍総退却となる

月 日	1950年12月
12・ 1	国連軍、本格的に撤退開始。多くの損害を出す
5	〃　ピョンヤンを放棄
9	〃　元山、興南から大撤退作戦開始
11	〃　仁川から　〃
	これらは「12月の大撤退」(December Retreat) と呼ばれる
17	トルーマン大統領、国民に向け「国家の危機」を表明
22	中共軍、38度線へ達する
23	第8軍司令官ウォーカー将軍、ジープの事故で死亡
27	M・リッジウェイ将軍、第8軍の指揮を引き継ぐ
31	中共軍、冬期大攻勢に出る

月 日	1951年1月
1・ 1	中共軍、全戦線で大攻勢開始
2	国連軍、後退を続ける
4	〃　ソウルから撤退
7	共産軍、ソウルとその周辺を占領
8	国連軍、一部で反撃を開始。原州を奪還
10	共産軍の補給が途絶えはじめる
13	国際連合で初めて停戦に関する協議がなされる

月 日	1951年1月
1・17	中国、現時点での停戦を拒否
18	米軍の反撃、水原を奪回
23	両軍のジェット戦闘機同士の大空中戦
28	国連軍、全戦線で10〜20 km 進出

月 日	1951年2月
2・1	米軍徐々に北進、中共軍補給品の到着を待って動かず
8	一部の共産軍撤退開始
10	米第8軍、仁川と金浦空港を占領
12	中共軍、ソウルを放棄して撤退
13	中共軍、再び攻勢に出るが間もなく失敗
14	中共軍、東部で小規模の攻勢、失敗
15	国連軍、再び仁川に上陸する
20	中共軍、再攻勢を画策するが失敗
21	米軍〝キラー〟作戦開始。あまり効果あがらず

月 日	1951年3月
3・1	米軍、大攻勢の準備を始める
7	〝リッパー〟作戦発動。国連軍攻勢に出る
13	作戦順調に進展し、共産軍全面退却
15	米軍、ソウルを再度奪回
19	韓国軍、開城を占領
22	国連軍38度線に達する

月 日	1951年4月
4・4	米軍、38度線から北上開始
5	トルーマンとマッカーサーの意見の対立が表面化する
11	トルーマン、マッカーサー元帥を解任。後任にはリッジウェイが就任
15	バンフリート将軍、第8軍の司令官となる

月 日	1951年4月
4・22	共産軍、春季攻勢開始、激戦となる
	米軍、地域の保持から敵の兵員の削減へと戦術を変換
	イムジンガンで大規模戦闘、米軍撤退
23	共産軍、38度線を突破して南下
30	米軍大兵力を増援

月 日	1951年5月
5・1	中共軍の攻勢、ソウルの北で阻止さる
16	中共軍の第2次春季攻勢開始
17	国連軍の戦線一部で突破される
20	議政府付近で共産軍大きな損害を被る
23	米軍再攻勢に出る
	共産軍〝鉄の三角地帯〟の防御を強化
24	国連軍38度線を越えて北上
28	中共軍20 km後退し、陣地構築に入る
30	鉄の三角地帯の攻防激化

月 日	1951年6月
6・3	米軍、共産側の〝鉄の三角地帯〟を攻撃
12	米軍の〝三角地帯〟の闘いの主導権をにぎる
	米国内で停戦を求めるデモが始まる
17	中国軍〝三角地帯〟の奪回を企てるが失敗
23	ソ連のマリク外相、即時停戦を提案
	これにより地上戦闘は一時的に沈静化する
25	中国首脳「条件によっては停戦に同意」と発表
	両軍の空軍の活動活発化する
29	リッジウェイ将軍「停戦に同意」と発言

第四章　その後の推移――一九五二年一月～休戦まで

一　陣地戦への移行

戦争の勃発から一年半の時が流れたが、両軍が入り乱れて闘う様相はいつの間にかまったく影を潜めてしまった。

共産軍は三八度線北方の山岳地に堅固な陣地を造り、その中に閉じこもったまま厳しい冬を迎えていた。前年の冬には韓国軍、アメリカ軍その他UN軍に大きな打撃を与えていたが、その反面、共産側の犠牲も少なくなかった。

とくに五〇年一〇月末から戦争に参加した中国軍は、戦闘では多くの勝利を勝ちとったものの、装備の不備、補給の不足からかなりの死者を記録している。五〇年から五一年にかけての厳冬期に、中国軍は三～四・五万人の死傷者を出しているが、このうちの半数近くが凍傷による死者、戦病死者と見られている。

同軍の参戦があまりに突然であったために、零下二〇度という低温の中で生き延びるには装備、補給とも不充分だったのである。

一九五一年三月の初め、ある地点で三〇〇人近い中国兵がアメリカ軍の前線司令部に投降してきた。この場合、国連軍の攻撃が実施されていたわけではなく、食糧、弾薬が極端に不足し、そのうえ病人続出といった状況での投降であった。

この年の二月は晴天が続いたため、米軍航空機は共産側の補給路を徹底的に攻撃した。二月だけをとっても一七七六台のトラック、二七本の列車が完全に破壊されて、共産軍の前線への補給は、アメリカ情報部によると「必要最小限の一七パーセント」しか届かなかったといわれる。

このため、三八度線付近の中国兵は一ヵ月あたり二キロの米、少量のとうもろこしといった食糧しか受け取れず、そのうえ調理、暖房用の燃料はほとんどの陣地で皆無であった。また負傷者、病人に対する薬品もなく、防寒衣類さえ不充分で、彼らは敵と戦う以前に生き延びることが最大の課題となっていた。

中国軍の総戦死者数一三・三万人のうち、少なくとも三分の一がこの冬に失われたものと思われる。そしてその数は、戦争全期間のアメリカ軍の戦死者総数三万三六二九人（事故死者を除く）を上まわったのは確実である。

中国軍の記録にも「あまりにも我々は、戦争と寒さに対する準備不足であった」と書かれていて、この事実を裏づけている。

一九五一年から五二年の冬にかけて、中国軍は前年の教訓を生かして前線での越冬準備を整えた。陣地を強化し、無理な攻勢は実施しない。

そして暖房用の器具、燃料を少しずつ蓄《たくわ》え、春の攻撃に備える。

補給についても、トラック・コンボイの運行に関してはなるべく夜間に行ない、どうしても昼間に移動する時には対空砲部隊（共産側は〝飛行機狩り班〟と呼んだ）を同行させる。

また、列車はなるべく北部地域のみで使用し、国連空軍の跳梁する場所から遠ざける。

これらの事柄は、完全ではないにしろ、できる範囲から実行されていった。

精神主義に頼り、同じ形の失敗を繰り返した旧日本陸軍と比べて、中国軍首脳は先年の教訓を忘れてはいなかった。

共産軍の多くの弱点が少しずつ克服されるにつれて、韓国軍、米軍もこれまでのように「戦闘の結果にかかわらず、常に味方のそれに数倍する人的損害を敵に与え続ける」という具合にはいかなくなってきた。

岩山をくり抜いた地中陣地にこもる共産軍に対し、爆撃も砲撃もその効果を削がれた。

一方では地上部隊による攻撃も、待ちかまえた敵によって大きな損害をこうむる可能性が高くなった。

また、攻勢に出るのは陣地にたてこもる共産側にとっても、気の重くなる任務となっていた。居心地の良い陣地から出て白日のもとに身をさらせば、待ちかまえている国連軍の航空機と重火器が頭上に火の雨を降らせる。

細々と送られてきた補給物資も、いったん攻勢に用いるとなれば、急激に減少するのである。

そしてさらに、出撃すれば敵に陣地の位置を知られる原因ともなってしまう。

韓国の首都ソウルを訪れたことのある人は、金浦空港へアプローチする旅客機の窓から眼下に見える山々に見入るが、これらの山岳はいずれも樹木に覆われてはいない。後にアメリカ軍の飛行士たちが、Jungle Canopy（緑の天蓋）と呼んだベトナムの山々と異なり、小さな灌木以外は赤い地膚をさらす山なのである。

防御陣地を構築するには適していても、いったんそこを離れれば身を隠すのに適した地形とは言い難いのが、この地域であった。

それが、互いに損害の大きな機動戦から陣地戦へ否応なく転換させたのである。

二　細菌戦をめぐる応酬

一九五二年二月、共産側二ヵ国は共同して次のような声明を発表した。

『アメリカ軍は北朝鮮全土および中国東北部で、ノミ、シラミ、ネズミを媒体とした細菌戦を実施している』というものである。

その声明は、具体的な方法について詳細に説明しており、大腸菌を入れたハマグリ、炭疽菌をもった生きたネズミを砲弾に入れて発射する、あるいはノミ、シラミを航空機から散布する、となっていた。

日本の一部左翼勢力は、この〝声明〟をもとにアメリカ帝国主義を声高に非難し始める。

　これに対して、アメリカ政府はただちに否定するコメントを発表し、『完全に中立の立場にある第三者による現地調査』を要求した。

　アメリカとしては、種々の理由から〝細菌戦〟を実施していないことをなんとしても立証しなければならなかった。もしこれが事実とするなら、イギリス、フランスを中心とする在韓国連軍はこの戦争から手を引くであろうし、また報復として中国軍がアメリカ軍に対して細菌戦を仕掛けてくるやも知れなかった。

　国際赤十字（IRC）や世界保健機構（WHO）といった国際機関はただちに反応し、完全な中立国の民間人からなる調査団を現地に送ることを決定した。

　ところが、ここで実態は思わぬ方向へ転換した。

　なんと共産側は、これらの国際調査団を「スパイ行為を働く恐れがある」として受け入れを全面的に拒否したのである。これでは〝アメリカの行なった細菌戦〟の真実とは、結局のところ共産側の悪質なプロパガンダと思われても仕方がないところである。

　この後、共産側はこの種の声明を控えているが、国内向けには繰り返し〝敵の細菌戦〟といった宣伝を続けて、それは現在でも尾を引いている。

　たとえば、一九八九年中国発行の軍事書籍の中にも『アメリカの歩兵師団の砲兵部隊は、数十門の細菌（発射用？）迫撃砲を装備していた』といった記述が見られる。この記述の幼稚さは、少しでも軍事に関する知識を持った者にとっては明白きわまりない。

　冷静に考えれば、ジュネーブ条約で厳重に禁止されている〝細菌戦〟を、常に他国の軍隊

中国が公表した米軍の細菌爆弾（上下写真）――米側は中立国民間人の調査を提案したが、中国は最後まで拒否し続けた。

と共同して闘っているアメリカ軍が堂々と実施できるかどうか、また物理的に生きたハマグリやネズミを砲弾に入れて発射することが可能かどうか、一般の常識を持った人間なら判断できるはずである。

もちろん、アメリカ軍の一部組織は他の大部分の国家の軍隊と同様に、細菌戦の研究を行なっていると思われる。しかし、それを実戦で使用するかどうかはまったく別の問題である。

その一方で同じ頃日本のマスコミが報じた、アメリカ軍は意図的に北朝鮮内の農業、工業用ダムを破壊している、との情報は事実である。

アメリカ第五空軍は一九五三年春、北朝鮮の農業生産を遅らせるため多くのダムを攻撃、これを破壊した。このため〝北〟の食糧事情は極端に悪化し、停戦成立後の同年夏、多数の餓死者を出したと言われている。

戦争も人類の歴史の一部分とするなら、誤った先入観、教条主義にとらわれず個々の出来事を冷静に分析する眼を持つ必要があろう。

なお、この共産側の主唱するアメリカ軍の細菌戦については、実に八ヵ月にわたって国際連合の場においてその真実性の探究が行なわれたが、結局〝北〟が調査団の立ち入りを認めないために、結論を出せないままに終わっている。

（注・この細菌戦については、中国政府が一九九五年八月に声明を発し、事実無根であったと発表した。ここに至り、ようやくアメリカの濡れ衣が晴れたのである）

三　巨済島の捕虜暴動事件

巨済島は釜山西南にある島で東西約三〇キロ、南北三〇キロのかなり複雑な形をしている。韓国は、ここに共産側の捕虜収容所を造り、五万人を超す兵士を収容していた。

一九五二年三月から五月にかけて、この収容所で二つの大きな問題が発生した。

そのひとつは捕虜同士の勢力争いである。捕虜の中には、親共派と反共派が存在したが、この確執は収容所の内部であっただけに残酷きわまりないものとなった。

親共派は軍事行政委員会、人民委員会、人民裁判所といった組織をつくり、反共の意思を持つ者を弾圧した。これに対して反共派は、反共青年団、反共同盟といった団体で対抗した。

しかし、前者の勢力は後者を圧倒し、収容所内で秘密のうちに処刑される者が続出した。

この収容所が開設された一九五〇年暮れから捕虜の釈放まで、一ヵ月あたり一〇人以上が同邦に虐殺されたといわれる。他に暴動のさい射殺された者もいるので、犠牲者の数は五〇〇人にも達するはずである。

警備陣に対する最大の暴動は、一九五二年二月一八日に収容所第六二号棟を中心に発生し、一五〇〇人の捕虜が参加した。暴動は二四時間続き、捕虜七七名、米軍人一名が死亡、加えて両方に二〇〇人の負傷者が出るという激しいものであった。

鎮圧に出動したアメリカ陸軍第二七連隊第三大隊と二コ警備中隊は、鉄条網を乗り越えて殺到してくる捕虜に向かって発砲した。

さらにこの一ヵ月後にも、韓国警備兵と捕虜が衝突し、死者一二名が出ている。

五月七日、所内を見回っていた収容所長B・トッド准将が親共捕虜グループに拉致《らち》されるという事件が発生した。偶然取材に訪れていたアメリカの新聞記者がこの情報を知り、本国に伝えたため、アメリカ陸軍の信頼を揺るがせかねない大問題となった。

また、現地の警備陣が准将の身の安全を配慮して捕虜の要求をつぎつぎと呑んだため、収拾のつかない事態になってしまった。トッドの役を引き継いだコルソン准将は、親共捕虜の言うままに弁明書まで書く破目に陥ったのである。

結局、トッド准将は二日後に解放されたが、その前に捕虜たちは自分の望む文書を手に入れてしまっていた。この不手際はアメリカ陸軍内部に大きな波紋を投げかけ、トッド、コルソン准将は軍法会議で大佐に降格との決定が下された。
世界の戦史の中でも、このような捕虜の騒乱事件はあまり例を見ず、アメリカ軍の中途半端な捕虜の扱いがこの結果を招いたと思われる。

しかしその一方で、同情すべき点もいくつか見られる。これらを箇条書きにすれば、

○共産側の捕虜（全体で約一四万人）の数が国連軍側のそれの一〇倍という莫大なもので、警備陣があまりに手薄であった

○巨済島には一〇万人以上の一般住民がいたので、アメリカ軍が暴動を恐れるあまり、事なかれ主義に陥っていた

○共産軍は自軍の捕虜に暴動を起こさせようと、収容所内に専門の工作員を送り込んでいた

といった事柄である。

それにしても、巨済島におけるアメリカ軍人の警備陣首脳はあまりに無能であった。人道的に捕虜を取り扱おうとする態度がまったく裏目に出て、かえって多くの捕虜が暴動や思想的な争いで死亡した。

巨済島の捕虜収容所の暴動を鎮圧した米軍兵士——人道的な捕虜の取り扱い政策が裏目に出て、多数の犠牲者を出した。

この巨済島の捕虜収容所をめぐる問題は、これだけで多くの本を執筆するに足る材料を我々に提供している。

四　水豊ダムへの攻撃（一九五二年六月二三日）

この時期、休戦会議は完全に中断していた。したがってアメリカとしては、何らかの打開策を見い出さねばならなくなった。そのひとつとして、これまで何回となく目標として取り上げられながら攻撃が見送られてきた、北朝鮮、中国国境の大水力発電所が再度議題となった。

大河・鴨緑江には水豊、長津など四つの発電所があり、合計四五〇万キロワットと北朝鮮の総電力量の約八割を供給していた。

最大のものは水豊（建設した日本側の名称、スイホが正式名称）である。この発電所群を破壊すれば、北朝鮮のあらゆる生産を阻害でき、また一般国民にもアメリカ軍の能力を現実のものとして理解させる効果がある。

しかしマイナスの面としては、ひとつ間違えれば中国の領土を爆撃することになる。また周辺には、少なくとも二五〇機以上のミグ戦闘機が配備されているので、攻撃する米軍機の編隊が大損害を受ける可能性さえ無きにしもあらずであった。

それにもかかわらず、国連軍総司令官リッジウェイは四月末、秘密のうちにゴーサインを出した。

発電所とダムはそれぞれ四ヵ所であるが、その周辺には一八ヵ所の調整所、変電所があり、さらにそれらを守る八〇ヵ所以上の対空陣地が造られ、〝北〟の最重要施設を防御していた。

一九五二年六月二三、二四、二六、二七日の四日間、アメリカ空軍はジェット戦闘爆撃機のべ八七〇機、海軍は四隻の航空母艦からのべ五七〇機を出撃させ、発電所群を徹底的に攻撃した。

二八日に同地区を飛行した偵察機は、目標のすべてが完全に破壊されていることを確認するとともに、〝北〟の都市のほとんどが停電となった事実も潜入している工作員から報告された。

米軍機の爆撃をうける水豊ダム——共産側は有力な戦闘機隊を付近に駐留させていたが、一度も迎撃を行なわなかった。

この水豊発電所攻撃は、具体的な効果だけでなく、国際的な波紋を引き起こした。それは何といっても、この爆撃を機にアメリカと中国の間に全面衝突が起きるのではないかという危惧である。当時の日本の新聞も、このニュースを一面で大きく報じ、米中戦争勃発の危険性を懸念している。

同時にソ連も、これを強く非難しているものの、安東（中国本土）に駐留していたソ連戦闘機隊は、この攻撃を阻止する行動をまったくとらなかった。安東と水豊間はミグ戦闘機をもってすればわずか一五分の距離である。加えて中国空軍も、四日連続して来襲する米軍機に対する迎撃を実施せずに終わっている。

このとき、ソ連、中国空軍が安東周辺にそれぞれ二五〇機以上の戦闘機を配備しておきながら、のべ一五〇〇機も出撃してきた米軍機を迎撃しなかった理由は不明である。

一方、アメリカはこの大攻撃の成功により自信を深めた。なぜなら、

○敵の最重要目標を空軍、海軍の共同攻撃で完全に破壊したこと

○敵の大航空基地の間近の地点に侵入したにもかかわらず反撃がなかったこと

○のべ一五〇〇機近い航空機を動員したが対空砲火による損失はわずか二機にとどまったこと

などがその理由である。

その後、北朝鮮はソ連の援助を受けて発電所の復旧にのり出し、約三ヵ月後に一部の操業を開始している。けれども海軍機（ダグラスＡＤ１スカイレイダー）の魚雷攻撃によって損傷したダムの修理は大幅に遅れ、完全に復旧したのは一年半後であった。

この水豊発電所の攻撃は、朝鮮戦争中にもっとも効果のあった航空攻撃と評価されている。

五　休戦直前の攻防

誰の眼にも休戦条約の調印が近づいていることが明白な一九五三年春になって、三八度線をめぐる戦闘はふたたび激しくなった。

いつの戦争でもそうだが、休戦が近づくとその前に少しでも自分の側の占領地を拡大しておきたいと上級将校は考えるものらしい。

同年四月、五月は比較的平穏であったが、六月、七月には半島中央部で共産軍の攻勢が続いた。この攻勢は、ある程度の損害を覚悟の上で、国連軍を南へ押し戻そうとするものであった。中国軍四コ師団、北朝鮮軍二コ師団は昼間陣地を出撃し、米軍と韓国軍の境目を狙って攻撃を繰り返した。

このさい、重砲の砲撃はそれほど多くなかったが、迫撃砲弾に関しては国連軍のそれを上まわるほどの量を射ち込んでいる。

最大の砲撃は六月末の一日で、実に九万発を越えている。しかしこの頃は、国連軍も強固な陣地にたてこもっていたので、それによる損害は一日当たり二〇〇～三〇〇人におさえることができた。

その猛砲撃のあと、六～七月にはのべ八万人の共産軍が、鉄原、金城付近のUN軍を襲った。

休戦が迫っていることを知っているアメリカ兵の一部の士気は明らかに低下しており、ここでは戦線が長さ約一二キロにわたって、八～一〇キロ後退を余儀なくされた。しかし共産軍の攻撃が始まるや否や、圧倒的に優勢な国連軍の砲兵と航空機が、敵の歩兵部隊に襲いかかった。

七月一六日午後一時から二時間の間に、鉄原を攻撃した中国軍第二〇四師団は二七〇〇人の兵員を失うほどの大損害を出している。

米・韓国軍がのちに公表した、休戦直前四ヵ月の両軍の死傷者数は次のとおりで、わずかな地域の奪い合いで国連軍側に六・五万人、共産側に二〇万人を超す死傷者が出ている。

	連合軍（A）	共産軍（B）	B／A
四月	四三四三人	一万五〇〇〇人	二・四二
五月	七五七〇人	一万六四五四人	二・一九
六月	二万三一六一人	三万六三四六人	一・五七
七月	二万九六二九人	七万二一一二人	二・四三

この見積もりの数値の正確さは不明であるが、それにしても不毛の山岳地帯で少なくとも三〜四万名の兵士が死亡し、その数倍の負傷者が出たのである。また、この四ヵ月間に消費された両軍の大口径砲の砲弾の量は、実に一四〇万発に達した。

まさに呆れ果てるほかない莫大な人命、物量の消耗であり、その結果得られたものは十数平方キロの荒地であった。

しかも、その苦労して手に入れた土地も、休戦時の交渉では考慮されずに終わっている。

七月一五日から四日間続いた、中国軍が実施した中部地域での攻勢が、三八ヵ月にわたるこの戦争の最後の闘いとなった。

六　休戦条約の締結

一九五三年七月二七日午前一〇時、三八度線上に位置する板門店の会議場で、休戦協定の調印式が行なわれた。

国連軍側はハリソン中将、共産側は南日中将を代表とする一団が大きなテーブルに着席し、無言のまま調印を済ませた。この期におよんでも、握手も挨拶も、そして笑顔もない殺伐としたムードが漂うだけであった。

協定書は一八部用意され、それぞれが九部ずつ受け取ると黙って会場を立ち去ったのである。

一五八回にわたって交渉は続けられてきたが、最終的な休戦のための合意事項は実に単純なもので大要は四条のみ、そして他の付則が一条加わったものであった。なお、文章は朝鮮語、中国語、英語の三ヵ国語で書かれていた。

○第一条　軍事境界線の決定と非武装地帯（Demilitarized Zone: DMZ）の設定

軍事境界線は三八度線とする。ただし実際には多少凹凸があり、北へ約五〇キロ、南へ二〇キロ入っている部分がある。

その境界線の内側にそれぞれ三～六キロのDMZを設ける。どちらの兵士もこの中に入ることはできない。また、この地帯に兵器を持ち込んではならない。

○第二条　戦闘停止と休戦の具体的措置の取り決め

調印後、両軍はいっさいの発砲を停止する。当日午後一〇時をまわってから発砲があった場合、共同の調査団を送り調査を行なう。また発砲した者を処罰することができる。
○第三条　捕虜の扱いと交換についての措置
別項で定める。
○第四条　それぞれの政府に対する提案
戦争に関与した両国政府は、互いの政府に対し休戦に関する提案を提出する権利を有する。

（注・これはのちに一度だけ開催されたジュネーブでの南北統一に関する会談〈一九五四年四月〉の連絡にのみ生かされた）


この休戦条約は、誰が見てもわかるとおり、戦争状態を解消しようとするものではなく、単に〝戦闘の中止〟だけを意図している文字どおり〝休〟戦条約である。

しかしその一方で、互いの疑心暗鬼は強く、いつふたたび相手が攻め込んでくるかという恐れが、頭から抜け切らなかった。

本来なら、会談開始直後に共産側から提案された、
(1)　朝鮮半島からの全外国軍隊（朝鮮人以外の軍隊）の完全撤退
(2)　朝鮮問題の平和的解決
の二点が、最重要議題となるべきであった。

けれどもアメリカが、(1)について徹底的に反対するであろうことは眼に見えていた。

また、共産側がそれを無理押ししようとすれば、アメリカは戦争を仕掛けた側の責任を明

らかにすることを要求したと思われる。

そうなれば、結果的に休戦会談は流れて、戦闘再開となる可能性は小さくない。

しかし、休戦の処理そのものは、特筆すべき違反事件も起きずに継続した。これこそ両者が表面的には強気を押し通していても、本当に戦争から抜け出したかった何よりの証拠であろう。

また捕虜の交換も、実質的には調印以前に終了していて問題はなかった。李承晩が独断で二・五万名の反共捕虜を釈放した事件（後述）さえ、休戦への強い意欲を覆すにはいたらなかったのである。

休戦に関する唯一かつ非常に強力な抵抗は、韓国大統領李承晩と彼の率いる韓国政府によってなされた。彼らはこの点では一致団結し、「戦争継続、北進」を叫んだ。

この理由は、

(1)　戦争は、〝北〟の侵略が原因で始まったこと

(2)　休戦条項に、その真実と責任の所在が明記されていないこと

(3)　この事実に対する何らかの処分が行なわれないかぎり、ふたたび〝南進〟が起きる可能性があること

(4)　もし外国軍隊の撤退が実施されれば、韓国が常に侵略の危険にさらされること

などである。

これらの諸事項にはいずれも納得できる部分がふくまれ、アメリカもその対策に苦慮した。

そのためにアメリカは、次の四項目を提示して李の懸念を打ち消す努力を払った。
(1) 共産側が休戦協定を破棄して侵略してきた場合は、米軍と国連軍はただちに韓国軍を支援するために介入する
(2) アメリカは韓国に対し近代兵器の供与と、二〇コ師団を育成するための協力を約束する
(3) 韓国の復興のため一〇億ドルの経済援助を行ない、これは無償とする
(4) 朝鮮半島の平和が確立されるまで、アメリカの部隊を韓国内に駐留させる

韓国としては、自国の軍隊のみで戦争を続けることも、また〝北進〟することもできないために、このアメリカの提案を受け入れざるを得なかった。それでもなお、李大統領は国連軍主導による休戦に納得せず、韓国としての条約調印はなされないまま現在に至っている。

結局、休戦協定の最終調印者は、
国連軍総司令官　クラーク大将
朝鮮人民軍最高司令官　金日成首相
中国人民志願軍最高司令官　彭徳懐
の三名である。

アメリカ大統領、国連軍総司令官の力をもってしても、反共主義にこり固まった李に調印させることはできなかった。この事実を知るとき、共産側（とくに北朝鮮）がよく休戦に応じたものと感心させられる。応援の国連軍ではなく、戦争の当事者である韓国の指導者とそ

の政府が、休戦を受け入れていないのである。

このような事態にもかかわらず、共産側が調印したのは、いくら戦争を続けてももはや勝利を得ることはできないと判断したからであろう。またアメリカにしても、考え方はまったく同じで、一刻も早く勝敗のつかぬ戦争から抜けだしたかったに違いない。

この意味からは、戦争も（限定戦争に限られるが）個人の喧嘩と同じで、最終的には互いの冷酷な〝損得勘定〟が結果に結びつくのであった。

七　捕虜とその処遇

この戦争の結果、捕虜となった者の総数は現在にいたるもはっきりしない。ただし、一九五一年一二月一三日現在の数値は休戦会談に必要とされたのではっきりしている。

○国連軍の共産軍捕虜

北朝鮮軍人	一一万一七五四人
中国軍人	二万七二〇人
計	一三万二四七四人

○共産側の国連軍捕虜

韓国軍人	七一四二人
米軍人	三一九八人
他の国連軍軍人	一二一九人

計　　一万一五五九人

したがって、共産側の捕虜の数はUN軍の実に一一・五倍という高い割合になる。ある戦争において、片方の側が大敗したのであればこのような大差が生ずることもあろうが、引き分け休戦という結果に終わった朝鮮戦争で、なぜこんな数字になったのであろうか。まず考えられることは、一九五〇年九月のアメリカ軍による仁川上陸（クロマイト）作戦によるところが大きい。

韓国に侵入していた一〇万人以上のNKAは、この作戦によって完全に背後を突かれた形となり、五～六万人が捕虜となった。多分、九月から一ヵ月以内に、北朝鮮軍の捕虜総数の五〇パーセントが捕らえられたものと推測される。釜山橋頭堡の包囲網から三八度線まで少なくとも三五〇キロ以上あり、敗残兵がこの間を徒歩で脱出するのはほとんど不可能であった。

また韓国、米軍は捕らえた敵側の兵士たちをほとんど釈放せず、巨済島など全国六ヵ所の収容所に置いていた。これは共産思想にこり固まった者たちを韓国国内で釈放すれば、すぐに反政府活動に走ると考えられ、戦争中を通じて国内のゲリラに悩まされ続けた韓国としては、こうするほかに道はなかったといえる。

一方、北朝鮮側は捕虜の扱いに迷うことはなかった。

ROK軍の上級将校、米軍人は完全に捕虜として扱い、一般の兵士は思想教育をほどこしたうえ釈放、その意志のある者はNKA軍に組み入れるという意味である。この結果、〝北〟

が捕虜としながら釈放した南の兵士の数は二～三万人を超えたのである。

ただし、これを簡単に人道的な処置とする判断には疑問がある。あくまで反共の意志を明らかにすれば、洗脳教育が待っていたであろう。

この点については、第二次大戦後、十数万の日本軍兵士をシベリアの収容所に運んだソ連のやり方を見れば明らかである。国連軍は捕虜の肉体を拘束したのに対し、共産側は思想、精神の変革を強要したのであった。

もっとも国連軍側に捕らえられていた兵士の中にも、休戦後〝北〟および中国への帰国を望まぬ者が続出した。とくに一九五〇年から五一年にかけての冬、五一年の春に捕虜になった中国軍人にその傾向が強かった。

この理由は、中国軍があまりに急いで参戦したため、あらゆる点で準備が不足し、戦闘以外の面で死者、病人を多く出した事実による。前線での食糧、医薬品、暖房器具、燃料の欠乏は、中国軍人をして母国への不信を募らせてしまった。その上いったん捕虜になったからには、平時の母国よりも食住ともずっと豊かな生活が目の前にあったからである。

停戦までの中国人の捕虜は二万人を越えていたであろうが、この内の三割は自ら望んで西側へ移っている。

また、休戦直前の五三年六月一八日、李承晩大統領は独断で二万人にのぼる大量の捕虜を釈放してしまった。

当然、これらの捕虜は共産主義に反対する態度を表明している者たちであった。李の意を受けた韓国側がいつの間にこれらの人々の意思を確認したのか、アメリカ軍さえわからなかった。

これにより、一時休戦さえ危うくなってしまった。共産側にしてみれば、返還される捕虜の数が二万人も減ったことになる。国連軍司令官クラーク大将は、李大統領に代わってこの問題に対する釈明を行ない、流産しかけた休戦会談を続行させたのであった。

もともと、朝鮮戦争を戦っている敵味方とも朝鮮民族であって、同じ言葉を話す。したがって、暮らそうと思えば南北どちらの国でも何不自由なく生活していけるのである。そういうことから、たとえ戦争をしていても、もともと〝捕虜〟という概念が希薄だったといえよう。

この点が、異なる民族同士の戦争とは趣《おもむ》きが違っているようである。

前述したように、捕虜の数は休戦の一年半前のものである。となると、戦争の全期間を通じての捕虜の数はどのようになるのであろうか。これについては不思議なことに、どの記録もこの数字を明らかにしていないようである。

したがって推測の域を出ないが、

国連軍の共産側捕虜　約一四～一五万人

共産側の国連軍捕虜　約一・四～一・五万人

と見ればよい。

また韓国人、北朝鮮人の捕虜数は民間人とまざり合っていてはっきりしないが、アメリカ、他の国連軍、中国軍の捕虜の数は明確であって、いずれも朝鮮語を話せないから、朝鮮民族との区別は簡単である。

これをもとに戦死者数と比較してみると、(ここでは五一年一二月一三日の数字を用いる)

中国軍捕虜　二万七二〇人
中国軍戦死者　一三・三万人
　戦死者／捕虜の割合　六・四
アメリカ軍捕虜　三三〇〇人
アメリカ軍戦死者　三万三六三〇人
　戦死者／捕虜の割合　一〇・五一
他の国連軍捕虜　一二一九人
他の国連軍戦死者　三六〇〇人(推定)
　戦死者／捕虜の割合　二・一〇

となる。

この比率は、アメリカ軍が、自軍の兵士が捕虜にならないように、とくに注意を払っていたという事実の証明にはなろう。

なお、一九九一年六月(戦争勃発から四一年)になってアメリカは、この戦争における国連軍の行方不明者の正確な数値を公表した。これによると、

アメリカ軍　八一七七人

他の国連軍　　一八人

となっている。また、捕虜になっている可能性が高く、そのうえ未帰還であり、かつ死亡が確認されていない者の数は、

アメリカ軍　　三八九人

他の国連軍　　一九七人

韓国軍　　一六四七人

とのことである。

付け加えればこの戦争で捕虜となった最高位の軍人は、アメリカ陸軍第二四歩兵師団長W・ディーン少将、また〝北〟の三人の少将（上級司令員）と、どちらの側も少将クラスであった。

八　最終決算

三年と一ヵ月と二日間続いた戦争の最終決算は、どのようなものであろうか。

どこの国の軍隊でも、自軍の損害は過小に、そして自軍の戦果は過大に発表する。この戦争の場合、まず正確だと判定できる数値はアメリカ軍の戦死、戦傷者数だけと思われる。

しかし戦果はともかく、自軍が公表した損害については、「少なくともそれだけの損失を被った」という意味では正しいと言える。

全般的に自由主義陣営は自軍の損害をあまり気にかけることなく公表するが、社会主義陣

両軍の人的損失の最終決算

	戦死	負傷	小計	捕虜・行方不明	合計
アメリカ軍（自軍発表）	3万3629	10万3284		5178	14万2091
〃（共産側発表）	——	——	——	3198（捕虜のみ）	39万7543
韓国軍（自軍発表）	41.5万	——	——	42.9万	84.4万
〃（共産側発表）	——	——	——	7112（捕虜のみ）	66万7293
他の国連軍（自軍発表）	——	——	1.7万	3000	2万
〃（共産側発表）	——	——	——	1219（捕虜のみ）	2万9003
中国軍（自軍発表）	13.3万	23.3万	36.6万	——	——
〃（国連軍発表）	——	——	84.7万	2.1万	86.8万
北鮮軍（自軍発表）	——	——	——	——	——
〃（国連軍発表）	——	——	52～54万	11.2万	65万

営は意図的に隠す。また支配者の都合によって、真実の数値を書き変えることなど日常茶飯事である。

しかし、そのような状況も確実に変わりつつあって、今後の現代史の研究は大いに前進するであろう。とはいえ、現在でもまだこの戦争を調べるとき、かならず突き当たる壁が北朝鮮側の資料不足である。

少なくとも、人的損失数だけは公表してほしい数値であって、この点が今回も確認できなかった。もっとも、ひとつの目安として、次の推測が成り立つ。

両者発表の損害の比率

兵　員	韓国軍　自軍発表の損害A：84.4万名/ 共産側の発表B：66.7万人　A/B＝126.5% 米軍　A：15万名/B：39.8万名　A/B＝37.7% 他のUN軍　A：1.5万人/B：2.9万人　A/B＝51.7%
航空機	A：2000機/B：5740機　A/B＝34.8%（撃破分はふくまず）
艦　船	A：92隻/B：327隻　A/B＝28.1%（　〃　）
兵　員	中国軍の自軍発表A：36.6万人/連合軍の発表B：90万人 A/B＝40.7%

注）韓国軍の損害を別にすれば、戦果の発表値の約4割が実際の損害となっていることがわかる。

国連軍（アメリカ軍情報部）が推定した中国軍の死傷者は九〇万人であったが、中国政府は一九八八年に三六・六万人と発表した。三六・六／九〇・〇は四〇・七パーセントとなる。一方、北朝鮮軍についてこれと同じ比率をあてはめてみると、五二万人（国連軍発表）の四〇・七パーセントは二一・二万人と算出される。この数字は少々少な過ぎる感もあるが、北朝鮮軍の死傷者数が韓国軍のそれの半数に過ぎなかった点は事実と考えてよい。

韓国軍の損失のかなりの部分は、開戦後の二ヵ月間に出ている。

ともかく、この戦争における韓国軍の死傷者は戦死者四一・五万人、負傷・捕虜四二・九万人、計八四・四万人と異常に多いのである。

したがって、この戦争の総決算として次のようにまとめてみることができよう。

○戦争の犠牲者としては、韓国軍八四・四万人、北朝鮮軍三〇万人、アメリカ軍一五万人、中国軍四〇万人、南北両国

国連軍の戦果と損害

戦果	兵　員	北朝鮮軍52万名、中共軍90万名、計142万名
	捕　虜	北朝鮮軍13万名、中共軍2.7万名、計15.7万名
	航空機	約1000機を撃破（米海軍を除いて976機）
	装甲車両	約1500台を撃破（米海軍を除いて1327台）
	車　両	約10万台を撃破（米海軍を除いて8万2920台）
	機関車	約1500台を撃破（米海軍を除いて963台）
	貨　車	約1.5万台を撃破（米海軍を除いて1万407台）
	舟　艇	約1000隻を撃破（米海軍を除いて593台）
損害	兵　員	韓国軍84.4万名、米軍15万名、UN軍1.5万名。合計101万名（死傷者）
	捕　虜	韓国軍43万名、米軍3200名、UN軍1200名。合計43.5万名
	航空機	約2000機（うちアメリカ軍1834機）
	艦　船	沈没5隻、損傷87隻

共産軍の主張する戦果

兵　員	死傷・捕虜109.3万名 内訳　韓国軍66.7万名、米軍39.7万名、UN軍2.9万名
航空機	撃墜5729機、撃破6484機、捕獲11機
車　両	AFVと軍用車両合計2万3953台（撃破、捕獲数の合計）
艦　船	撃沈327隻、撃破225隻、捕獲12隻

の民間人一〇〇万人、イギリス、トルコ人など一・五万人、合計二七〇～二八〇万人

○韓国軍は北朝鮮軍の二倍の人員を失った。また中国志願軍の損害は、アメリカ軍の二・五倍にのぼる。この差はそのまま空軍力、火力の差に換算される

○一般的に言って、前線に対峙していた両軍の戦力は、互いに五〇万人内外であった。そして内訳としては、

韓国軍二五～二七万人、アメリカ軍二三～二五万人、

北朝鮮軍二一～二五万人、

中国軍二五万人、他国連軍

三万人である
○名称は国連軍であっても、韓国軍をのぞけば陸軍の八五～八八パーセント、海軍の八〇～八四パーセント、空軍の九五～九八パーセントがアメリカ軍であった
○中国志願軍の兵員数は、一九五一年一月以降、常に北朝鮮軍より多かった。また損失数もNKAを上まわったはずである
○航空機の損失数は、国連軍二〇〇〇機、共産軍一〇〇〇機となっているが、完全損失数は国連軍二五〇〇機、共産軍七五〇〇機程度と考えられる。国連軍機の損害が多いのは、何といっても出撃回数が多いからで、その比は一〇〇対一になろう
○アメリカはこの戦争で、直接軍事費二四〇億ドル、間接費八三〇億ドルを消費した。また各種資材七三〇〇万トン、動員数二五〇～三五〇万人、使用砲弾量五〇万トン、投下爆弾量一五〇万トンとなっている

それでは、中国側の戦費支出を見ていこう。

これまで中国は、軍事予算および支出についてまったく発表しないままであったが、一九九二年になり、次の数字を明らかにした。

朝鮮戦争の四年間の〝総戦支出〟（戦争に関するすべての支出）は、六二億五六七五万元である。

これは、現在使用されている人民元に換算すると一五六億四〇〇〇万人民元となり、約一五六億円（約一二億ドル）とみられる。なおこの数字には、ソ連に対する武器、その他の支

払いは含まれていないから、総計としては三六億ドル程度となろう。

なお、年度ごとの支出額と国家の総予算に占める割合は、

	戦費支出	国家予算に占める割合
一九五〇年	一億八九五五万元	六・七パーセント
五一〃	一九億六四四三〃	一六・一　〃
五二〃	一八億五〇五四〃	一〇・五　〃
五三〃	二三億五二二四　〃	一〇・〇　〃

となっている。

さて、これだけの大戦争であったにもかかわらず、戦争勃発前と休戦後の地図上の状況はまったく変わらなかった。つまり二つの国の国境線は以前のままで、二百数十万人が死傷し、両国のほとんどが焼土と化したのである。

また、この戦争により両国間の不信は高まり、それはその後四〇数年にわたって消えることなく、今も続いている。

（注・共産軍の死傷者の予想数として発表された最大の数値は、北朝鮮軍九三万人、中国軍九〇万人である。これは休戦後に韓国第一軍団、アメリカ第八軍団が共同で発表したものである。参加兵員数に対してあまりに多い数値であるので、本文中ではとりあげていない。しかし、共産側が主張している戦果一〇九万人と合わせて考えると、

国連軍の戦果　一八三万人

共産側の戦果　一〇九万人
〈いずれも最大値〉
その死傷者数の比率は国連軍一・〇対共産側一・七となり、これは初期の韓国軍の損失をのぞけば、ほぼ妥当な値といえよう）

九　戦争後の各国

他の戦争と同様に、この戦争は世界の国々に決して小さくない影響を残した。

第二次大戦直後から芽生えつつあった東西の冷戦は、この戦争を機に決定的なものとなった。世界は、アメリカを中心とする自由主義陣営と、ソビエトを核とする社会主義陣営とにはっきりと二分される。互いの不信は一九六二年のキューバ危機を頂点として、朝鮮戦争後四〇年近くにわたって続く。

しかしながら人類の英知は、いくたびか危険な軍事対決の危機を乗り越えながらも、東西の全面戦争は起こらずに現在にいたっている。一九八五年頃から東側の経済危機が表面化し、西側は自己の側の〝勝利〟を謳歌するのであった。

ここでは、朝鮮戦争が終わったあとの各国の状況を見ていくことにしよう。

韓国（大韓民国）

この国が朝鮮戦争から学んだ事柄は数多くあるが、要約すれば二点に絞られる。

(1)　北朝鮮という隣国は、常に〝南進〟の意図を持っている。そして背後の二大社会主義国たる中国、ソ連にはそれを止めようとする努力が見られない。したがって、北朝鮮の侵攻の可能性を軽視することは国家の存亡にかかわる。

(2)　国防軍戦力を強化することこそ、韓国が生き延びる道であり、同時に〝北〟からの侵略を防止する最良の手段である。このためには、当然ながら西側の一員としての立場を明確にし、アメリカ軍の実戦部隊の駐留を強く要望し続ける。また国力をつけるためにも、経済的基盤の成長をはかる。この目的のためには、少なからぬ犠牲を払うことをいとわない。

戦後の韓国は、このような教訓を徹底的に国民に教育し、時に強圧的な態度をとってさえ、これを貫き通した。

日本のマスコミ界、識者はこの方針を非難したが、朝鮮戦争が〝北〟の侵略によって勃発し、韓国が被害者であった事実を知れば容認できるものであろう。韓国の〝富国強兵〟政策は、東西の冷戦の時代にあっては取るべき唯一の道といっても過言ではない。

一九六一年から本格化したベトナム戦争において、韓国ははっきりと南ベトナム政府・アメリカ軍の支援にまわり、歩兵二コ師団（猛虎、白馬）、海兵旅団（青龍）を派遣した。この合計五万人に達する韓国軍は、五年以上にわたってベトナムで戦い続け、五〇〇〇人近い戦死者を記録している。

総派遣人員数は実に三五～三七万人に達した。

この派遣については、アメリカからの軍事、経済援助を引き出すための代償だとする批判もあった。これも一面の事実であったかも知れないが、その反面、国民の大部分は強烈な反共意識を持っており、韓国軍のベトナム派遣への支持が強かったことも疑いの余地はない。

戦後、国土の荒廃を乗り越えて、韓国は順調に発展を遂げた。

経済もそれに合わせて成長し、一九八八年には首都ソウルでオリンピックを開催できるまでになっている。多くの国内問題を抱え、また国民に犠牲を要求しながらではあったが、同国政府はユーラシア大陸東部における唯一の非社会主義国家を維持してきたのであった。

そして、この事実に関しても、何人《なにびと》も一定の評価を与えないわけにはいかないであろう。

北朝鮮（朝鮮民主主義人民共和国）

朝鮮半島南部の〝解放〟を目指した戦いは結局、失敗に終わった。

民間人をふくめたこの国の死傷者は八〇万人に近く、この数字は当時の総人口の五パーセントを大きく上まわる。韓国と同様に国土の大部分は焼土と化し、復興には多くの時間と費用を要したのである。

金日成の長男金正日の率いる政権は一応安定しているように思えるが、内部的には韓国以上に多くの問題を抱えていると言わざるを得ない。

この国は韓国と同等以上の軍事力を保有し続けてきているが、人口は半分強でしかない。

また、社会主義国全部が慢性的な経済不振に悩んでおり、北朝鮮もそれは同様であろう。

これに加えて、同国を襲ったもうひとつの大きな難題は、一九五〇年代の終わり頃から始まった中国・ソ連の対立である。この事態は年を経るごとに激化し、一九六〇年代にいたると、軍事衝突の可能性さえ無視できなくなった。

北朝鮮は中国・ソ連の両国と国境を接しているから、背後の二大国の対立はそのまま同国の運命に強く係わってくる。このような状況では、もはや二度と〝南部解放〟の意図など持てるはずはなかった。また、二大国のどちらにつくにしても危険はあまりに大きく、結局どちらからも等距離にあって独自の路線を進まざるを得なかった。

一九六〇年代以降は、北朝鮮は西側の世界に対してはほとんど鎖国ともいえる改革を推し進め、これは他の社会主義国に対しても似たような状況となった。中国、ソ連の外交官さえ、〝北〟の国内を自由に旅行できるわけではなく、この点からは東欧のアルバニアに似ている。

しかし、そのような政策をとり続けていても、国民の生活基盤は一応の水準を保ち、贅沢品は無いにしろ食糧の供給などは順調に行なわれていたようである。

また一方において、朝鮮戦争後の同国の軍隊は大幅な組織の変更を余儀なくされた。

朝鮮戦争以前には、北朝鮮軍はあくまで正規軍中心の軍隊を目指していた。その方針は、開戦後二ヵ月間の勝利において正しかったことが実証された。しかし、大国アメリカが本格的に参戦すると、状況は一変する。

人口一五〇〇万人の北朝鮮がいかに航空機、戦車、重火器をそろえたところで、一〇倍以上の人口、数百万の軍人を持つアメリカに〝正規戦〟で勝てるはずはない。

その反省が、北朝鮮軍首脳の思想まで変えさせ、正規軍指向から不正規軍（特殊部隊、大規模ゲリラ部隊）の育成となった。そして南部〝解放〟の手段として、全面侵攻の代わりに、南へ特殊部隊を潜入させ、住民の煽動、要人の暗殺、破壊工作を実行するのであった。

その最大のものは、一九六八年に発生した青瓦台における大統領暗殺未遂事件である。この時には、三一人からなる特殊部隊がソウル市に侵入し、朴大統領を襲ったが失敗、市内で銃撃戦となり〝北〟の三〇人、南の警察官、民間人六八人が死亡している。

この後も韓国大統領、閣僚大量暗殺未遂、ラングーン事件、大韓航空機爆破事件など、北朝鮮のゲリラによるテロ攻撃は後を絶たない。

現在でも、総兵力一〇〇万人の北朝鮮軍には一二万人を超す不正規軍が存在する。他の国の軍隊においては、この比率は五パーセント前後であることを考えると、まさに特異な軍隊と言い得るのである。

しかしながらソ連/ロシア、東欧、そして程度の差こそあれ中国の民主化が進めば、北朝鮮もまた変わらざるを得ない。一九九〇年には日本との外交交渉を求め、また韓国へも積極的に統一を働きかけている。

また、最近のように東西の対立が解消したとなれば、北朝鮮の孤立化はマイナスにこそなれプラスには絶対にならない。おそらく二十一世紀までには、かたくなに独自の路線を歩んできたこの国も多少は変わるものと思われる。

アメリカ
朝鮮戦争は、アメリカにとって建国以来初めて『勝てなかった戦争』であり、当時持っていた全戦力の三〇パーセント、実戦部隊の五〇パーセントを注ぎ込みながら、目的を完全には達成できなかった。

そしてこの戦争の印象は、一にも二にも共産主義（国）の脅威という形で残ってしまった。すなわち、東側の国々は〝隙《すき》あらば自由主義陣営の国々を侵犯しようと試みている〟との印象を強めたのである。

一九四七年から開始されていた軍事力の大幅削減計画は破棄され、その代わりに核兵器と戦略空軍の増強が始まった。同時に同盟国との連帯が強化された。

国内ではドミノ理論が発表され、マッカーシズムの台頭、また「共産主義はペストより危険」という言葉が何回となく登場した。

（注・ドミノとは、一八世紀にイタリアで始まったゲームで、使われる牌もまたドミノと呼ばれる。この牌が倒れやすいことから、中、小国が〈共産主義者によって〉つぎつぎと倒される危惧をドミノ理論と呼ぶ）

そして、これらの声が政府、国民の間に広がっている最中、ハンガリー事件（一九五六年）キューバ危機（一九六二年）が発生したのであった。後者はなんとか時の指導者ケネディ大統領、フルシチョフ首相の妥協で無事おさまったが、その直後にベトナム戦争が勃発する。

このように、朝鮮戦争に勝てなかったこと、共産主義の勢力が国際的に拡大している事実がフラストレーションとなって、アメリカはベトナムに介入するのである。

しかし、ここでもアメリカは勝利を確保することができず、一九七五年頃から〝世界の警察官〟的役割を少しずつ放棄することになる。

その意味から、朝鮮戦争はベトナム戦争と共に、アメリカの自信を根底から揺さぶった歴史的事件と呼べるのである。

中国

一九五〇年一〇月末、朝鮮民主主義人民共和国崩壊の危機を知り急ぎ介入した中国も、この戦争から大きな教訓を得た。それは、同国の国造りにはそれほど影響を与えなかったものの、軍事面では政策の変更を強いたはずである。

まず、中国人民解放軍の近代化である。毛沢東の主唱してきた〝人民の大海に敵を溺れさせる〟といった戦略は、近代兵器を豊富に持つアメリカ軍と戦うにはあまりに多くの犠牲を必要とした。

中国国内で戦うなら別だが、国外へ進出して戦争するとなると、輸送能力も重要な要素である。加えて有力な空軍を持たなかったことが、地上軍の損害を大きくした。戦死者数を見れば、実にアメリカ軍の四倍に達しているのである。

この後、中国軍は近代化を志すが、経済的な状況がそれを許さないまま現在にいたっている。

見方によっては、より重要な事柄をもうひとつ挙げることができる。それは中国軍がこの戦争によって少なからぬ損害を被り、また台湾海域のアメリカ艦隊との衝突の結果も考慮したあげく、軍事力による台湾の解放を思いとどまったという事実である。

朝鮮戦争の間にも、人民解放軍は中国本土の福建省、台湾海峡の島々で国府軍と闘い続けていた。中国本土から完全に国府系の軍隊が消えたのは、戦争が終わった三年後のことである。

中国は国土の眼と鼻の先にある国府軍の二大拠点――金門、馬祖島をまず占領し、その後台湾本島を解放しようと考えていた。しかし、アメリカは世界最大の第七艦隊をここに張り付け、中国の侵攻に備えていた。

もし、中国軍首脳が朝鮮戦争から何も学ばずにいたら、犠牲を省《かえり》みず台湾の解放を実現しようとしたであろう。

しかし、戦死・戦傷合わせて三六・六万人（正規軍、地方軍の一〇パーセントに相当）という数値は、その夢を打ち砕くに充分であった。

このように見ていくと、朝鮮戦争の勃発が台湾の存続を可能にしたと言えなくもない。

しかも、朝鮮戦争が休戦となって一〇年を経ずして、それまでの友邦ソビエトとの対立は、戦争の危機さえはらむまでになっていた。

こうなっては、中国は北朝鮮を援助することも、台湾を解放することも不可能となった。ソ連に対抗するために軍備を強化するのが、国家の第一の目的に変わってしまったのである。対立はその後一五年にわたって続き、この間、新中国の国家としての成長の度合いは緩やかなものであった。

ようやく一九八九年以降、対ソ関係は改善されるが、一二億という人々を抱えていては、成熟した国家への道はまだまだ険しいといわねばならない。

日本への影響

ここでは戦後の変革よりも、この戦争が我が国に与えた影響について述べる。

それは、朝鮮戦争が単に隣国の戦争であっただけではなく、日本は闘うアメリカの後方基地としての役割を果たしていたということである。いや、アメリカ空軍機の一部は日本本土の基地から飛び立ち、途中着陸することなく直接北朝鮮を爆撃していたから、〝前線基地〟であったともいえる。

地理的に日本は、朝鮮半島への足場として絶好な位置にあり、アメリカ、そして国連軍は我が国なくして戦争継続は難しかった。

この事実を踏まえた上で、朝鮮戦争が日本に残したものは次の三点であった。

(1) 日本が西側陣営に完全に組み入れられたこと。とりわけアメリカとの関係が経済、軍事面で強化され、日米安全保障条約の基礎が作られたこと

(2)　共産勢力による侵略が具体性を帯びた事実から、日本の再軍備が始まったこと。開戦直後の一九五〇年七月八日、連合軍総司令部（GHQ）からの命令で〝警察予備隊〟が発足した。兵員数は七・五万人で、アメリカ製の武器を装備した警察と軍隊の中間的役割を果たすことになった。のちに自衛隊に発展し、日本防衛の中核となる

(3)　アメリカは戦争の三年間に、日本に対し軍需品合計二四億ドルの発注を行なった。第二次大戦後の五年間における日本の貿易額は、合わせて二〇億ドルの赤字となっていた。戦争による〝特需〟はその赤字を一挙に解消しただけでなく、四億ドルの黒字を生んだ。また、当時の日本の鉱工業生産は、年ごとに前年の三〇～五〇パーセント増という伸びを示している。経済面から見れば、この戦争は間違いなく戦後の日本再建の救いの神となったのである

これらの事項をひとまとめに考えた場合、ある結論が浮かび上がってくる。それは、この戦争を機に第二次大戦の戦勝国（主としてアメリカ）が、日本をある程度の国力を持つ独立国として造り上げようと意図し始めたことである。

好意的に見れば、大戦が終わり五年間が過ぎたため、そろそろ「日本の一人立ち」を認めたものといえよう。これは一九五一年九月八日に締結された対日講和条約によって示されている。

しかしその一方で、アメリカはもし韓国が崩壊した場合、日本を極東における反共産主義の防波堤とすることを考えていた。そのために、講和条約と同時に日米安保条約を結んでい

る。

これにより、ユーラシア大陸の社会主義国（共産勢力）群への防衛ラインとして、日本、台湾（中華民国）、フィリピンがその役割を果たすことが期待されたのである。

第五章　戦闘の形態とマッカーサー解任

ここでは、朝鮮戦争中に発生したいくつかの戦いを、形態ごとにまとめて述べる。この戦争の特徴としては、海上の戦闘が皆無に等しかったこと、エアボーン、上陸戦はただ一度しか実施されなかったことなどが挙げられる。またこれは戦闘ではないが、戦争の行方に大きな影響をあたえた国連軍最高司令官マッカーサー元帥の解任事件も取り上げた。

一　空挺（エアボーン）作戦

朝鮮戦争中に実施された、パラシュート部隊による大規模な作戦は、わずか一度だけにとどまった。

また、この作戦がそのスケールの割にはたいした効果を挙げなかったため、これ以後パラシュート部隊による作戦という戦術自体が過去のものになったとも言い得る。

クロマイト作戦の余勢をかって、一九五〇年一〇月二〇日にアメリカ軍は四〇〇〇人が参加する空挺作戦を実施した。

この目的は、地上から北朝鮮の首都平壌（ピョンヤン）へ殺到する国連軍（韓国軍第六師団、イギリス軍第二七旅団、アメリカ軍第二四歩兵師団）に先立ち、ピョンヤンの北に降下して、脱出してくるＮＫＡの主力の捕捉と撃滅を目的としたものであった。またその中に北朝鮮の政府首脳が加わっていれば、これを捕虜にしようという狙いもあった。

一方、もうひとつの目的は、戦争初期に大量に捕らえられているアメリカ兵（総数で約一〇〇〇人といわれた）を取り戻すことであった。

したがって、作戦が順調に進行すれば、

(1) 北朝鮮軍の主力を包囲撃滅し
(2) 同国の首脳を逮捕し
(3) アメリカ兵の捕虜を奪還する

といった一石三鳥を得られるはずである。

このため、たとえ降下部隊が大きな損害を受けるとしても、実行する価値は充分にあると考えられた。

九月末にアメリカ陸軍は、第一八七空挺連隊を金浦（キンポ）飛行場に配置していたので、準備は順調に進んでいた。部隊の編成と降下地点は次のとおりである。

第一次降下部隊　粛川（スクチョン）第一、第二大隊、歩兵大隊など二八〇〇人

第二次降下部隊　順川（スンチョン）第三大隊、歩兵中隊など一一〇〇人

空軍から一一〇機のダグラスC47、フェアチャイルドC119輸送機が提供され、のべ六四〇回のフライトでこれらの兵力が戦線後方に運ばれた。

C119は双胴の双発輸送機であるが、胴体後部の扉が大きく開く構造のため、一〇五ミリ榴弾砲、ジープ、小型トラックを投下することができる。

一〇月二〇日正午から開始された作戦は計画どおりに進み、日没までに兵員三九〇〇人、榴弾砲一一門、ジープ三九台、トラック三八台、各種物資六六〇トンがパラシュートによって北朝鮮の地に降ろされた。

しかし、敵中に降下した四〇〇〇人のアメリカ兵は、いっこうに北軍と接触できなかった。

これはのちに判明したことだが、

(1)　北朝鮮軍の主力は三日前にピョンヤンを放棄し、降下地点から三〇キロも北方を退却中であった

(2)　北首脳は、家族と共に一週間前に首都から脱出していた

(3)　アメリカ人捕虜三〇〇人は、これまた三日前に列車で北へ運ばれていた

つまり(1)〜(3)の目的を果たすには、手遅れとなったわけである。

しかし、空挺部隊による戦闘がまったくなかったわけではない。

主力の撤退を掩護するため、スクチョンの南方に一コ連隊規模のNKA部隊が残っていた。

空挺部隊の主力は、これを北から攻撃したが、その頃には英二七旅団が地上から接近してい

米軍のエアボーン作戦。捕虜にするはずの北政府の首脳は、脱出した後だった。

たので、残っていたNKA軍は北から空挺部隊、南から英軍のはさみ打ちに遭ってしまった。

包囲された北朝鮮軍は二一日夜に脱出をはかり、米、英軍と激しく戦い続けた。夜明けとともにNKA軍の大部分は降伏したが、一部は包囲網を突破して姿をくらました。

この戦いにおいて、北軍の戦死者は四四〇人、米軍は死者二二人、負傷者四三人、また英軍は死者一四人、負傷者六八人であった。さらにNKAの捕虜は二〇〇人以上といわれている。

しかし、一〇〇機以上の輸送機を動員し、四〇〇〇人近い兵員を降下させた大作戦の戦果としては決して大きなものではない。

作戦開始直前には、のべ三四〇機の米空軍機が対地攻撃を実施したが、それが有効であったかどうかという判定も明らかではなかった。

わずかにスクチョン近くの鉄道の駅で、後ろ手に縛られたまま放り出されていたアメリカ人捕虜二三人を救出できたことが、この作戦のもっとも大きな成果ともいえた。

けれどもその一方で、そこから数キロ離れた地点で、射殺された米軍捕虜の死体六六体が発見された。

この降下作戦が、三日早く実行されていたならば、彼らを含めて三〇〇人の捕虜を救出できたと見られている。

この後に世界ではいくつかの軍事紛争はあったものの、大きなスケールで実施された降下部隊の作戦はわずかに二回だけである。

（注・一九五六年七月のスエズ動乱において、英仏軍は計三六〇〇人の兵士を二度にわたって降下させた。

またベトナム戦争では、一九六七年二月にエアボーンが実施され、参加兵員は第一七三空挺旅団の二六〇〇名であった）

このように見ていくと、朝鮮戦争で米軍が行なったこの降下作戦は、規模としては第二次大戦後最大のものであったことがわかる。

また、ヘリコプターの能力向上にともない、パラシュートで輸送機から降下するという侵攻方法自体が縮小されようとしている。軍事用語から〝Air-borne〟の文字が消えることはあるまいが〝Heli-borne〟の方がずっと大きく扱われるのは間違いないところであろう。

二　米空軍による戦略爆撃

アメリカ空軍は、戦争勃発一〇日後の一九五〇年七月五日から五三年六月一日まで、北朝鮮北部の爆撃を行なった。

これは前線の敵軍を叩くのではなく、後方の工場、発電所、燃料貯蔵施設、都市を狙ったものであるから、明らかに戦略爆撃である。

しかしながら、当時の北朝鮮の工業力は大きなものではなく、したがって戦術、戦略爆撃の明確な区別はつけ難い。

たとえば、同国内の鉄道網に対しては、戦術攻撃機、戦略爆撃機の両者が攻撃を繰り返している。ここではボーイングB29大型爆撃機を用いた爆撃を〝戦略爆撃〟と見なすことにする。

太平洋戦争において、アメリカ空軍（正確には陸軍航空隊）はサイパン、グアム、テニアンなどの島々に約一〇〇〇機、成都など中国本土に二五〇機のB29爆撃機スーパー・フォートレス（超空の要塞）を配備し、一九四四年秋から終戦まで日本本土を空襲し続けた。

この間のミッション数はのべ三万機（三万ソーティ）、投弾量は約一六万トンであった。

その代償として日本軍の戦闘機、高射砲、事故により、約七八〇機のB29が撃墜されている。

朝鮮戦争が始まると、B29はさっそく実戦に投入され、北の飛行場爆撃に出動する。

まず第一九爆撃グループ（19BG）が沖縄の嘉手納に展開したが、それはのちに22BG、307BG、98BG、92BGの五コ爆撃グループまでに増強された。

もっともB29の性能は、驚異的な戦闘機の能力向上とともに当時すでに時代遅れのものとなっていた。このため、太平洋戦争の時ほど活躍できないまま、第一線から退くことになるのである。

しかし、四基のエンジンを装備した翼幅四三メートルを越える大型機は、この戦争で使用された唯一の戦略爆撃機でもあるので、その足跡を追ってみよう。

ボーイングＢ29は一九四二年九月一日に初飛行した。量産タイプはＢ29Ａ-ＢＮと呼ばれ、総重量六四トン、爆弾搭載量九トン（最大）、最大速度五八〇キロ／時、上昇限度一万五二〇メートルであった。一九四四年～四五年においては、これは間違いなく世界最高の性能と言え、迎撃戦闘機の追従を許さなかった。

しかし、その後わずか五年の間に戦闘機はジェット化され、Ｂ29は一挙に旧式機となってしまっていた。

一九五〇年の秋の終わりから登場したソ連製のＭｉＧ15戦闘機の性能は、最大速度一〇四〇キロ／時、上昇限度一万四五四〇メートルであったから、Ｂ29の追撃は容易である。もしアメリカ空軍戦闘機隊の掩護がなければ、戦略爆撃の実施などまさに夢物語でしかない。北朝鮮北部に侵入するＢ29の編隊を迎え撃つ戦闘機がレシプロ・エンジン付きのものである場合、被害はほとんど記録されていない。

しかし、二三ミリ（後期には三七ミリ）砲を装備したＭｉＧ15ジェット戦闘機が出てくれば、Ｂ29の損害は大きかった。

一九五一年四月一二日、北朝鮮北西部の新義州のある橋梁の爆撃に、三コグループ七六機のＢ29が出動した。米空軍が「ミグ横丁：MiG Alley」と呼ぶ地域の中心にある橋だけに、護衛戦闘機の数は八〇機に達していた。

目標上空では六〇～八〇機のミグが三波に分かれて待ち構えており、実に三〇分近い大空中戦が展開された。F84サンダージェット、F86セイバー戦闘機の奮闘にもかかわらず、ミグは爆撃機編隊に接近し攻撃を集中した。

戦場の上空で三機のB29が撃墜され、五機は基地に帰還したものの、二度と使用できないほどの損傷を受けていた。さらに他の五機もかなり被弾していて、大修理が必要とされた。

B29乗員の死者は五〇名近く、参加機の二四パーセントがなんらかの損害を受けている。戦果としてはミグ四機を撃墜、七機を撃破となってはいるが、とても割に合うものではない。

一ヵ月後、より強力な護衛のもとにB29部隊はふたたび出動したが、それでも二機失われ、四機が被害を受けている。スーパー・フォートレスの名も、新鋭ジェット戦闘機の前にはまったく影の薄い存在になってしまったのである。

朝鮮戦争は、レシプロ・エンジン付きの大型爆撃機が登場した最後の戦争ともいえる。それにしても、この時代の航空機の進歩は恐ろしいほどで、どのような新鋭機でさえ登場してからわずか五～七年後には旧式機となる運命にあった。

それにしても、戦争の初期にこの爆撃機が果たした役割は、のちの航空史研究家に充分評価されていないように思える。

一九五〇年の夏から秋にかけて、北朝鮮の都市と小さな工業地帯は、B29部隊の戦略爆撃によりほとんど壊滅してしまっていた。

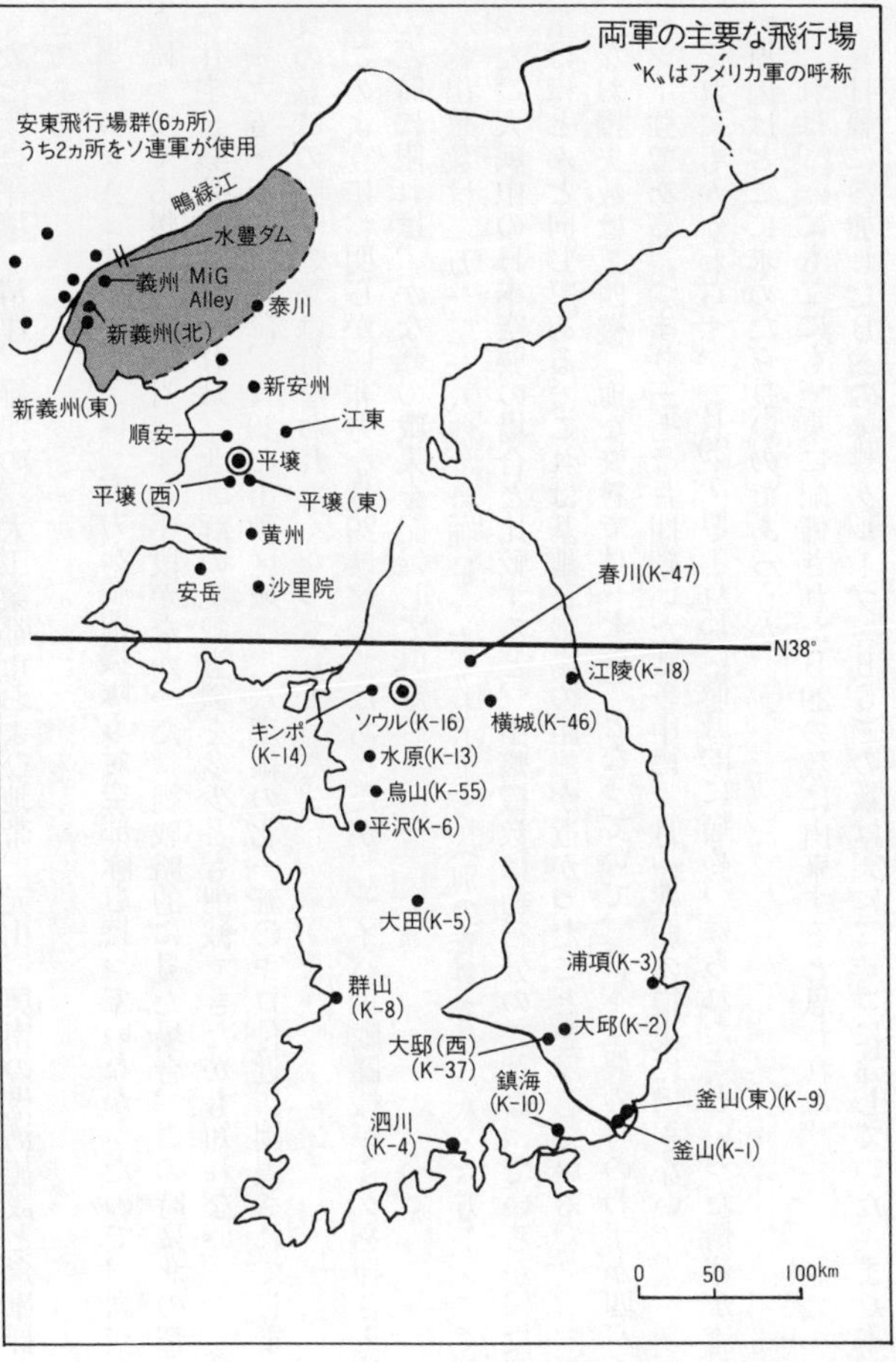
両軍の主要な飛行場
"K"はアメリカ軍の呼称
安東飛行場群(6ヵ所)
うち2ヵ所をソ連軍が使用
鴨緑江
水豊ダム
義州
MiG
Alley
泰川
新義州(北)
新義州(東)
新安州
順安
江東
平壌
平壌(西)
平壌(東)
黄州
安岳
沙里院
春川(K-47)
N38°
江陵(K-18)
キンポ
(K-14)
ソウル(K-16)
横城(K-46)
水原(K-13)
烏山(K-55)
平沢(K-6)
大田(K-5)
浦項(K-3)
群山
(K-8)
大邱(K-2)
大邱(西)
(K-37)
鎮海
(K-10)
釜山(東)(K-9)
泗川
(K-4)
釜山(K-1)
0
50
100km

たとえば平壌、清津、羅津の三大工業都市および地帯、元山、興南の港湾施設と倉庫群などである。

当時NKA（北朝鮮軍）は、有力な戦闘機隊も対空部隊も持っていなかったので、高空から降ってくる爆弾の雨に対処する手段がなかった。純戦略的に見た場合、この時に北の都市の住宅密集地を攻撃すれば、北朝鮮の抗戦意欲を多少とも削減できたかも知れない。

一九五一年の夏以降、B29の出動区域は三八度線の北一五〇キロ付近に制限されてしまい、真の意味の戦略爆撃は行なわれなくなってしまった。

このように、明らかに非力なB29爆撃機ではあったが、セイバー戦闘機がミグを押さえ込んだ時に限れば、かなりの戦果を記録している。

総出撃数は二万一三三八機、投弾量一六・七万トン（別の資料では一八・六万トン）であった。大戦中の日本空襲の場合と比較すると、出撃機数は約三分の二となっているが、投弾量はほとんど同じである。これは基地と戦場の距離が近かったことを示している。

なお損失数は三四機（別な資料では一七機）となっていて、日本空襲の時のわずか四パーセント強である。つまり三七ヵ月間続いた戦争中に、月一機弱の損失に過ぎない。

それにもかかわらず、「B29がM.iG15に徹底的に痛めつけられた」といった情報が流れた原因はどこに求めたら良いのであろうか。

これは、一にも二にも極東に配備されたB29の数に由来すると思われる。

対日戦に参加したB29の爆撃グループ（BG）の数は実に二一コに達していた。また本国には、訓練中のものをふくめて一九コBGの予備戦力が待機していた。

しかし、朝鮮戦争に投入されたのはわずかに五コBGだけである。したがって、戦闘に参加可能な機体数は一〇〇～二〇〇機しかなかったことになる。

そうなると、数機の損失がそのまま大きく影響するのである。結局、B29の北朝鮮に対する戦略爆撃は次のように評価された。
(1)　大型爆撃機による戦略爆撃はそれなりに有効である
(2)　少々旧式化した爆撃機でも、制空権を掌握していれば一応の活躍は期待できる
(3)　レシプロの爆撃機の時代は完全に終わった
(4)　制空権の確保はきわめて重要である
このあとボーイングB29は、主として偵察機、気象観測機としてのみ使われることになった。

三　投入された戦車と機甲戦闘

この戦争では、規模こそ小さいものの非常に激しい戦車対戦車の闘いが、たびたび起こっている。

それぞれの戦闘に参加した戦車の数は二〇台を超すことは珍しかったが、時には待ち伏せを受けた方が全滅するといった激烈なものであった。

三八ヵ月の戦争期間中に、共産軍は種々の原因で約三〇〇〇台のAFV（装甲戦闘車両）

を喪失した。これに対して国連軍のそれは二七〇〇台程度である。共産軍のＡＦＶの損害の内訳は別に掲げるが、この中の五〇〇台（約一七パーセント）が国連軍の戦車によるものと見てよい。また、共産側のＡＦＶの損失の約半分が航空攻撃による。

他方、国連軍戦車の大部分は共産側の対戦車砲、地雷、肉迫攻撃によって破壊された。航空機により爆破されたものは皆無に近いと思われる。

さて、機甲戦に投入された両軍の戦車の種類は、第二次大戦のヨーロッパ戦域と比較してきわめて少ない。

まず北朝鮮、中国軍の戦車は、

○Ｔ34／85　戦闘重量三二・〇トン　八五ミリ砲Ｌ54（砲身長比・以下同）
○ＳＵ76　戦闘重量一二・三トン　七六ミリ砲Ｌ39

の二種だけと考えてよく、一方、国連軍側は、

○Ｍ24チャーフィー　戦闘重量一八・二トン　七五ミリ砲Ｌ38
○Ｍ４Ａ３シャーマン　戦闘重量三三・一トン　七六ミリ砲Ｌ52
○Ｍ26パーシング　戦闘重量四一・七トン　九〇ミリ砲Ｌ50
○Ｍ46パットン　戦闘重量四三・九トン　九〇ミリ砲Ｌ50
○センチュリオンＭｋ３　戦闘重量五〇・八トン　八三・四ミリ砲Ｌ70

の五種である。

この中でＳＵ76はオープントップの自走砲、Ｍ24は軽戦車であるが、他は中戦車あるいは

主力戦車（ＭＢＴ）の範疇に入る。

それでは、一部別章の記述と重複するが、戦車同士の戦闘を緒戦から順を追って見ていくことにしよう。

緒戦におけるＴ34戦車の活躍

一九五〇年六月末、南にＮＫＡ軍が侵入してきた際、その先陣となったのはソ連製のＴ34／85中戦車であった。この戦車はロジーナとも呼ばれ、第二次大戦の独・ソ戦においてドイツ戦車群を撃滅した主役である。その主砲たる八五ミリ砲は五四口径（砲身長）という長砲身で、当時最強を誇っていた。

ＮＫＡ軍は一二〇～二〇〇台のＴ34と一二〇台のＳＵ76自走砲を投入し、韓国軍の第一線部隊、そして増援のアメリカ陸軍さえ撃破して南を目指した。

昔から言われているように、来襲する戦車群を迎撃するための最良の兵器は戦車である。しかし、韓国軍には一台の戦車もなく、わずかに四〇台前後（三七台と言われる）のＭ８装輪装甲車が配備されているだけであった。

Ｍ８の三七ミリ砲弾は、Ｔ34戦車に命中しても何の効果もなかった。

この一事をもってしても、韓国軍、米軍が、北朝鮮軍の侵攻を予測していなかった事実がわかる。

米軍はあわてて第二四歩兵師団の一部（第二一連隊第一大隊〝スミス支隊〟）を、一五台の

M24軽戦車と共に戦場に送り込んだ。

ジェネラル・チャーフィーのニックネームを持つM24の主砲は、七五ミリL38である。口径こそ七五ミリと標準的であったが、砲身長三八口径は各国の戦車砲の中でももっとも短く、威力も貧弱なものである。

一般的に大砲の威力は、口径×砲身長といった数値で簡易的に表わされるが、M24の主砲の威力はT34のそれの半分程度しかなかった。

さらに装甲板の厚さにいたっては三分の一以下である。

米軍としては、M24がT34に太刀打ち出来ないことがわかっていながら、共産軍の進出速度を少しでも低下させるために送り出したものであろう。

開戦後一ヵ月間に、少なくとも七回の戦車戦闘が発生し、M24は予想どおり北側の戦車に惨敗を喫した。

とくに七月二一日、水原付近の戦闘では五台のチャーフィーが起伏のある地形を利用して七台のT34、二台のSU76自走砲にアンブッシュ(待ち伏せ)攻撃を仕掛けた。あらゆる条件は米軍側にとって有利に見えたが、戦車の能力の差はあまりに大き過ぎた。

一台のT34が行動不能、一台のSU76が炎上といった戦果の代償として四台のM24が完全に破壊され、わずかに残った一台がようやく戦場から脱出するといった有様であった。

その上、撃破したはずのT34も、短時間の修理でふたたび走行可能となったのである。あわてたアメリカ陸軍は、当時日本国内に約二〇〇台保有していたM4シャーマン中戦車を送ることを決め、整備を開始した。

しかし、このM4戦車（主としてM4A3E8。〃イージー・エイト〃と呼ばれた）の主砲でさえ七五ミリL43で、T34の八五ミリL54には威力の点でおよばない。

そのために、二〇〇台のうち半数をまず朝鮮に送り、残りの一〇〇台については主砲を七六ミリL52に換装することになった。同じM4であっても、これによって戦車砲の威力を約二〇パーセント向上させうる。

この作業は昼夜を問わず、東京赤羽にあった米軍補給・修理廠（通称アカバネ・デポ）で実施された。これにより改造後のシャーマンは一応T34を撃破できるまでの能力を持つことができたが、防御力においては対策はとられず元のままであった。

朝鮮戦争における主要な戦車
（共産側）

要目など ＼ 名称	T 34/85 ロジーナ	Su 76
使用国	北朝鮮 中国	〃
種別	中戦車	対戦車 自走砲
乗員名	4	4
戦闘重量 t	32.0	12.3
全長 m	8.2	4.7
全幅 m	3.1	2.4
全高 m	2.7	2.8
接地圧 t/m²	8.1	7.2
機関 HP	ディーゼル 500	ガソリン 140
主砲口径 mm 砲身長	85 51.4	76.2 39
副武装 口径mm×基数	7.62×2	7.62×1
最大速度 km/h	53	45
航続力 km	300	110
最大装甲厚 mm	95	14
出力重量比 HP/t	15.6	11.4
戦車砲の名称	ZIS SS5	M 1942

このような間にも、北朝鮮軍の進撃はいっこうに衰える気配を見せず、逐次投入される米軍もつぎつぎと敗退を重ねた。共産軍は朝鮮半島の南部に達し、八月になると米・韓連合軍は洛東江下流まで追いつめられる。

結局、維持できている地域は、釜山市を扇の要とした半径七〇キロだけとなってしまった。

勢いにのる北軍は、八月に入り予備の戦車約一〇〇台を南へ送り、一挙に韓・米軍の壊滅をはかった。これにより生じたのが、八月末から九月初旬にかけての釜山橋頭堡の危機であった。

しかし開戦後二ヵ月が経過し、巨大な生産機械であるアメリカは立ち直りつつあった。戦車に関していえば、日本から二〇〇台のM４シャーマンが、そしてアメリカ本土（一部ハワイ）から二〇〇台以上のM26パーシング、M46パットンが続々と釜山の港に到着し始めていた。

八月末のある一日には、一万トン級の輸送船六隻が入港し、三〇台の戦車をふくむ一・四万トンの軍需物資、三〇〇〇人の兵士を陸揚げしたのである。この月の終わりまでに国連軍（アメリカ、イギリス、カナダ）が朝鮮に運び込んだAFVの数は、五〇〇台の戦車を含み、実に一二〇〇台という莫大な台数である。

また、新しく到着したM26、M46は、武装、装甲ともT34より強力な戦車であった。その主砲は九〇ミリL50で、T34の装甲のどの部分でも一撃で貫通する能力を持つ。

九月一〇日、アメリカ第一騎兵師団第三五連隊所属の五台のM26戦車は、三台のM４と共に大邱付近で四台のT34と交戦した。

この頃、北朝鮮軍の補給は途絶えがちになっており、T34のうちの二台は燃料不足で動けなかった。

戦闘は約一〇分続いたが、八台の米軍戦車はすべてのT34を完全に破壊した。損害はM４

朝鮮戦争における主要な戦車（国連軍側）

車名 / 要目など	M4A3E8 シャーマン	M26 パーシング	M46 パットン	M24 チャーフィー	センチュリオン Mk. 3	クロムウェル Mk. 4	チャーチル Mk. 7	M36
使用国	アメリカ カナダ	アメリカ	アメリカ	アメリカ フィリピン	イギリス	〃	〃	アメリカ 韓国
種別	中戦車	←	←	軽戦車	巡航戦車	巡航戦車	歩兵戦車	戦車駆逐車
乗員名	5	5	5	4	4	5	5	5
戦闘重量 t	33.1	41.7	43.9	18.2	50.8	27.9	39.1	29.8
全長 m	5.9	8.5	8.4	5.0	8.6	6.4	7.4	5.9
全幅 m	2.6	3.5	3.5	2.9	3.4	2.9	3.3	3.0
全高 m	2.9	2.8	2.8	2.8	2.9	2.5	2.5	3.2
接地圧 t/m²	7.7	8.9	10.1	7.8	9.0	8.8	9.4	7.9
機関 HP	ガソリン 500	ガソリン 500	ガソリン 810	ガソリン 220	ガソリン 620	ガソリン 600	ガソリン 340	ディーゼル 350
主砲 口径mm砲身長	76.2 52	90.0 50	90.0 50	75.0 37.5	83.4 70	75 54	75.0 50	90 50
副武装 口径mm×基数	12.7×1 7.62×2	←	←	←	7.92×1	←	7.92×2	12.7×1 7.62×1
最大速度km/h	42	48	48	55	35	41	22	38
航続力 km	160	170	113	160	100	120	110	160
最大装甲厚 mm	76	110	102	38	152	76	152	84
出力重量比 HP/比	15.1	12.0	14.5	12.1	12.2	21.5	8.7	11.7
戦車砲の名称	M1AIC	←	M3A1	M6	20Pdr	17Pdr	OQK75	M3

の一台のみであり、米軍はようやく戦車戦に自信を持つことができた。

M26の一台は二発の命中弾を受けたが、装甲板を貫通したのは一発のみであり、それも迅速に修理された。

一方、同じ日に烏山市でもT34とM4の戦車戦が起こり、両軍とも一台ずつが失なわれた。七六ミリ砲に換装したM4は、優秀な射撃照準器のおかげもあって、T34と対等に戦えたのである。

しかし、守勢にまわった北の第一〇五機甲連隊もただ米軍に圧倒されていたわけではなく、時には高度な戦術を用いて反撃した。

航空攻撃によって破壊された自軍の戦車を囮《おとり》にして、米軍戦車をおびきよせ、民家に隠したSU76の集中射撃によりM4を攻撃することもあった。つまり、防御力がM26、M46より格段に弱いM4の撃破を狙ったのである。朝鮮南部での戦車戦は、九月一五日前後まで何回となく発生した。

T34戦車は、それを投入したNKA軍首脳部自身が驚くほど緒戦において活躍した。しかし、このために自軍の進撃速度が大きくなり過ぎ、補給品の輸送がそれに追いつかなくなった。

このことが、釜山橋頭堡前面におけるロジーナの能力をかなり削いでしまったのである。

アメリカ軍戦車の反撃

釜山橋頭堡の防衛の見通しが固まった一〇日後、英、米、ROK軍は首府ソウルのすぐ西にあたる仁川に大上陸作戦を敢行した。

不意をつかれたNKA軍は総崩れとなり、全軍が北へ退却しはじめた。

釜山周辺および南部にいた北朝鮮軍も補給を絶たれ、また完全に包囲される危険が生じたために、必死に北方に逃れようとする。いったん釜山にまで迫っていた北の機甲部隊も、米軍の戦車、航空機に追われながら退却しなければならなくなった。

しかしながら、必要な燃料が底をつき、多くのAFVが無傷のまま放置される結果となる。

九月末までに、NKA軍は二四〇台の戦車を失ったが、このうちの四分の一は燃料切れによるものであった。六〇台という数は、国連軍戦車に撃破されたものよりだいぶ多い。

この時点でアメリカ陸軍はほとんど無傷のT34／85ならびにSU76自走砲を入手し、テストのため本国へ持ち帰った。現地でも詳しく調査し、ソ連戦車の弱点を把握しようとつとめた。

この結果、装甲においてT34はM26と同程度の強度を持っていたが、電気配線の被覆、燃料の配管の一部にかなりの量の布地とゴムが使われている事実が判明した。つまり、熱に弱い部分があるということになる。

それまで、アメリカ空軍機は共産側の戦車を攻撃するときには、二・七五インチ・ロケット弾を使用していた。このロケット弾（HVAR：空中発射式高速ロケット弾）の弾道は不安定で命中率は悪く、また命中してもT34に致命傷を与えるのは難しかった。

戦争の初期、有効な対戦車兵器を持たない韓国軍の脅威となった北朝鮮軍の機甲車両——写真上よりT34／85、SU76。

しかし熱に弱いということになれば、日本国内で大量に生産されている対人用油脂焼夷弾（いわゆるナパーム弾）が使えるのである。

この焼夷弾については、ケースのみ日本で製造され、内部の油脂は航空機に搭載される直前に注入される。ナパームはいったん発火すれば、長さ一三〇メートル、幅四〇メートルの範囲を一八〇〇度の高熱で焼き尽くすので、ロケット弾と異なり直接戦車に命中しなくても、これを走行不能にできる。

この後、アメリカ空軍の戦闘爆撃機は、共産側の戦車を発見次第ナパーム弾を用いて攻撃した。

日本の航空自衛隊でも、一九七〇年代の始めまでこの戦訓を取り入れて、ナパームによる対戦車攻撃の訓練を続けている。

九月一五日に仁川に上陸したアメリカ第一海兵師団と陸軍第七歩兵師団は、その後、北側の戦車と遭遇することを予想し、充分な戦車を装備していた。海兵師団の第一波だけでも四五台のM26が揚陸され、三日後には同数のM4A3（七六ミリ砲）が続いた。

しかしながら、NKA軍の戦車の大部分は南部への侵攻に投入されていたから、仁川—ソウル・ルート上での機甲戦はごく小規模なものであった。

上陸から一〇日目の九月二五日、東へ進出した海兵第一連隊は戦車一二台、自走砲二台、そして七〇〇〇人のNKA軍歩兵の反撃を受けた。これに対し、米軍は二〇台以上の戦車、三〇〇〇人の兵員、一〇〇機以上の空母艦上機を繰り出して壊滅をはかる。

最初の航空攻撃を逃れた四台のT34、一台のSU76が海兵隊の前面に迫ったが、M26の九〇ミリ戦車砲、一〇五ミリ榴弾砲、歩兵のバズーカ砲がこの共産軍戦車部隊を全滅させた。

しかし、夜に入ると二台のT34がふたたび接近し、一台のM26は命中弾により撃破されてしまった。この戦闘では、M26とT34が数百メートルまで近づき、戦車砲を射ち合うといった夜間の激戦であった。

仁川に上陸した国連軍は、九月二八日、三ヵ月ぶりに首都ソウルの奪還に成功した。同時に釜山で包囲されていた米・韓国軍はその陣地から出て反撃に移った。退路を絶たれることを恐れた北朝鮮軍は、初期こそ激しく抵抗したが、間もなく総崩れとなり退却していった。

一〇月に入ると、国連軍は三八度線を越えて北朝鮮へ侵入した。

一三日、金川市の豆石山付近では、韓国軍のM46（米軍より一ヵ月の期限付きで貸与されたもの）二一台と、NKA軍のT34数台が砲撃戦を行なった。またこれには、イギリス軍第二七旅団のセンチュリオン戦車が参加している。

この機甲戦は、米空軍の支援もあって国連軍の勝利に終わった。

しかし、北は戦車を山の中腹の窪地に埋めて頑強に抵抗した。装甲がもっとも厚い砲塔部だけ出したT34は、きわめて強力なトーチカとなってパットン、センチュリオンを悩ます。

また一〇月一七日、韓国軍第一師団が北の首都ピョンヤンに迫ったときも、北朝鮮軍は同じような戦術を用いたと言われている。それでもM4、M26、M46、センチュリオン戦車は、一日に三台の割合でT34およびSU76を破壊していった。

もちろん、国連軍側もかなりの損失を出し、とくに防御力の貧弱なM4シャーマンは一日平均二・二台が失われた。

北朝鮮軍のT34にまったく歯が立たなかったM24軽戦車（上）
急きょ主砲を換装して、最前線に送られたM4A3E8（中）
武装や装甲が、ともにT34を上まわっていたM46中戦車（下）

一〇月二〇日、ピョンヤンにUN軍が入城し、戦争勃発後四ヵ月にして今度は北の首都が陥落する。そして戦争は、国連軍の勝利に終わるかに見えた。

しかしこの五日後、二〇万を越す中国軍が突然介入し、北朝鮮の七割を占領しようとしていた国連軍は、一気に退却に追い込まれるのである。

このような状況の中で、中国からの新しい装備を受け取った北朝鮮は大規模な反攻を画策し、この結果、最大規模の機甲戦が発生した。それが一〇月三一日の廓山の戦いである。

この日の深夜、アメリカ陸軍第二四歩兵師団第二一連隊第二大隊とM26戦車一五台を有する第七三戦車大隊の一部が、矢面に立つことになった。

NKA軍の攻撃は、七台のT34と一〇台のSU76自走砲によって行なわれた。一七台の共産側戦車と一五台のM26は、互いの歩兵部隊が打ち上げる照明弾の光の中で、午前二時から明るくなるまで戦い続けた。

戦端が切られると、約五〇〇名の北軍兵士は戦車と共に接近し、迎え撃つ米軍約七〇〇名と至近距離で戦った。この時の両軍の戦力はAFV、兵士の数ともほぼ等しいという珍しい例である。

戦車戦の合間に互いの兵士が相手の戦車に肉薄攻撃を仕掛けるので、戦場は混乱をきわめた。

しかしT34はともかく、装甲が薄くまたオープントップのSU76はパーシングに歯が立たなかった。米軍は夜明けまでに五台のT34、七台のSU76を撃破したが、自身も六台のM26

を破壊されてしまった。

しかし、日の出と共にアメリカ空軍のノースアメリカンF51ムスタング戦闘機が飛来し、ナパーム弾によって北軍を攻撃した。

この夜の戦闘に生き残った共産側のAFVは、その日の午前中に全部破壊された。

このことから北軍の機甲部隊は、たとえ機甲戦で互角に戦ったとしても、航空機の支援がなければ結局敗北に終わることを悟ったようである。この戦いのあと、T34の行動はきわめて慎重になり、常に対空砲部隊と一緒でなければ姿を現わさなくなってきた。

そのため、機甲戦は大幅に減少するのである。

両軍のAFVの損失

それでは、この戦争における共産軍のAFVの全損失を推定してみよう。

全損失数は戦車、装甲車両を合わせて約三〇〇〇台と見積もられている。また、この戦争に投入された共産側のAFVは、

○T34／85戦車
○SU76自走砲
○BA64～67軽装甲車（四×四）
○M3装甲車（四×四　一部にアメリカ製あり）

の四種類である。一九五三年にソ連製の重戦車JSⅢが、またKV85戦車が中国軍に供与

されているが、実戦に投入されたという記録はない。概数ではあるが、三〇〇〇台の損失原因の内訳としては、

航空攻撃によるもの　五〇パーセント
戦車によるもの　一五〜一七パーセント
歩兵・砲兵の攻撃によるもの　二五パーセント
地雷によるもの　五パーセント
放置されたもの　五パーセント

となっている。

航空攻撃のうち八〇パーセントが空軍機によるものである。
反対に共産軍の発表した国連軍に対する戦果は、

破壊したもの　六五八一台
捕獲したもの　七七五九台
計　一万四三四〇台

とされている。これは戦車あるいはAFVばかりではなく全部の車両の台数である。したがって戦車だけの数については不明であるが、一応この数字から次のような推定が可能となる。まず一万四三四〇台のうち、約一割をAFVと考える。その一四三〇台のうち、約半数の七〇〇台が戦車と仮定して大きな相違はあるまい。

AFV全体についていえば、両車の損害率は共産側二、国連軍一となる。

開戦後3ヵ月間の共産側戦車の損失原因
（合計239台ですべてT34/85型）

航空攻撃によるもの	102台	42.7%＊
戦車によるもの	39台	16.3%
放置されたもの	59台	24.7%
バズーカ砲によるもの	13台	5.4%
その他（砲撃、地雷など）	26台	10.9%

＊航空攻撃の内訳
ナパーム弾により60台
ロケット弾、銃撃、爆弾など62台
SU76の損害は記録されていない。

これは、かならずしも機甲戦における国連軍の勝利を意味するものではなく、単に制空権を持ち、多数の対地攻撃機を駆使して共産側の車両を空中から破壊できたことによる。

言い換えれば、国連軍の車両で共産軍航空機によって破壊されたものは、せいぜい十数台に過ぎないと思われる。

一九五〇年の終わりから、アメリカ空軍、海軍、海兵航空部隊の戦力は充実してきた。そして、地上部隊の要請を受ければ一時間以内に支援攻撃が可能となる。

またこれらの戦術軍用機は、共産側の戦車を発見すると、ナパームもしくはロケット弾で徹底的な攻撃を繰り返したのである。

これによって、共産軍は戦車の用法を変更しなくてはならなくなった。それまでは、独・ソ戦争の経験から戦車を集中的に使用していたが、これ以後多くの部隊に分散配備し、もっぱら歩兵と共同して使うようになった。

また平野での使用を控え、主として山岳、丘陵地で用いたが、これはいずれも航空攻撃から逃れるためである。

一九五一年夏から、この戦争は互いの陣地に頼って戦う状況となったため、互いの戦車はいずれも歩兵の戦闘支援へと役割を変えている。

このように見ていくと、朝鮮戦争において戦車対戦車の華々しい戦闘が繰り広げられたのは、開戦からわずか半年間だけであったといえる。そして、その六ヵ月間のうち、最初の三ヵ月のあいだ、共産軍のT34／85、SU76はその威力を充分に発揮し、小さいながら〝電撃戦〟を展開した。

そして残りの三ヵ月は、米軍、英軍の戦車の反撃の時期であった。

M4シャーマン、M26パーシング、M46パットン、そしてセンチュリオンMk3は、T34を相手に死闘を繰り返し、ようやく勝利を得た。

この勝因は、戦車自体の能力よりも整備および燃料の供給を主とした後方支援体勢の差にあったと思われる。とくに北のAFV群にとっては、燃料の不足が最大の弱点であった。

この面から見ると、一九五〇年八月～九月の北朝鮮軍機甲部隊の終焉は、一九四五年一月のドイツ軍のアルデンヌ攻勢（バルジの戦い）を彷彿《ほうふつ》させるのである。

それにしても、アメリカ軍首脳が、「朝鮮半島の地形は戦車の使用に適さない」と判断したことは大きな間違いであった。さらにアメリカは同じ判断のミスを、一〇年後のベトナムでもおかすのである。

四　北朝鮮軍特殊部隊の戦い

朝鮮戦争には、それまでの戦争には存在しなかった形態の戦闘があった。それは、その後の紛争において似た形が表われてはいるものの、基本的にはこの戦争だけで行なわれたものである。

北朝鮮は、祖国解放戦争（この戦争に対する北側の呼称）のために、多数のゲリラを南に潜入させていた。これらのゲリラは、次の三つの種類に分類される。

(1)　二〜三年前から一般住民に混じって南へ送られていたもので、戦争勃発と共に蜂起し、北朝鮮軍に協力した

(2)　正規軍の中にはじめから含まれていた特殊部隊。住民との接触をほとんど持たない

(3)　一九五〇年秋、北軍の撤退時に南領内に置き去りにされた正規軍兵士が、ゲリラ活動を展開したもの

人数の点からは(1)が単独あるいは数人単位、(2)が五〇人から一〇〇〇人（大隊程度）、(3)は最初数千人規模だったものが、のちに四散し数人あるいは数十人のグループとなっている。

これらのゲリラが実施したのは、要人の誘拐あるいは殺害、住民の煽動、破壊工作、正規軍への攻撃といった、まさにゲリラ活動そのものであった。

それでは、先に挙げた三種のゲリラについて個々に調べてみよう。

(1)第五列の侵入

南北分断以前から、この地ではかなり組織立ったゲリラ活動が行なわれていた。

これは、もっぱら植民地軍として存在した日本軍（および日本人）に対するものであった。

一九三〇年代初期には、すでに金日成が指揮する抗日ゲリラが、朝鮮半島北部で日本軍の小

部隊拠点への襲撃を繰り返している。

太平洋戦争の直前、在朝鮮の日本軍はたびたびゲリラ討伐作戦を行ない、このため彼らの活動は停滞する。しかし、第二次大戦の勃発と共に中国、ソ連へ逃れていた活動家は祖国へ戻り、より強固な組織作りに乗り出していたのである。

日本の降伏とともに朝鮮半島が南北に分断されてから、これらの不正規軍の戦力は大きな差となって表われた。

アメリカの支援で成立した韓国は、一応自由主義を貫き、順調な発展の道を歩む。また、これといった思想教育は行なわれず、とくに北朝鮮を共産（社会）主義から〝解放〟しようというような考えは――李大統領をのぞけば――持たなかった。

これに対して、北朝鮮は中国、ソ連共産党の影響をまともに受けて国造りを進める。思想教育はきわめて厳格に行なわれたが、その目的とするところは二つあった。

ひとつは共産主義の堅持、他のひとつは、アメリカ帝国主義下の圧制に苦しむ南の解放である。

一九四八年九月、『朝鮮民主主義人民共和国』の樹立とともに、南の解放は同国共産党の最大の目的とされた。

このため、建国とほぼ同時に、不正規戦の訓練を受け共産主義思想にこり固まった人々が南へ潜入し、〝祖国解放〟の時を待つことになる。

彼らの人数は、どこまでをゲリラとみるか、といった判断基準がないために明確ではないが、少なくとも数千人以上の規模であった。これらの(1)に属するゲリラの半分以上は韓国の北部に住みつき、武器を隠し、北との連絡を絶やさず、また南の情報を伝えていた。

一九五〇年六月、戦争が勃発すると即座に行動を起こし、不正規戦を展開する。都市では通信、交通をマヒさせ、デマを流し、警察、消防署を襲った。南の軍、警察が彼らを捕らえようとすれば、人波の中に逃げ込み、容易に姿をくらますのであった。

ともかく、小人数のゲリラの目的は南領内に混乱を引き起こすことで、これは完全に成功したようである。また、北朝鮮軍の侵入によって南部へ脱出しようとする人々の中に、これらのゲリラは巧妙に入り込んだ。

避難民と行き違いに戦場へ向かおうとする韓国軍に対し、時に銃撃が加えられた。また軍用トラックに、避難民の中から手榴弾が投げ込まれる事態も珍しくなかった。

こうなると、軍隊が住民に向かって発砲するようになり、一般人との信頼関係が失われる。これこそ〝北〟のゲリラの望むところであり、彼らはそのため以前から南にもぐり込んでいたのである。

まさに〝第五列〟（敵軍・敵国にまぎれ込み、味方の軍事行動を支援する組織あるいは人の意。一九三六年のスペイン戦争のさい、初めて登場した言葉である）の典型的な行動といえよう。

このような状況は、開戦後約二ヵ月間続いた。この期間の北朝鮮軍の圧倒的な勝利の要因を、T34戦車の大量投入とゲリラの活躍によるとする軍事評論家も少なくない。

なかでも首都ソウルをめぐる攻防戦のさいには、第五列に対する韓国軍および同国国民の猜疑心は高まり、多くの市民がスパイの疑いで射殺された。

また戦乱にまぎれて、ゲリラは反共的な思想を持つ多数の人々を暗殺した。殺された人数は不明だが、決して数十人といった数ではない。

韓国軍首脳は戦争前のいくつかの小競り合いから、自国内に共産ゲリラが潜入しているという情報を摑《つか》んでいたようである。しかし、これほど大きな規模で、これほど活発に行動するとは予測しておらず、対策はまったく後手にまわってしまった。

韓国警察（軍）による潜入ゲリラの鎮圧が効果を現わしはじめるのは、仁川上陸作戦の成功により北の正規軍が撤退しはじめてからである。

韓国政府は、一般の警察よりはるかに強力な装備を有する警察警備軍（野戦警察ともいう）を新設した。またアメリカ軍も、警邏《けいら》隊（ＭＰ）とは別に対ゲリラ専門の大隊を組織した。これに韓国正規軍が加わり、ゲリラ掃討作戦を開始する。

相手が時には住民にまぎれ、時には山岳地へ逃げ込むゲリラだけに、この掃討戦は一回の作戦が平均して一ヵ月もかかる厳しいものになった。また、ゲリラと一般住民との区別がつきにくく、多くの犠牲者が出た。

それにもかかわらず、翌年の夏までにほとんどのゲリラが掃討され、残りは投降した。

韓国警察の発表によれば、ゲリラの戦死者は一・七万人、投降した者は四・四万人、掃討作戦による警察・軍の戦死者は九〇〇〇人という激しい戦いであった。この数字の中には、当然前述の⑵、⑶のゲリラも含まれている。

三八ヵ月の戦争中に、韓国軍が射殺あるいは捕虜としたゲリラの数は約二〇万人であった。

こうしていったん混乱が収まると、韓国国民の共産ゲリラに対する憎しみは頂点に達した。これはのちに、国民の間に対ゲリラ組織（たとえば対共産主義者連盟ＡＣＬ）を生み出した。また各々の町、村、集落には、ゲリラに対抗するための自警団が誕生している。

一方、北朝鮮首脳は緒戦のゲリラによる勝利が忘れられず、休戦後も何回となく南へ多くの工作員を潜入させた。彼らと南との戦いはその後も三〇年にわたって繰り返され、回数は実に三万回におよぶとのことである。

⑵正規軍特殊部隊による攻撃

一九四七年七月、北朝鮮軍（ＮＫＡ）の中に二つの不正規戦用の連隊が誕生した。これらは、陸軍の第七六六独立連隊と第九四五独立海兵連隊と言われている。

連隊ならば、それぞれ三五〇〇人程度の兵員を有するはずであるが、実際にはより小人数であった。

開戦と共に七六六連隊は、東海岸沿いに南下する歩兵師団の先鋒をつとめた。また九四五海兵連隊は、本来の海兵隊として行動し、三隊に別れて同じく東海岸の主要な町への上陸を企てた。これらの部隊は、各々が五〇〇～一〇〇〇人程度と見られるが、現在でも正確な規模はわかっていない。

まず三陟に上陸をはかった一隊は、アメリカ、イギリス海軍の駆逐艦によって阻止された

（これについては「海軍の戦い」の項参照）。

続いて釜山近くに接近した部隊は、韓国軍の哨戒艇に発見された。数百人の〝北〟海兵隊を乗せ、小口径の砲をそなえた汽船（一〇〇〇トン級）は、哨戒艇PC701と砲火を交えた。その哨戒艇PC701（艇名パク・ツー・サン）は旧米海軍の一七三フィート級の小型フリゲートで、七六ミリ砲一門、四〇ミリ砲一門を装備していた。汽船は約一時間の交戦後沈没し、数百名の北兵士は溺死した。この部隊がもし半島南部最大の港湾都市釜山に上陸し、破壊工作を行なっていたら、その影響ははかり知れない。なぜなら、釜山こそ一九五〇年の夏の終わりにおいて、唯一国連軍の確保し得た地域の要であり、また日本、米本土からの唯一の物資荷揚げ港でもあったからである。

PC701が北の海兵隊を海上で阻止したことによって、のちの釜山橋頭堡が作られたと言っても過言ではない。

また、目的は果たせなかったものの、釜山へ海兵隊の特殊部隊を送り込もうとした北軍の意図そのものは、きわめて効果的であったと評価できる。

残りの一隊（これはごく少数と見られる）は、七月の初めに東海岸の江陵に上陸した。そして南下を続けていた本隊と共に、戦闘を続けた。

また七六六連隊は、韓国軍との正規戦に投入されたため急速に消耗し、八月末までに連隊の形を保てなくなり、近くの歩兵師団に編入されている。

これらの緒戦の失敗にもかかわらず、その後も北朝鮮軍は数百人をひとつのグループとして戦線の背後に送った。しかし、現地の住民の協力が得られず、そのほとんどが韓国軍、米軍に殲滅されてしまった。

本格的な戦闘となれば、補給手段を持たぬこれら特殊部隊は戦いを続けることはできなくなる。それでも、鎮圧、掃討する側にとっては、ゲリラの五〜一〇倍の兵力を投入しなければならず、その負担は少なくなかったはずである。

しかし一九五〇年の秋以後、南領内の正規軍ゲリラは次第に圧迫され、活動は不活発となった。

(3)南へ侵攻した正規軍の残存ゲリラ

一九五〇年九月初旬、韓国の国土の八〇パーセントは北朝鮮軍の支配下にあった。

とくに釜山橋頭堡を包囲する陣地には、七万人前後のNKA軍の兵士がいた。しかし米軍の仁川上陸の報が伝えられると、NKA軍は包囲されることを恐れ、全戦線から撤退を開始する。

国連軍は橋頭堡から出撃し、敗走する北軍を痛撃し、この結果三〜四万人のNKA軍兵士が戦死し、あるいは捕虜となってしまった。三八度線を越えて北へ戻ることができたのは約二・五万人と推測されているから、南領内には一・〇〜一・五万人が残った。

これらの兵士の大部分は、(1)、(2)の場合とは異なり、否応なく南領で逃亡を続けながらゲリラ戦を展開した。その間の国連軍の追撃が厳しかったため、ひとつのグループの兵力はせいぜい数百人程度である。

一部に脱落者も出たものの、これらのゲリラは北を目指し、その途中で破壊活動を行なった。一〇月末には韓国の補給所が襲撃され、守備兵六〇人全員が射殺される事件も起こっている。

これに加えて、共産軍の全面退却にとり残されそうになった潜入ゲリラが、これらの部隊へ合流したため、その戦力は侮りがたいものとなった。

一一月に入ると、韓国軍は予備一コ師団、一六コ警察大隊をゲリラ掃討に当てなければならなかった。この年の終わりには、ゲリラの総数は一〇〇〇人台までに減少したが、一部は相変わらず警備の手薄な地域で活動を続けた。

もっとも、韓国軍の激しい追撃を受けたグループは、次第にゲリラというより野盗に近い集団になり、地域住民への暴行、略奪を繰り返し、それが原因でますます孤立化を深める結果となってしまった。

いかに高い理想を掲げていても、その行動が人々の共感を得ないものであったから、孤立化は当然の成り行きであろう。

敵の戦線の後方で活動する部隊は、一定の期間破壊活動を実施したあと、何らかの方法で本国へ帰還しなければならない。それが不可能となって敵中に永く置かれたままでは、どのような精強な兵士も結局生き残れないのである。

このようにして開戦から一年後の一九五一年夏、南領内の共産ゲリラはほとんど活動できない状況となった。

それにもかかわらず、北はかなりの数の小部隊をその後も送り続けたようである。

これには、北の首脳部の「南は米軍の支配下にあり、国民は圧制下におかれているから、わずかなきっかけで一致団結し、政府とアメリカ打倒のために立ち上がるはず」といった展望があった。

またこの考えを、死を賭して南へ潜入するゲリラに対し徹底的に教え込んでいた。

しかし開戦後の三ヵ月間で、第五列の恐ろしさを身にしみて知った韓国国民は、共産主義に対する警戒感を強めたため、潜入したゲリラに同調するような動きはまったくなかった。

また特筆すべき事実は、北の特殊部隊は南で活動するとき、状況によっては韓国軍の制服を着用していた点である。これは明らかにジュネーブ条約の規定に違反しており、逮捕されれば当然スパイとして射殺される。

この点から見ても各国の部隊が保有するといわれる〝特殊部隊〟とは異なった存在といえよう。

一九六八年、朴大統領暗殺の目的をもって侵入した北朝鮮第一二四部隊も、韓国軍第二四歩兵師団の制服を着用していたのである。

また休戦以後も、このようなゲリラの潜入事件は頻発し、一九八五年までに約一〇〇〇人が韓国軍、米軍によって逮捕あるいは射殺されている。

全体的に見て、朝鮮戦争における北のゲリラ戦は、初期の一時期をのぞいて失敗と評価されている。

その原因は、住民の人心掌握ができなかったこと、本国からの支援がまったくなかったこと、南側が対ゲリラ戦の必要性を比較的早く学びとったことによる。

しかし、それにもかかわらず、現在のNKA軍の兵力一〇〇万人のうち約一二パーセント（一二・二万人）が特殊部隊に属すると見られている。この比率は旧ソ連、アメリカ軍を上まわり、間違いなく世界最高である。その意味で韓国軍が北からの潜入に神経を尖らせているのは、決して杞憂とばかりは言えないのである。

五　バン・フリート攻勢

リッジウェイと交代したアメリカ第八軍司令官バン・フリート中将は、一九五一年の夏から秋にかけて大攻勢に出た。

これはのちに〝バン・フリート攻勢：Van Fleet Offensive〟と呼ばれ、中国軍陣地に対するアメリカ軍の最大の攻撃となった。

また、このとき米陸軍の使った砲弾の量があまりに莫大であったため、この戦いは戦史に残るものとなる。

バン・フリートの実施した大攻勢は、

第一次　五一年五月二二日～九月二四日

第二次　五一年九月二五日～一〇月一〇日

に分けられる。

一方、攻撃を受けた側の共産軍（主として中国軍）の受け取り方は少々異なっていて、国連軍の夏・秋の攻撃（夏秋防御戦役）八月一八日〜一一月三〇日となっている。

どうして攻撃側と防御側の区分が違っているのかわからないが、ここでは一括して〝バン・フリート攻勢〟と呼ぶことにする。

すでに述べたとおり、五一年の春から中国・北朝鮮軍は三八度線沿いに堅固な陣地を築き上げていた。この中でも、とくに鉄の三角地帯（平康―鉄原―金化）の陣地群はきわめて強固であった。

バン・フリートはこのような陣地を攻略するために、歩兵による通常の攻撃方法では犠牲が多くなると考えた。その代わりに、これまでになかったほどの砲兵を集中し、山腹、谷間に無数に存在する敵陣の壊滅をはかるのであった。

まず参加兵力であるが、米軍三コ軍団（第一、第九、第一〇軍）、韓国軍一コ軍団（第一軍団）を主力として、他に独立砲兵三コ連隊（一六コ大隊）をそろえた。

これに対し、約五〇キロの前線に配置されていた共産軍は、中国軍一〇コ軍（第一二、二五、二七、四二、四七、五〇、六四、六五、六六、六七軍）、北朝鮮軍四コ軍（第二、三、五、六軍団）である。

兵力数でいえばアメリカ軍一八・五万人、韓国軍四・五万人、中国軍二四万人、北朝鮮軍四・八万人であった。数的に米・韓軍の方が劣勢であったが、砲兵、空軍力でははるかにまさり、バン・フリート中将は攻勢は成功するとの確信を持つにいたった。

アメリカ軍は五月末から作戦を開始し、徐々に圧力を加えて八月中旬から総攻撃に移った。この間の二ヵ月間、アメリカ軍砲兵部隊は、口径一〇五ミリ以上の砲弾だけで約二〇〇万発を射ち込んだ。戦闘の中心となった鉄原の町には、最盛時一秒間に八発、一分間に五〇〇発、一時間に二八〇〇発、一日に一万二〇〇〇発が射ち込まれた。

なお平均的な発射数は、一日あたり全戦線で三・五万発である。第二次大戦時もこのような猛砲撃が行なわれた記録はあるが、それが六〇日にわたって続けられたことはない。

中国軍もこれに対して多くの砲弾を発射し、その数は国連軍側の数の三〇パーセントとなっている。ただし、使用された火砲のほとんどは口径一〇〇ミリ以下の迫撃砲であった。

このような砲撃のあと、アメリカ軍は航空機、戦車の支援を受けて前進を開始した。バン・フリートの考えたとおり、共産軍の前進拠点の大部分は、砲弾により大きな損害を受けていた。このため約一週間後、国連軍は前線を二キロ北上させることに成功した。とくに、砲撃を集中させた地域での共産軍の反撃は微弱で、進撃は順調であった。

しかし、国連軍指揮官の楽観的な見通しは時間と共に消えつつあった。戦線が突破される可能性が生まれると共に、中国軍は三コ軍の予備兵力を投入したからである。

アメリカ第一軍団の主力たる第一騎兵師団は、敵中八キロまで進んだが、その地点がこの攻勢における最大の進出点となってしまった。

この後、国連軍がいかに砲撃を繰り返そうとも、また戦車、航空機を使用して陣地の破壊を試みようとも、幾重にも敷かれた共産軍の防衛ラインが進出を阻んだのである。

また、これだけの兵力を投入して拡張した戦線も、その後、犠牲を顧みない中国軍の攻勢によって、その年の終わりまでに元の位置に押し戻されてしまった。

この意味では、バン・フリート攻勢はアメリカ軍の全力を挙げたものであったにもかかわらず、失敗と判断されている。しかし、人的な戦果（共産軍の損害）としてはかなり大きなものとなった。

国連軍側の発表によれば、共産側の損害は戦死者確認数一・七万人、負傷者四・九万人、捕虜一・八万人である。一方、国連軍側の損害としては、米軍の死者一三〇〇人、負傷四三〇〇人、韓国軍の死傷一・三万人としている。

しかしこの数値は、明らかに戦果は多過ぎ、損失は少なすぎる。

戦死者に関してのみ考察しても、大攻勢が行なわれたにもかかわらず、陣地戦の平均値と変わらない数値が示されているからである。

また戦果を見ると、在朝鮮中国軍の四分の一が消耗したことになり、あまりに大きすぎる。もっとも中国軍の主張する戦果と損害も、これまた過大と過小の繰り返しである。

中国側は、

夏の攻勢で七・八万人

秋の攻勢で七・六万人

計　一五・四万人

の国連軍の殲滅を公表している。

損害については二・三万人とした資料もあるが、これが戦死者の数なのか死傷者の数なのか明確ではない。

一応の概数として、戦死者、負傷者の比率が国連軍一、共産側二以上と見れば良いはずである。したがって死傷者数としては、国連軍二万人、共産側四万人程度であろうか。

しかしこのような人的戦果、損失よりも注目しなくてはならない点は、強固な陣地にたてこもる敵軍に対する砲撃、爆撃の効果である。

コンクリートで固め、地中深く掘られた退避壕に対して、とくにそれが険しい山岳地に造られていれば砲撃の効果には限界がある。山腹に射ち込まれた二〇〇万発の砲弾も、その大部分は岩を砕き、土砂をはね上げただけであった。

また共産軍が、戦車、大口径砲といった隠すのが難しい重火器を持っていなかったことも幸いしていたようである。

バン・フリート攻勢は、第二次大戦後の戦争において、もっとも砲弾を浪費した戦闘として歴史に残るのであろうが、その一方で、陣地にたてこもる敵兵に対する砲撃効果の限界を示した戦いでもあったのである。

バン・フリート自身もまた、手記の中で自分の立案した大攻勢が「成功したことは疑いもないが、確信したほどの成果をあげ得なかった」と認めている。

六　仁川上陸〝クロマイト〟作戦

古今東西の大戦争において、敵の背後の地点に大兵力を上陸させようとする揚陸作戦はたびたび実施されていた。

第一次大戦では、英・仏軍がトルコ領ガリポリに一五万人以上の兵士を海上から送り込み、第二次大戦の連合軍のフランス上陸（オーバーロード作戦）においては、一ヵ月の間に九〇万人が敵地の土を踏んでいる。

また太平洋戦争中、アメリカ軍はタラワ、サイパン、硫黄島、沖縄などの島々にいずれも日本軍が考えもしなかったほど大規模な揚陸戦を実施した。

一九五〇年九月一五日、ソウル西方の仁川港に対して発動された上陸作戦は、前記のものと比較して、スケールとしてはとくに大きなものではない。

しかし別の観点から立てば、〝クロマイト〟(chromite：クロム鉄鋼石の意）と呼ばれたこの上陸作戦が、戦史上にかつてないほどの輝きを放っていることがわかる。

史上どれほどの揚陸戦も、これだけの効果を持ち得なかった。その理由として、

(1)　敵の予想もしていなかった地点に大兵力を迅速に上陸させたこと

(2)　これが戦争全体の戦局を短期間に逆転させたこと

が挙げられるのである。

六月二五日、〝北〟の全面侵攻は〝南〟にとってまったくの奇襲になったため、韓国軍と

アメリカ軍は全面崩壊の瀬戸際に立たされてしまった。二ヵ月半にわたって南へ南へと後退し、わずかに残った釜山橋頭堡にしがみつくのがようやくのことであった。

八月中旬に至り、この橋頭堡確保のメドが立つが、それもまた、共産軍がここに全力を集中すれば、いつ覆されるかも知れない。

ここで、ダグラス・マッカーサー元帥の一世一代の見事な軍事的才能が発揮される。

彼は決して天才的な軍人ではなかったが、この時点での仁川上陸作戦についての発想には、最大の評価が与えられなくてはならない。

ほとんどの幕僚が釜山橋頭堡の維持に頭を振り絞っている時、彼は敵軍への致命的な反撃作戦を練っていたのであった。

マッカーサー元帥がいつ、この〝クロマイト〟を思いついたのかはっきりしない。手記によれば開戦直後（六月三〇日）ともいわれている。その真偽はともかく、七月四日には参謀部に対してこの作戦の準備を命じており、もしかするともっと以前から、次のようなアイディアを暖めていたと思える。

つまり、もし〝北〟の侵攻により米韓軍が大幅な後退を余儀なくさせられるような事態が発生した場合、機を見て仁川への上陸作戦を発動する、というものである。そうでなければ、このアイディアを考え出すための時間があまりに短すぎる。

実際のスケジュールは、

七月一日　参謀長と意見交換

七月四日　参謀、側近に研究を指示
七月二四日　国防省と折衝
八月一二日　韓国軍、英軍、フランス軍、アメリカ海軍との最初の打ち合わせ
八月一五日　第一〇軍団の中に作戦実施本部を設置

という素早いものであった。

そして九月一三日には、別掲の地図（六九ページ）に示すような複雑な陽動作戦が、呆れるほど念入りに行なわれている。

当時の〝北〟軍総司令官の心境を推測しても、まさか国連軍が仁川へ上陸してくるとは夢にも思っていなかったに違いない。

上陸が行なわれるとすれば、最も確率の高いところは群山であろう。この港と釜山橋頭堡内の大邱を結ぶ線を国連軍が確保してしまえば、全州、光州、晋州の朝鮮半島最南部を手中におさめることが可能なのである。

しかし、そのような小さな勝利を狙わず、〝南〟領内にいる北朝鮮軍の大部分を包囲してしまおうとするところに、クロマイトの戦略的価値があった。またタイミングとしても、〝北〟軍の補給線が伸びきった時期でもあり、実施された作戦は予想以上の成果をあげる。

反面、クロマイト作戦の戦術面としては、特筆すべきものはあまり存在しない。

北朝鮮軍がこの港の防衛のために配備していた兵力は、二線級の歩兵部隊約四〇〇人であり、その後方戦力も戦車一五台、兵員二〇〇〇人程度であった。

攻撃（上陸）側の兵力は、海兵隊一コ師団（二・二万人）、陸軍一コ師団（増強された約一・九万人）、その他補給部隊七〇〇〇〜八〇〇〇人である。また空母二、戦艦一、巡洋艦四隻が支援している。

上陸にさいしての最大の障害は、仁川港の潮の干満の差が最大六メートルと非常に大きかったこと、砂浜が少なく、上陸用舟艇の接岸場所が制限されたことである。

成功裡に上陸してから、国連軍は破竹の勢いで進撃を開始した。北朝鮮の主要な戦力は総て〝南〟へ投入されていたので、効果的な反撃は不可能であった。

その後の経過として、

九月一七日　金浦空港を占領

九月二二日　永登浦空港を占領

九月二八日　首都ソウルを奪回

一〇月一日　三八度線に達する

一〇月八日　国連軍主力が三八度線を越える

一〇月二〇日　〝北〟の首都ピョンヤンを占領

と、まさに予想以上の進行をみたのである。

その一方で、国連軍の一部は南へ下り、釜山橋頭堡から出撃した友軍と共に、南領内の北朝鮮軍を捕捉、撃滅した。

韓国内には一〇万人前後の北朝鮮軍がいたが、このうち、北に脱出（帰還）できた者はわずかに二・五～三・〇万人であった。また、ほぼ同数がゲリラとして南へ残ったと言われる。

それにしても、クロマイト作戦とその後の国連軍の掃討行動により、〝北〟は七万人を超す死傷者、捕虜を出してしまった。この数値は、当時の北朝鮮軍の約半分に当たる。

もし一〇月末に中国軍が介入しなければ、朝鮮戦争は開戦後わずか四ヵ月で終了していたであろう。

それはもちろん、国連軍の勝利、北朝鮮の降伏という形であった。けれども、数十万という大兵力で送られてきた中国人民解放軍は、この戦いをふたたび激戦へ引き戻してしまったのである。

さて、戦史として〝クロマイト〟作戦を振り返るとき、次のような考察がなされる。

まず、作戦は史上まれに見る優れたアイディア、実行力によって最高の評価を与えられるべきである。短期間に準備された上陸作戦が、これほど効果的であったことは過去に例を見ない。

もし発案者であるマッカーサー元帥が、〝北〟がこの種の国連軍側の戦術をまったく懸念していなかったこと、仁川周辺の北軍の兵力が弱少であることまで予想していたとすれば、ただただ鮮やかと誉めるほかない。もしかすると、陸軍最長老であった老兵マッカーサーの、最初にして最後の軍事的才能の開花とも思える。

その後のトルーマン大統領との対立から、「老兵は死なず、ただ消え去るのみ：Old soldiers never die, they just fade away」の言葉を残して去った一人の軍人は、この一言と〝クロマイト〟を歴史に残したのである。

七　ジェット軍用機の登場

第二次大戦のヨーロッパの戦場にジェット機が現われたのは一九四四年の秋であった。当時、ドイツ、イギリス両国のみが、ジェット・エンジン付の軍用機を保有していた。しかし、両軍のジェット機同士が直接戦闘を交えるというような事態は、一九四五年八月（ヨーロッパにおいては五月）の第二次大戦終了まで一度も起きなかった。戦争が終わってからの軍用機の技術の歩みは、用兵者の想像をはるかに越えたペースで進む。

そして朝鮮戦争においては、開戦と同時にアメリカ海、空軍のみがジェット機を戦場に投入していたが、一九五〇年一一月一日、共産側も最新鋭のジェット戦闘機を送り込み、ここに史上最初のジェット機対ジェット機の闘いが開始されたのである。

共産側のジェット戦闘機は、中国空軍、ソ連義勇軍によって運用されるミコヤン－グレビッチＭｉＧ15ファゴット（西側呼称）である。

一九四七年一二月三〇日に初飛行したソ連製のジェット機の性能は素晴らしく、当時アメリカ空軍の主力機であったＦ80、Ｆ84、海軍のＦ９Ｆのいずれと比較しても卓越した戦闘機であった。航続力、搭載力を除く飛行性能では、前記三機種より少なくとも一〇パーセント以上優れていたものと思われる。

性能は米軍戦闘機よりも優れていた、ソ連製のＭｉＧ15（上）
ＭｉＧ15と互角に闘えたただ一種の戦闘機Ｆ86セイバー（下）

ソ連が大量に投入してきたＭｉＧ15は、西側陣営に太平洋戦争初期の日本海軍の零式艦上戦闘機と同等の強烈な衝撃を与えた。

当時、ＭｉＧ15に対抗可能な国連軍の戦闘機は、ノースアメリカンＦ86セイバーただ一機種しかなかった。

ファゴットとセイバーは、このあと二年半にわたって朝鮮半島北部上空でたびたび空中戦を繰り広げる。

戦争の当事者、韓国、北朝鮮ともに空軍は弱体で、ほとんどジェット機を運用しないままに終わっている。

また、戦闘機以外の軍用機は、国連軍側が圧倒的に優勢であった。このため、北朝鮮内の飛行場は一九五〇年一〇月以降、国連軍機の攻撃で破壊されてほとんど使用できず、ミグ戦

空中戦に投入された主要なジェット戦闘機の要目と性能

要目など ＼ 機種	ロッキード F80C シューティングスター	リパブリック F84G サンダージェット	ノースアメリカン F86F セイバー	グラマン F9F パンサー	マクダネル F2H バンシー	グロスターミーティア Mk.3.8	ミコヤングレビッチ MiG 15
製造国 使用国	アメリカ	←	←	(海軍) ←	(海軍) ←	イギリス	ソビエト 北朝鮮・中国
全幅 m	11.9	11.3	11.3	11.6	13.7	11.3	10.1
全長 m	10.5	11.6	11.4	11.4	14.5	13.2	11.1
全高 m	3.45	3.90	4.50	3.45	4.40	3.96	3.40
翼面積 m^2	22.1	24.1	26.8	24.0	29.2	32.5	23.7
自重 t	3.28	5.21	5.25	5.45	6.20	4.82	3.77
総重量 t	7.65	8.17	6.73	8.84	8.60	7.11	5.11
発動機	J 33	J 35	J 47	J 42	J 34	RRターウェント	VK-1
同基数	1	1	1	1	2	2	1
合計推力 t	2.09	2.54	2.77	2.27	2.90	3.18	2.70
最大速度 km/h	933	1.030	1.090	850	960	960	1080
最大航続距離 km	2220	3680	1670	2180	3600	1140	1400
最大上昇力 m/分	1480	2310	2840	2480	2700	2130	3500
上昇限度 m	13030	13700	14350	13600	15000	13200	15500
基本武装 口径mm×数	12.7×6	←	←	20×4	←	←	23×2
推力荷重＊ t/t	1.57	2.05	1.89	2.40	2.14	1.52	1.40
翼面推力 t/m^2	0.09	0.11	0.10	0.09	0.10	0.10	0.11
初飛行年日	44/6	46/5	47/10	47/11	47/1	44/1	47/12
生産機数	1715	4457	8200	3800	436	3545	8000以上

注)＊：自重/推力で示す

闘機はもっぱら中国本土から出撃している。

　このことは、共産側の機体の航続距離の不足、また爆撃機を持たないことから、韓国内にある国連軍基地を攻撃できないことを意味し、一方国連軍は、政治的な理由から中国本土の基地を爆撃できないといったジレンマに悩まされる。

　このような状況から、両軍は互いに空中戦で敵空軍力の削減をはかり、それは激しさを増していったのである。

　なお第二次大戦、ベトナム戦争と異なり、この戦争における空中戦の大部分はアメリカ空軍と、中国、ソ連義勇空軍機のみ

アメリカ空軍戦闘機によるミグMiG撃墜数（米空軍の公表値）

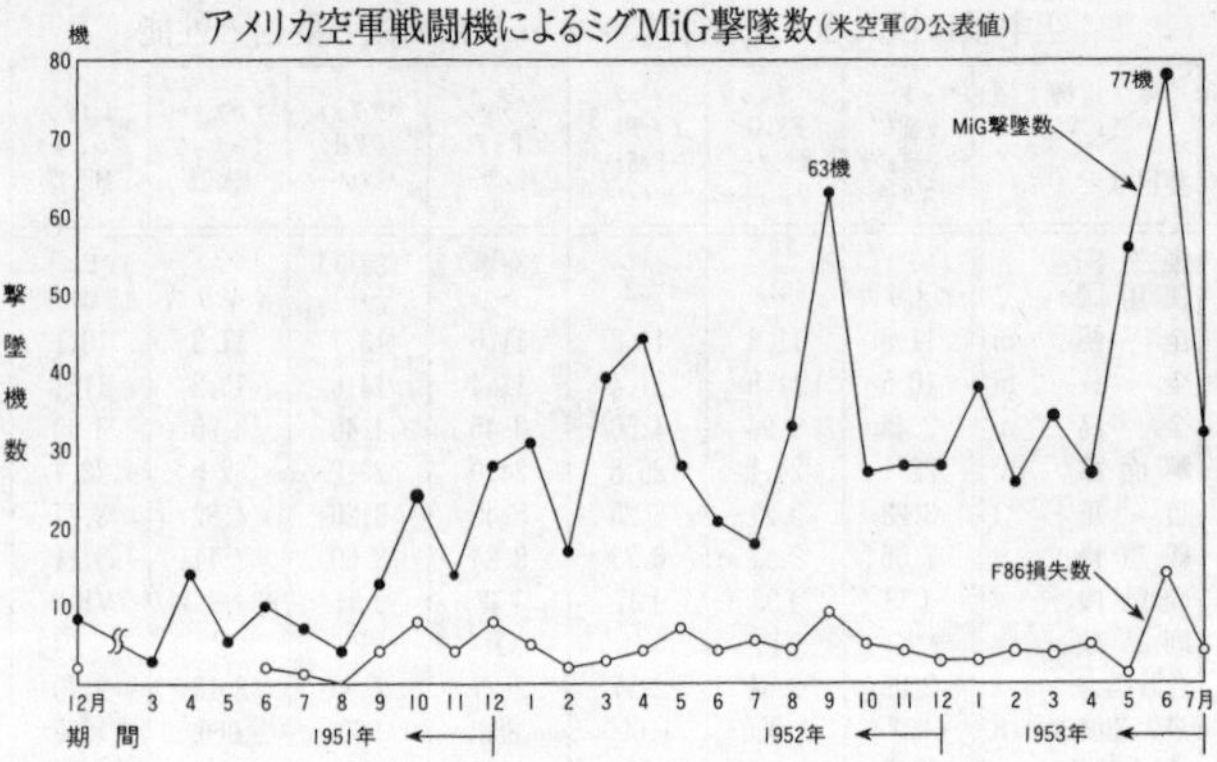

注）数値が正確かどうかは別にして、空中戦闘の激しさの推移がよくわかる。

で行なわれ、アメリカ海軍機、他の国連軍機は脇役に過ぎなかった。

両軍の主力戦闘機F86セイバー対MiG15ファゴットの性能の比較は、現在でも研究者、航空ファン間で恰好の話題となっている。

アメリカ空軍は、

(1) 機器の信頼性
(2) パイロットの技術
(3) 射撃システム

に優れ、一方共産空軍は、

(1) 飛行性能（航続力を除く）
(2) 基地の近くの空域での闘い

という有利な点を持っていた。

アメリカ空軍は三三ヵ月の戦闘で、ミグ戦闘機七九二機を撃墜し、損害はわずかに七八機としている。この数値は長い間信じられてきたが、最近の中国、ソ連軍の発表から推測するとあまりに楽観的なものである。

それぞれの空軍の発表した損失を数えると、

○アメリカ空軍の空中戦闘によるF86の損失数は七八機。原因不明のものを加えれば約一〇〇機か

○中国軍の総損失数約二四〇機。このうちの二二四機が空中戦で失われたMiG15（MiG15×一一二機　改良型bis×一一二機である）

○ソ連義勇空軍の総損失数は未発表だが、朝鮮戦争で死亡したソ連軍人の大部分がMiG15のパイロットと考えると、一八〇名の八〇パーセントとして一四四名となり、航空機の被撃墜数一五〇機と見ればよい

○北朝鮮空軍がMiG15を運用していたかどうかは不明である

という結果を得る。F86対MiG15の空中戦の結果をまとめれば、

アメリカ空軍	損失　一〇〇機
中国空軍	損失　二二四機
ソ連義勇空軍	損失　一五〇機
	計四七四機

つまり、アメリカ空軍の発表値（撃墜七九二機／損失七八機＝一〇対一）より大幅に変わり、（撃墜四七四機／損失一〇〇機＝五対一）あたりが正しい数値なのではあるまいか。

両機の性能をカタログ・データで調べる限り、単純な飛行性能（上昇力、最大速度、推力重量比、翼面荷重、翼面推力など）では、MiG15がごくわずかであるがF86を上まわる。

またこの間、両軍とも極めて短期間にそれぞれの戦闘機の性能向上をはかった。ソ連技術陣はMiG15をMiG15bisに、アメリカ空軍はF86をA、E、Fと改良し戦場へ送った。北朝鮮北部上空のいわゆる〝ミグ・アレイ（ミグ横丁）〟で華々しく繰り広げられた空中戦は、マスコミによって世界各国へ報道された。しかし、個々の戦闘でどちらが勝ったかといった事柄はあまり重要ではない。特筆すべき点は、常にアメリカ空軍の進攻、共産空軍の防御であったこと、最終的に共産空軍が重要な地域の防衛に失敗したことである。

中国空軍、ソ連空軍は時にはアメリカ軍を上まわる数の戦闘機をそろえながら、一度として地域の制空権を確保できなかった。

この理由としては、次の二点に絞られる。

まず中国軍は、自国で戦闘機を生産できず、ソ連からの供与（購入）に頼らざるを得なかったこと、ソ連としてはこの戦争に本格的に介入する意志がなく、そのため限定された機数の〝義勇空軍〟しか送れなかったことである。

ソ連が中国の要求するだけの航空機を供与しなかったという事実は、戦争終了後両国間の論争の火種のひとつとなった。また航空機に限らず、戦争中にソ連が中国へ送った兵器が、供与か有償かという点も戦後の争点になっている。

結局、中国は大部分の兵器の代金を支払い、これが同国の兵器の自力開発をうながしたとも言える。

八　マッカーサー元帥の解任

いかなる戦争においても、戦局が推移していない時に一方の側の総司令官が突然に解任されるという事態は稀である。

一九五一年四月一一日、三八度線を中心に激戦が続いている最中トルーマン大統領は、合衆国極東軍、国連軍最高司令官といった二つの肩書きを持つマッカーサー元帥を解任した。

彼は前年九月、崩壊寸前であった韓国をクロマイト作戦によって救った立役者であり、またアメリカ陸軍の最長老でもあった。このマッカーサー解任については当時大きく報道され、アメリカ国内はもとより参戦しているイギリス、トルコなどの国々、そして占領下にあった日本をも驚かせた。

トルーマン大統領、マーシャル国防長官とマッカーサー元帥の対立の原因はどこにあったのであろうか。

マッカーサー元帥が大統領の権威を軽視し、独断専行が多かったこと、陸軍の最長老として陸軍省を突き上げ、国防省との対立が絶えなかったこと、などいくつか挙げられる。

しかしひと言で言えば、朝鮮戦争をこれ以上拡大したくないアメリカ政府首脳と、始めたからにはどのような手段に訴えても勝利をおさめるべきだとする軍との衝突の結果であった。

このさい、何人かのスタッフについての例外はあるものの、大統領と国防省対マッカーサー元帥と陸軍省との確執の図式が確定する。

ソ連を最大の脅威とする前者と、現実に続いている戦争を重視すべきとする後者の対立は、当時の有力新聞を巻き込んで延々と続いていた。

そしてこの時点では、大国アメリカの健全なシビリアン・コントロールが働き、マッカーサー元帥は表舞台から立ち去ったのである。

マッカーサーが、一九五一年の初頭から次々と強硬な意見を述べた背景には、仁川上陸後の全面的な勝利への可能性が、中国の介入によって削減してしまったことに対する苛立ちが感じられる。

彼は、仁川上陸作戦ではそのアイディアと実行に見事な才能を発揮した反面、中国軍の北朝鮮支援を予測できず、それが五〇年一一、一二月のアメリカ軍大敗北の原因となっていた。

彼はこの判断の誤りを認めず、その代わりに信じ難いほどの強硬、拡大策を提案していた。

いわく、台湾の国府軍の朝鮮への派遣、中国沿岸に対する軍事封鎖、人海戦術で押し寄せる中共軍に原子爆弾を使用するなど、いずれをとっても、戦争を拡大するだけで勝利へつながるとは思えない方策ばかりであった。

アメリカ本土が敵の攻撃を受けているならともかく、これは九〇〇〇キロも離れているアジアの国をめぐる戦争なのである。もし、アメリカが中国本土にまで戦線を広げれば、中国軍は台湾を襲い、場合によってはソ連の介入を招く可能性が大きくなる。

当時、アメリカは軍備縮小の時期にあったこともあり、陸、海、空軍、海兵隊の戦闘部隊の兵員、装備は決して充分とは言えなかった。

朝鮮戦争には、算定方式によって異なるが、陸軍の三五パーセント、空軍の三〇パーセント、海軍の四〇パーセント、海兵隊の三五パーセントを注ぎ込んでいた。

その一方、ヨーロッパでは冷戦が本格化しており、ソ連との戦争に備えて大量の軍事力が必要とされていた。

このように見ていくと、アメリカが朝鮮に派遣している兵力（実戦部隊二五万人、支援部隊、日本駐留一〇～一五万人）は、ほぼ限界に達している。

アメリカ軍全体の中で、もっとも高位にいる軍人がこのような実状を理解していなかったとは信じ難い。

かつてある政治家が言った「戦争のような重要な事柄を、軍人など（といった無能な輩）に任せておくべきではない」との警句は、この場合まさに的中している。

当時のアメリカ大統領が弱腰でマッカーサー元帥と軍部の強い圧力に屈していたら、戦争はより拡大し、犠牲者は間違いなく増えていただろう。この意味から、〝大統領の決断〟は正しかったと断定できる。

なお、マッカーサー元帥が解任された頃から、朝鮮戦争は三八度線周辺での陣地戦に入る。そして、仁川上陸作戦のような戦局を左右する大作戦は、戦争の残りの期間を通じて二度と行なわれなくなっていた。その意味から、マッカーサー元帥（とその戦争観）の出番は、すでに失われていたことになる。

後任はリッジウェイ大将で、彼はマッカーサー元帥と異なり、重要な決定は政府、国防省と協議して行なうタイプの武人であった。しかし彼は、わずか半年その席にあっただけで、クラーク大将に最高司令官の地位を引き継ぐのである。

軍人としてのダグラス・マッカーサーの評価は人によって異なる。ただし、それをここで論ずるだけのスペースはなく、それぞれの専門家、研究者の課題として残したい。

第六章　海軍と海兵隊の闘い

この戦争においての共産側の海軍戦力は、とるに足らないものであった。

北朝鮮軍は言うに及ばず、それを強力にバックアップした中国軍についても、排水量一〇〇〇トン前後のフリゲート艦をのぞけば、魚雷艇、砲艦そして漁船改造の武装艇（アメリカ軍はこれを武装トロール船と呼んだ）だけであった。

したがって、航空母艦、戦艦、巡洋艦をそろえたアメリカ、イギリス、オーストラリアの国連軍艦隊に太刀打ちできるものではない。

海上の闘いの様相は、次のようなものである。

(1) アメリカ、イギリス、オーストラリア海軍の航空母艦から発進する艦上機の攻撃

(2) 同海軍による大規模上陸作戦（仁川、一九五〇年九月一五日）と、それ以上のスケールで実施された北朝鮮沿岸からの撤収

(3) 水上艦艇による地上支援の艦砲射撃

(4) 共産側の敷設した機雷原に対する国連軍の掃海作業
(5) 水上艦同士の戦闘

この中で、(1)〜(4)は第二次大戦のいくつかの大作戦に匹敵する規模で行なわれているが、(5)はわずかに一回だけ発生した。

また共産側の航空機が目の前の海上を遊弋する国連軍艦艇を攻撃するような事態もきわめて少なく四回だけであり、いずれも何の損害も与えずに終わっている。

これ以外の独立した戦闘の形態としてアメリカ海兵隊（ＵＳＭＣ）は、ヨーロッパ、太平洋戦域でもあまり使用しなかった戦術をたびたび実行した。

それは敵の戦線の背後に一〇〇〜二〇〇名程度の小部隊を上陸させ、交通路、補給所などを奇襲し、これを破壊しようとするものである。

戦場が半島であるため、完全な制海権を握っているアメリカ軍は、北部以外のどの方面にも部隊を送り込むことが可能であった。この作戦には一隻の軽巡、二隻の駆逐艦が一組になり、時にプロペラ機のみを運用する小型空母（護衛空母——アメリカ兵はジープ・キャリアと呼んだ）が加わった。

作戦が成功したところで戦局を左右するほどのものではないが、共産側としてはこの種の部隊がいつ、どこに上陸してくるかまったくわからず、その対応に苦慮したようである。

それでは海軍に関する闘いを項目別に見て行くことにしよう。

戦争に参加した航空母艦

・**アメリカ海軍**（正規、軽空母）
バレー・フォージ、フィリピン・シー、ボクサー、レイテ、プリンストン、ボノム・リチャード、レイク・チャンプレン、オリスカニー、キアサージ、エセックス、
アメリカ海軍（小型空母・レシプロ機のみ運用）
シシリー、バドエン・ストレート、バイロコ、バターン
・**イギリス海軍**（軽空母）
トライアンフ、シーシーズ、グローリー、オーシャン
・**オーストラリア海軍**（軽空母）
シドニー

一　空母艦上機による攻撃

北朝鮮軍の攻撃が開始されてから一〇日後、アメリカ海軍は本格的な艦上機による反撃を実施しはじめた。

その主力となったのは、第二次大戦中に日本本土攻撃を担当した第七七機動部隊（Task Force・TF77）であった。

しかし、本来なら三〜四隻の航空母艦から構成されているTF77も、この時には縮小されていて、日本海にいるのは空母バレー・フォージただ一隻である。そのため、香港に寄港中の英海軍の軽空母トライアンフが同艦と共同して作戦することになった。

二隻の空母は、北の首都に対する初の偵察を実施し、このさいバレー・フォージから発進したグラマンF9Fジェット戦闘機が北朝鮮空軍のヤコブレフYak9戦闘機を撃墜した。

このあと、のべ一〇隻の正規空母、五隻の小型空母が交代で朝鮮半島沖に出動し、共産軍に空からの絶え間ない圧力を加え続けるのである。参加した空母は米軍の他に、英軍（四隻）、オーストラリア軍（一隻）のもので、それぞれの陸軍を支援した。

この時期、アメリカ海軍の航空母艦は大きな変革期を迎えていた。それは艦載機がレシプロ・エンジン付きプロペラ機から、ジ

ェット機に変わりつつあったことである。

当時の米空母群には、前述のF9Fパンサー以外に、
○マクダネルF2Hバンシー・ジェット戦闘機
○ダグラスADスカイレイダー・レシプロ攻撃機
○ボートF4Uコルセア・レシプロ戦闘爆撃機
が搭載されており、この四種の艦載機が米海軍、海兵隊航空部隊の主力となった。

一方、三隻の軽空母、一隻の輸送用空母を投入した英海軍、一隻の軽空母を派遣したオーストラリア海軍の艦載機は、いずれも第二次大戦末期に登場したレシプロ・エンジン機であり、能力からいって米海軍機とは大きな差があった。

春から秋にかけて朝鮮近海は穏やかであったが、冬になると時化《しけ》が続き、空母とその艦上機の運用には大きな困難がともなった。

前後左右に揺れ動き、凍りついた飛行甲板では大事故が相次ぎ、発着艦自体が危険である。

一例として、米空母への着艦に失敗した航空機が、前方に置かれていた六機を破壊し、一二名の乗組員が死亡したような大事故も発生している。

しかし、空母は戦場のごく近くまで接近可能なため、航空機の燃料を減らすことができ、それはそのままロケット弾、爆弾、ナパーム弾などの搭載量の増加へとつながった。

ある出撃では、戦場との距離が二五キロしかなく、単発のADスカイレイダー攻撃機が五・二トンの爆弾を積んで出撃している。もっとも、F9Fパンサー、F2Hバンシー・ジェ

ット戦闘機は、性能上からは空軍のノースアメリカンF86セイバー戦闘機よりかなり低く、空中戦よりももっぱら地上攻撃に専念した。

このため海軍機が北朝鮮、中国軍機と交戦した回数はそれほど多くない。

F86よりも空戦性能が劣っていたため、地上攻撃の任務に専念した米海軍の艦上戦闘機——写真上よりF9F、F4U。

朝鮮戦争で海軍が単独で実施した最大の航空攻撃は、一九五二年九月一日に行なわれている。

目標はソビエト国境からわずか一〇キロしか離れていない北の大燃料貯蔵施設であった。

この日、三隻の空母（ボクサー、エセックス、プリンストン）から飛び立った一四四機の戦闘爆撃機は、安州のオイル・ステーションに殺到し、一七八発の爆弾を投下した。北軍首脳は、

アメリカ海軍の機種別の損失

海軍および海兵隊航空部隊の戦闘による損失	
グラマンＦ７Ｆタイガーキャット戦闘機	15機
グラマンＦ９Ｆパンサー戦闘機	64機
マクダネルＦ２Ｈバンシー戦闘機	8機
ダグラスＦ３Ｄスカイナイト夜間戦闘機	1機
ボートＦ４Ｕコルセア戦闘機	312機
ダグラスADスカイレイダー攻撃機	124機
ロッキードＰ２Ｖネプチューン対潜哨戒機	2機
セスナOE１バードドック偵察機	8機
コンベアOY１センチネル偵察機	4機
グラマンTBMアベンジャー哨戒機	2機
シコルスキーHO３Ｓヘリコプター	6機
ベルHTLヘリコプター	2機
計	548機
運用・事故損失	684機
合計	1232機
海軍機の総出撃数	16万7552機
海兵隊機の総出撃数	7万3303機
海軍機の損失数	814機
海兵隊機の損失数	434機

いずれの数値も資料によって多少異なっている。

これほど奥地まで米海軍機が侵入してくるとは考えていなかったらしく、対空砲火は微弱であった。

爆弾によってタンクから流れ出した油に向け、後続の編隊がナパーム弾を投下したため、一帯は大火災となった。同貯蔵施設の火災はほぼ一週間続き、当時北が保有していた燃料の三分の一が失われたと言われている。

またアメリカ空軍、イギリス艦隊航空部隊が共同で実施した最大規模の攻撃は、一九五二年八月二九日、北の首府平壌に対して行なわれた。

空母二隻から発進した一一〇機の艦載機は、他の国連空軍機九〇〇機と共に首府とその周辺の軍事施設一八ヵ所を八時間にわたって連続的に襲い続けた。

これに対して北、中国軍の反撃は充分でなく、わずかに二機が共産軍戦闘機に、六機が対空火器によって撃墜されただけである。

またパンサー、バンシーの両ジェット戦闘機は、アメリカ空軍の大型爆撃機ボーイングB29の空中エスコートにもわずか二度だけであるが投入されている。

一九五二年六月二三日、三五機のレシプロ攻撃機ADスカイレイダーが、魚雷を抱いて三隻の空母から飛び立っていた。

目標は敵の艦船ではなく、中国との国境の鴨緑江（アムログカン）にある大水力発電所およびそのダムである。ダムは水豊（スイホ）と名づけられ、当時世界第四位の発電量を誇っていた。

敵中深く侵入するため、三五機の攻撃機に対し、同数のF9Fパンサーが直接掩護につく。加えて空軍から八〇機以上のF84サンダージェット、F86セイバー戦闘機がエスコートを行なった。

スカイレイダーは低空に舞い降りて、高く聳《そび》えるダムに向かって突進した。高度一五メートルで魚雷が投下され、それはダムの水門を完全に破壊した。この機を逃さず、翌日にも同数の米軍機が出撃し、ダムの周辺にある一三ヵ所の発電所、変電所を爆撃した。

この攻撃は朝鮮戦争中最大の爆撃行であり、一応の成功といえたが、それでも北および中国、そして後押しするソ連の戦争遂行の意志を粉砕するものとはならなかった。

三八ヵ月間の戦闘において、アメリカ海軍は一六・八万機を出撃させ、合計二〇万トンの機関砲弾、爆弾、ロケット弾、ナパーム弾を投下した。

また、全体の約七〇パーセントは地上の目標物に対する攻撃であり、空中戦（ACM）は案外少ない。

ACMでは合計三一機の敵機（MiG15、Yak9など）を撃墜したが、自軍の損失は五機であった。また海軍、海兵隊航空部隊の総損失数は一二四八機で、これには運用（事故）によるものも含まれる。

戦闘損失五四八機（四三・九パーセント）、運用損失六八四機（五四・八パーセント）という数字は、荒れる日本海、黄海での空母機運用の厳しさを物語っている。

しかしその反面、第二次大戦の太平洋、ヨーロッパ戦域と異なって、強力な敵の航空戦力が存在しないといった点では、楽な闘いであったと言えよう。

これら空母艦載機部隊の活躍のうらには、ある種の航空機の支援があった。

それは、この戦争から本格的に使用されはじめたヘリコプターである。

初期にはシコルスキーHO3S（民間名S51）、後期には同HRS1（S55）があらゆる大型艦の甲板から発着し、撃墜されたパイロットの救出、物資輸送などに素晴らしい活躍を見せた。また、戦闘用航空機が空母から発艦するさいには、かならず一機のヘリコプターがすぐわきでホバリング（空中待機）し、事故発生にそなえる体勢がとられた。

これにより艦載機パイロットの精神的負担は減り、それはそのまま事故の減少に結びついている。

一方、海軍は陸軍からの要請を受けて、戦場の近くの海上にヘリコプター運用艦を派遣し

英艦隊航空の編成

空母名	飛行隊	使用航空機
トライアンフ	No. 800、827	シーファイア47、ファイアフライFR1
グローリー	801、804、812、820	シーフュリー、ファイアフライ5
オーシャン	802、825	シーフュリー、ファイアフライ5
シーシーズ	810	ファイアフライ5
シドニー	No. 805、817	シーフュリー、ファイアフライ5

た。

これは大型の上陸艇LSTの甲板上にランディング・パッドを取り付けたものである。ここには一～三機のヘリが配備され、陸軍からの依頼があれば、戦場から負傷者を運び、彼らを直接病院船に送り込むことができた。

海軍はのべ二〇〇機近いヘリコプターを使用し、二八〇〇人を超す負傷者、二七〇名のパイロットを救出している。

しかし、非武装のまま敵地を飛行する低速のヘリコプターは敵の目標になりやすく、八機が撃墜され一七名の乗員が戦死した。また、新しい航空機だけに故障や運用上の問題もあり、一八機が事故で失われている。

このため、より強力で故障も少ないタービン・エンジン付きの回転翼航空機の開発が急がれたが、朝鮮戦争には間に合わなかった。

この戦争から本格的に投入されたヘリコプターは、約一〇年後のベトナム戦争で主役をつとめのべ一万機以上があらゆる任務に使われるが、その基礎は間違いなく朝鮮戦争で培われたものであった。

海軍、海兵隊機が記録した地上攻撃の戦果は、三万七〇〇〇ヵ所の陣地、建物、六四〇〇両の鉄道車両、四万五〇〇〇台のトラック、三六機の航空機の破壊であり、加えて敵の兵士約一〇万名を死傷させている。

蛇足ながら、朝鮮戦争のアメリカ空母部隊の活動状況は、戦争直後に製作されたいくつかの劇映画（たとえば「トコリの橋」一九五五年）などによって知ることができる。

イギリス軍は、この戦争に国連軍の一部としてかなりの戦力を派遣した。

海軍については、最盛時には二隻の軽空母、一隻の重巡洋艦、二隻の軽巡洋艦、六隻の駆逐艦、四隻のフリゲート艦が投入された。

空母部隊はオーストラリア海軍のシドニーを加えて、のべ五隻からなっていた。ただし、アメリカ海軍の空母と比較して小型のものばかりであり、したがって運用する航空機はレシプロ・エンジン付きの単発戦闘攻撃機（シーファイア、シーフュリー、ファイアフライ）のみである。

これらの航空機は、アメリカ軍のボートF4Uコルセアと同じ程度の性能を持っていた。

各空母からののべ出撃数は、

トライアンフ	八九五回
グローリー	四八三四回
オーシャン	二八九二回
シーシーズ	三四九八回
シドニー	二二一五回

となっている。

米海軍、海兵隊ののべ機数は二四万機であるから、イギリス、オーストラリア軍空母部隊は、それらの六パーセントにあたる活躍をしたことになる。

その割には損失数は少なく、戦闘、事故損失を合わせても約七〇機であった。また、共産側航空機の撃墜は二機のみである。

特筆すべきはオーシャン所属のP・カーマイケル大尉で、一九五二年八月九日、プロペラ戦闘機シーフュリーに搭乗し、MiG15ジェット戦闘機を撃墜している。

しかし全般的に見ると、大戦後五年の間にイギリス海軍の実力は大幅に低下してしまっていた。空母にしても、排水量から見てアメリカのそれの七割程度の大きさのものしか運用できなくなっていた。

この状況はこの戦争の三年後に起こったスエズ動乱でも証明されることになる。

二　大規模上陸および撤収作戦

朝鮮戦争において、アメリカを中心とする国連海軍は、共産側が有効な戦力を保有していないと判断し、積極的な上陸作戦をたびたび実施した。

そのうちのもっともスケールの大きいものは、言うまでもなく一九五〇年九月一五日の仁川（インチョン）上陸作戦であった。これは、太平洋戦争中の硫黄島上陸に匹敵する規模であり、〝クロマイト〟という作戦名がつけられていた。

ただし、この仁川上陸作戦については、戦局への影響が大きいこともあり、項を別に設けて説明している。そのためにここでは、見方によっては上陸作戦よりもずっと困難な海上への撤収を取り上げよう。

仁川の闘いからちょうど三ヵ月後、大挙進攻してきた中国軍に圧倒されて、国連軍は南への撤退を決定した。

それも陸路を少しずつ後退していては、つぎつぎと新手を投入してくる敵軍に捕捉される可能性が大きく、また、撤退にともなって大量の軍需資材が置き去りにされ、それを中国軍が利用する恐れも少なからず生じていた。

これらの問題を一挙に解決する手段として、朝鮮半島の両岸からほぼ同時に行なう海上撤収作戦が立案された。

一二月一～三日、まず小規模の船団による引き揚げが元山港から始まった。

このときの乗船者は三八三〇人の米軍、韓国軍の軍属、そしてその家族など七〇一〇人、計一万人強であった。

続いて西海岸の南浦（ナムポ）から、米軍、英連邦軍、韓国軍兵士七七〇〇人が撤収した。

このあと、一二月七日から翌年の一月五日にかけて、三万二四〇〇人の国連軍兵士が五万七七〇〇トンの物資と共に釜山港に運ばれた。このさいには、クロマイト作戦に使用された仁川港がふたたび役に立った。

これまでに記した三つの撤退については、多少なりとも時間的な余裕があったが、もうひとつの大撤退作戦の場合、迫りくる危機の中で行なわれたのである。

当時、朝鮮の北部にいた国連軍の兵力は一五万人前後であった。しかし、一〇月末から破滅寸前の北朝鮮の救援にやってきた中共軍は二〇～三〇万という大軍で、これに力を得たNKAの兵力を合わせると三〇～四〇万に達する。

そのために一五万のUN軍は包囲され、全滅する可能性さえ考えられた。

アメリカ軍は、半島の東西両側で否応なしに撤収作戦を発動しなければならない状況に追い込まれたのである。

元山の北にある興南の港の周辺には、追いつめられた一〇万人の国連軍兵士と、ほぼ同数の民間人が集結してきた。

この港には三五万トンの軍需品が置かれていて、これが共産軍の手中に落ちれば、戦争は国連軍の敗北に終わるかも知れなかった。

約二〇万人の人間と三五万トンの物資を運び出すために、アメリカ海軍は第九〇任務部隊（TF90）を編成し、一二月一〇日から興南港へ送った。

その戦力は、
空母　レイテ、フィリピン・シー、プリンストン、バレー・フォージ、バドエン・ストレート、バターン、シシリー
の七隻であり、戦艦ミズーリを中心に二隻の重巡洋艦、八隻の駆逐艦、三隻のLST改造ロケット砲艦、そしてのべ八〇隻の各種輸送船からなっていた。

これは、この時のアメリカ海軍が集めることができたすべての艦船と見てよい。とくに七隻の空母は、第七艦隊の持てる航空戦力の全部であった。

人員、物資の本格的な積み込みは一二月一一日から開始されたが、その間にも中国軍は着々と興南へ迫りつつあった。

米海軍と第一海兵師団司令部は、同港を中心に長さ二〇キロの防衛線を引き、ここで敵を喰い止めようとした。

港から二〇キロ以内であれば、戦艦ミズーリの一六インチ砲九門、重巡の八インチ砲一八門が常時砲弾の雨を降らせることができる。

加えて七隻の空母から発進する四〇〇機近い航空機が、接近する中共軍を爆弾、ナパーム弾、ロケット弾で攻撃する。

この戦術は一応の成功を見て、興南港を守る防御ラインはその後の二週間にわたって保持された。

約二〇万人(正確には二〇万四二八五人)の兵士と民間人、そして三〇万トンの物資は無事に輸送船上に運ばれた。それでも五万トンの資材は、米軍自身の手によって爆破あるいは焼却処分するほかなかった。

この撤収作戦は、五万トンの物資を運び出せなかった点を除けば完全な成功と評価できる。

もし、興南で一〇万人の兵士が共産軍の捕虜になったとすれば、朝鮮における自由主義国家は、その後この半島に存在できなかったかも知れない。

史上最大の海路による撤退は、一九四〇年五月のイギリス（一部にフランス）軍のダンケルク作戦（コードネーム〝ダイナモ〟）であった。

この時には、イギリス海軍は六〇〇隻以上の軍艦、輸送船、そしてボート、艀《はしけ》まで動員して約三〇万人をドーバー海峡を越えて本国へ運んだ。ただし重火器、車両などは、撤収できずに浜辺に置き去りにしている。

このダンケルク撤退と比べて、興南の場合、そのスケールは決して劣るものではない。それどころか、運び出した換算重量としてはダンケルクを上まわっていると思われる。

それにもかかわらず、この撤退作戦はほとんど知られていない。

味方の負け戦さのあと始末であるから、撤収作業は上陸作戦よりも準備期間も短く、技術的にはより困難である。

したがって、興南におけるアメリカ海軍第九〇任務部隊の業績は高く評価されねばならない。もっとも退却の一種には違いないので、困難な作業の割には、米軍自体がこの成功をあまり公けにすることはなかったようである。

一方、破竹の勢いで国連軍を撃破していながら、中国軍にはこれらの撤退を阻止するだけの力はなかった。海軍力、空軍力ともに興南港を埋め尽くす米艦隊を襲うには小さすぎたのであった。

朝鮮戦争で共産側は二度にわたり国連軍に大打撃を与え得るチャンスを持った。ひとつは一九五〇年の開戦直後から釜山橋頭堡までの闘い、もうひとつがこの興南周辺の戦闘である。

いずれにおいても、攻めが甘くなってしまった原因は、まさに海軍力、空軍力の不足にあったことは誰の目にも明らかであろう。

興南撤収の指揮をとったのは海軍のC・ターナー・ジョイ中将である。彼はのちの休戦会談でアメリカ軍の代表を務めている。

三　艦砲射撃の効果

太平洋戦争が終わってからわずか五年目にして朝鮮戦争が勃発したため、アメリカ海軍はまだ多くの艦艇を保有しており、なかでもアイオワ級戦艦四隻を中心とする水上艦は、苦しい闘いを続ける地上軍を支援して北朝鮮軍、中国軍の頭上に大口径砲弾の雨を降らせた。

ここではもはや二度と行なわれることのない、大口径砲による艦砲射撃という攻撃方法について述べる。

米海軍の艦艇が、この戦争において最初の艦砲射撃を実施したのは開戦四日後であった。軽巡洋艦ジュノー（六七〇〇トン）が東海岸の三陟の北朝鮮軍に対し、砲弾二〇〇発以上を射ち込んだ。

その後、戦艦ミズーリ、ニュージャージーの一六インチ（四〇六ミリ）、重巡洋艦の八インチ（二〇三ミリ）、軽巡の六インチ（一五二ミリ）、駆逐艦の五インチ（一二七ミリ）砲まで、あらゆる艦砲が動員された。

朝鮮は半島であるため、国土の東、南、西など、どの方面でも海から砲撃することができた。

また共産側は有力な海軍、空軍を持っていなかったので、国連軍艦艇は好むとき、好む地域を砲撃することが可能だった。

米海軍は英、オーストラリア海軍の協力を得て、昼夜を問わず砲撃を続けた。爆撃とちがって艦砲射撃は時間、天候の良否に関係なく実施できたから、その効果は大きかった。

これらの砲撃に対して、共産側は射程の大きな火砲（M1938一三〇ミリ砲、M1946一五五ミリ砲）などを使用して反撃した。

しかし、最大の砲であっても軽巡洋艦の主砲クラスの威力しかなく、敵艦に大きな損害を与えることはできなかった。この間、戦艦ミズーリをはじめ、多くの軍艦が北軍砲兵の発射する砲弾の命中を受けたが、損害は軽微であった。

このうち、大型艦への命中弾の例として、一九五〇年九月一四日の損害を見てみよう。

戦艦ミズーリは、一五日に実施される〝クロマイト〟作戦への牽制として、三陟を二隻の駆逐艦と共に砲撃した。北の砲兵は激しく反撃し、同艦に三発の一三〇ミリ砲弾が命中、これにより兵員三名が戦死、四名が負傷し、対空砲一門、通信装置の一部が損傷した。

陸上からの砲撃による米艦の損傷は合わせて一七回におよび、合計二一名の戦死者を出している。

しかし米軍艦の大きな損傷としては、爆発、誘爆による事故の方が深刻であった。

一九五二年四月二一日、安州を砲撃中の重巡洋艦セントポールの八インチ一番砲塔内で、暴発事故が発生した。このため前甲板の一部が剝離し、砲塔内の兵員一三名が死亡している。

北軍砲兵の必死の反撃にもかかわらず、命中弾により大破あるいは沈没した国連軍の艦艇は一隻もない。

現在では、強力な対艦ミサイルを装備することにより艦砲射撃に対する反撃は容易となったが、この戦争においては戦艦、巡洋艦は無敵の兵器であった。

アイオワ級戦艦の一六インチ砲の砲弾は、一発の重量が約一・二トン、巡洋艦の八インチ砲弾で約二〇〇キロもある。これが一〜二分間隔で九発ずつ落下してくるから、その威力は場合によっては爆弾を凌いでいる。

また、最大射程は一六インチ砲で三六キロ、八インチ砲でも三〇キロを超えた。

したがって半島のどこでも沿岸から三〇キロ以内であれば、艦砲射撃を受ける恐れがあり、これは共産軍にとって大きな負担となった。

しかし、アメリカ海軍は当時一五隻も保有していた戦艦のうち、わずかにアイオワ級四隻のみを朝鮮海域に派遣した。それも戦場にあったのは常に一隻であった。

本来ならより旧式の戦艦を多数用いて、沿岸砲撃を徹底的に行なうべきであった。

このあたりにはアメリカの朝鮮戦争への取り組みに、迷いがあったように思われる。

四　機雷の敷設と掃海

一九五〇年九月一五日の国連軍による仁川上陸作戦によって、北朝鮮軍は大打撃を受けた。

アメリカ海軍を中心とする国連海軍は、必要とあらば朝鮮半島のどこの港湾にも大兵力を上陸させる能力を見せつけた。これは、同様の能力をまったく持たない共産側にとって最大の脅威となった。

このため、その後北軍は重要な港の入口に多数の機雷を敷設し、敵軍の侵攻阻止をはかる。北朝鮮の主要な港湾の大部分は東海岸に存在し、興南、元山が二大港であった。とくに元山には、かつて日本が建設した立派な施設があって、ここは国連軍にとっても貴重な港と言えた。侵攻時にも、また撤退時にも元山港を利用できるからである。

中国軍の協力によって、一九五〇年の晩秋にこの地域を奪回した北朝鮮軍は、港の前面に濃密な機雷原を敷設した。

これに対してアメリカ海軍は、度々この機雷の撤去をはかった。そして最終的に掃海作業は成功したものの、被った損害は決して小さなものではなかった。

元山港に敷設された機雷の数は実に三〇〇〇個に達し、他の港湾を合わせるとその数は軽く一万個を超えている。

これを掃海しようと米軍は多数の艦艇を投入したが、最新の機器を装備したマイン・スウィーパー（掃海艇）をもってしても、作業は楽なものではなかった。

一九五〇年九月二九日、掃海艇マグパイが利原港で触雷沈没したのをはじめ、つぎつぎと犠牲が出始める。

一〇月一二日には元山港を掃海していた二隻、プレーグ、パイーッが相次いで沈んだ。

国連軍による機雷の除去——北朝鮮軍は重要な港の入口に多数の機雷を敷設して、掃海部隊に少なからぬ損害を与えた。

当時、米海軍には掃海に関しての専門家がおらず、これが掃海艇の損失を招いていた。

太平洋戦争末期、米軍は日本沿岸の機雷によって封鎖したが、戦後の掃海については旧日本海軍の兵士であった民間人に任せていた。

このため、元山港の掃海を秘密のうちに日本側に行なわせることを考えた。人数は不明だが、数十人の日本人がこの作業に従事し、共産軍の機雷の処分に当たった。このさい、処分に失敗して数人の死者（氏名の判明しているものは一人）が出ているが、彼らはこの戦争で死んだ少数の日本人であった。

休戦後これらの事実が明らかにされ、日本国内に大きな衝撃を与えた。

もっとも、米海軍の掃海技術はその後時間と共にいちじるしく向上した。新型の掃海艇も続々と投入され、機雷による最後の犠牲は、五一年二月二日に出ている。

一九五〇年の末には一日あたり一〇〇個以上の機雷が処分されることも珍しくなくなった。

元山港の南東水域において、掃海艇パートリッジが機雷に触れたのである。艇首に大穴があき、同艇は触雷後二五分で沈没した。

共産側の機雷によって失われた掃海艇は中型五隻、小型三隻（他にタグボートなど三隻）であり、死傷者は約三〇〇名である。

また被害を受けた最大の軍艦は、一九五一年六月一二日に触雷した駆逐艦ウォーク（一九〇〇トン）で、沈没はしなかったものの戦死者二六名、負傷者三五名を出している。

物的、人的損害はそれほど大きなものではなかったが、機雷が敷設されていることによる作戦遂行上の時間的遅れは大問題となった。また上陸前に掃海を実施すれば、敵に上陸の意図を見抜かれてしまう。

これによる損失は決して小さいとは言えず、局地戦における機雷の効果は高く評価されている。

また朝鮮戦争における機雷戦は、それまでの敵の港を封鎖する目的のためだけではなく、防御、防衛という特色を持ち、この意味では戦史に残るものとなった。

五　水上艦同士の戦闘

戦争勃発直後の一九五〇年七月二日、東海岸の三陟沖で艦砲射撃を行なっていた米海軍の軽巡洋艦ジュノー、英海軍の軽巡ジャマイカ、フリゲート艦ブラック・スワンに対し、北朝鮮海軍の四隻の魚雷艇が攻撃を試みた。

これらの魚雷艇は、第二次大戦中にソ連海軍が大量生産したG５級（一六トン）と、その

北朝鮮海軍の魚雷艇——艦砲射撃中の国連軍艦艇に攻撃を試みたが失敗し、以後は積極的な攻撃に出ることはなかった。

発展型であるP４級（二五トン）と推測された。

ジュノーはレーダーにより一〇キロ以上遠距離から自艦に向かって突進してくる目標を発見し、ジャマイカ、ブラック・スワンに警告した。当日は波も穏やかであり、これが三隻の水上艦に幸いした。

魚雷艇が八キロに迫ると艦隊の反撃が開始され、三隻の魚雷艇は一〇分以内に命中弾を受けた。

その中の一隻では搭載していた魚雷が命中弾により誘爆し、大爆発を起こしている。

四隻のうち三隻はいずれも、魚雷を発射する前に航行不能となり、沈没した。

残る一隻はジュノーまで六キロの距離に接近、二発の魚雷を発射したが命中しなかった。この艇のみ、三隻の軍艦からの猛烈な弾幕をかいくぐって脱出していった。

しかしこれ以後、共産側の海軍は積極的な攻撃に出ることはなかった。

一九五二年二月一九日、珍しく北側は、国連軍の維持している東海岸の小島に上陸作戦を敢行した。

これには七五隻の小型舟艇（ほとんど漁船を改造したもの）と、それをエスコートする五隻の武装トロール船が参加していた。

海岸を防御していた韓国軍から通報を受けた国連軍の水上艦が現地へ急行し、敵を攻撃する。

これらの軍艦は、米海軍の駆逐艦シェルトン、エンディコット、そしてニュージーランド海軍のフリゲート艦タウポであった。

三隻は、湾内にあって兵士を上陸させていた舟艇群に襲いかかった。

共産側は本格的な軍艦を一隻も持っていなかったので、戦闘は一方的なものとなった。

二時間にわたる交戦で、北側は四五隻の舟艇を失い、残りの大部分も撃破された。脱出できたのは、わずかに数隻と推測される。

また上陸した兵士も、守備軍に包囲され殺されるか、あるいは捕虜となってしまった。

この闘いにおいて、共産軍は二〇〇〇人以上の兵士を失ったが、国連軍の人的損失は皆無に近く、また三隻の軍艦にもとり立てていうほどの損害はなかった。駆逐艦が相手では、機関銃、迫撃砲程度の武装しかないトロール船にとってあまりに戦闘力の差が大きすぎたのである。

この二つの海戦が、朝鮮戦争で発生した水上艦同士の戦闘のすべてであり、共産側はスパイを乗せた高速艇を別にして、以後南へ艦艇を送ることはなかった。

最後に、アメリカ海軍のこの戦争に対する介入の度合について触れておかねばならない。

一九五二年末における海軍の艦艇トン数は予備艦をふくめると排水量の合計実に四七〇万トン、隻数としては戦艦一五隻、航空母艦一〇二隻、巡洋艦七二隻、駆逐艦三八五隻、潜水艦二〇七隻という強大なものであった。

しかし、太平洋および朝鮮海域に配備された艦艇は常にこの一〇パーセント以下である。とくに航空母艦については、当時最新、最強であったミッドウェー級を一隻も派遣していない。同級の空母は地中海の第六艦隊に配属されており、これらはソ連に睨みをきかせただけであった。

また核兵器搭載の航空機を運用できたのも、ミッドウェー級だけである。

この点から見ると、いかに朝鮮戦争が激化したところで、アメリカはこの戦争をあくまで局地戦と考えていた。

空軍が全戦力の四〇パーセントを極東の戦争に投入し、特に戦闘機については最新鋭機のすべてを参加させた事実と比較すると、ここには少なからぬギャップが感じられる。

六　アメリカ海兵隊の闘い

アメリカ海兵隊（US Marine Corps：USMC）はそれ自体独立した軍隊で、敵前上陸、拠点確保を目的とする歩兵戦闘部隊と、それを掩護する航空部隊を持つ。

もっとも、独自の移動用の船舶、航空機運用のための空母を保有していないので、この点は海軍に依存している。

朝鮮戦争に参加した海兵師団は、当時ＵＳＭＣが持っていた第一〜第四（現在では第一〜第三）師団の中の第一だけであった。ただしＵＳＭＣの一コ師団の兵員数は二万人と多く、実質的な戦闘力は陸軍の歩兵師団の一・五〜二・〇倍といわれている。

また海兵隊航空師団は一〇コ戦闘攻撃飛行隊（約二四〇機：戦闘用航空機のみ）を投入し、海兵（地上）部隊の攻撃を支援している。

ＵＳＭＣはこの間、陸軍の部隊とほとんどの場合一緒に行動し、大きな戦果と少なからぬ損害を記録している。

戦争勃発時の海兵隊の戦力は、他の三軍も同様だが最低のレベルに下がっていた。

兵力だけを見ても、一九三九年には一七万人、四五年には五〇万人に達していたものが、一九五〇年にはわずか一〇・八万人にまで低下している。この理由は、言うまでもなく第二次世界大戦が終わって、そのあと大きな紛争はない、とアメリカ政府首脳が考えていたからである。

また、この一〇・八万人のうち、すぐに戦闘に参加できる者の数は二・五万人に過ぎなかった。すなわち、数だけは四コ海兵師団がそろっていても、戦時定員の一コ師団の兵力しか持っていなかったのである。この時の経験がベトナム戦争の時には生かされ、完全装備の三コ師団を運用することができた。

さて、一九五一年以降の第一海兵師団の戦力は、完全充足の三コ海兵連隊、Ｍ26戦車一八

○台、一〇五ミリ口径以上の火砲二一〇門、車両一七〇〇台という強力なものであった。そして三八ヵ月間の戦争期間中、海兵隊はのべ四二万人の兵員を朝鮮に送った。その結果、戦死者四二六二人、事故死者一三一一人、重傷者二万七八一一人を出した。動員数に対する戦死・事故死・負傷者の割合は約七パーセントで、陸軍の四・一パーセントを大きく上まわっている。

また、一九五〇年一月から一九五五年一二月まで、海兵隊所属のアメリカ人軍事顧問多数が共産ゲリラの暗殺の対象となった。この五年間に、彼らのうちの二五八人が死亡、一七四人が重傷を負っている。軍事顧問（アドバイザー）の中には、韓国軍兵士になりすました北朝鮮軍の特殊部隊に殺された者も少なくない。

したがって、海兵隊の人的損害の合計は戦死五八三一人、重傷者二万一九五五人となる。これは、海兵隊航空部隊のパイロットの戦死者を含んだ数字である。

この戦争中、第一海兵師団は休むことなく最前線にあり、第八軍の中核である第一〇軍団（X Corps）の主力として闘った。

その中のハイライトは、いままでにも述べたように、一九五〇年九月一五日の仁川上陸作戦である。

この〝クロマイト〟作戦では、海兵隊はその存在意義である敵前上陸の先頭に立ち、思う存分持てる力を発揮することができた。しかしこれについては、別項の『仁川上陸作戦』の頃で詳述しているので省略する。

ここでは、もうひとつの海兵隊の活躍の状況を述べるが、これは華やかな敵前上陸ではなく、みじめな大撤退における闘いぶりである。

一九五〇年一〇月以来の、朝鮮半島の寒さは異常であった。十一月一二日、元山での気温はマイナス二〇度を記録し、そのうえまだ下がり続けたのである。

一〇月末から開始された中国義勇軍の大攻勢はとどまるところを知らず、国連軍は二五〇キロにおよぶ全戦線で、南へ南へと撤退を続ける。

この時期、三八度線を突破して北朝鮮内にいた国連軍の兵士は、韓国軍六〜七万、米軍三万、他のUN軍約一万であった。これに対し、鴨緑江を渡って侵入してきた中共軍は約二〇万という大軍であった。加えて北朝鮮軍八〜一〇万が存在していたので、兵力差は一対三まで広がっていた。

米第八軍首脳が中共軍の介入をなかなか信じなかったという判断ミスが重なって、全UN軍は全滅の危機にさらされる。

一一月二四日、まず韓国第二軍団が中国軍により大損害を受ける。続いて二七日には、アメリカ第一軍団の戦線が突破された。

この後、国連軍は全戦線でいっせいに退却するが、これがのちに「一二月の大撤退」と呼ばれる悲劇の序幕であった。

国連軍総司令官と第八軍は、威興、興南付近にいる第一海兵師団に重要な命令を下した。

それは国連軍の大多数を元山、興南から海路撤退させるために海兵師団に最後まで残って威興—興南—元山ラインの防御に当たれ、というものであった。

それまで北鮮軍を追って機動戦を展開していたマリンコ（海兵隊の呼称、レザーネックともいう）に、陣地を造り固定防御を命じたのである。これは海兵師団が、他の陸軍歩兵師団より大きな戦力を持っていたことが理由である。

当時第一海兵師団は、二万一〇〇〇人の将兵と一八〇台を越すM26パーシング戦車を保有していた。

しかし、この戦線に殺到してきた共産軍は六コ師団（約六万一〇〇〇人）である。

第八軍の戦線が突破された直後から九二日間、第一海兵師団はまったく絶えることのない中国軍の猛攻を受ける。この戦闘は『凍りつく威興の闘い』と呼ばれることになった。

第一〇軍団長のE・M・アーモンド少将は海兵隊に撤退を命じたが、もはや組織的な後退ができなくなりつつあった。防衛線の一部でも弱体化すれば、中国軍はその部分に圧力を加え、それにより全戦線が崩壊する危険が大きかったからである。

しかし、中国軍の攻勢がわずかに緩んだ合い間に、防御線を縮小する試みがなされた。

R・M・ドライスデール中佐の率いる第七海兵隊連隊の一隊が、殿軍（しんがり）を引き受け、その主力は戦いながら後退していった。

一二月に入り、戦闘はますます激化したが、このさいには強力な援軍が到着した。

それは興南、元山沖に急行してきた撤退支援海軍部隊（第九〇任務部隊）である。

七隻の空母がそれぞれ六〇～七〇機の艦上機を発進させ、後退するマリンコを掩護し続けた。

また戦艦ミズーリが、二隻の巡洋艦を従えて大口径砲弾で前進する中国軍を喰い止めようとしていた。

それにもかかわらず、海兵隊が撤退させようとしている他の国連軍の動きは非常に鈍かった。一〇万の将兵に加えて、ほぼ同数の民間人（軍属を含む）が存在していたからである。

興南、元山港には、一二月三日から輸送船が待機していたが、二〇万人以上の人間の乗船には長い時間を必要とする。

まず、三～七日の五日間に約一万人が北朝鮮を離れた。その後も撤退は続き、一〇日には全体の二〇パーセントが元山港から脱出した。

この間、海兵隊の撤退防御は多くの犠牲者を出しながらも、何とか成功していた。しかし、ドライスデールの部隊と二～三の大隊は、その戦場にとどまっていたため、兵士の五〇パーセントが死傷するほどの損害を出している。

一二月九日、すべての海兵隊は陣地を放棄して元山港の乗船場所へ退却した。

空母群は一六七〇機を繰り出し、また水上艦艇は最大限の砲撃を行ない、この退却を掩護した。航空母艦フィリピン・シーのパイロットは、一日に八回も出撃した。

ともかく、母艦と戦場の距離が二〇キロしか離れていないのである。さらに戦艦、巡洋艦、駆逐艦、ロケット砲艦は、時には岸から二キロまで接近して砲撃を行なった。

もし中国軍、北朝鮮軍に大量の爆撃機、あるいは有力な海軍があれば、これらの艦隊を容易に攻撃することができたであろう。

この支援砲撃は、敵軍が海岸に近づけば近づくほど、その打撃力は大きくなった。

中国軍の指揮官は、ひとつの師団としては国連軍最大の戦力を持つ海兵師団を壊滅寸前まで追い込みながら、元山まで二〇キロの地点で進撃を中止してしまった。それ以上進めば、航空攻撃、艦砲射撃による損害がますます増えると判断したからである。

海兵隊は、一二月二四日のクリスマス・イブに元山を離れたが、殿軍を果たした犠牲は大きく、二万人のマリンコのうち七三〇名が戦死、あるいは捕虜となった。

また負傷者は四四〇〇人にのぼり、そのうちの三分の一は重い凍傷患者である。二四日には零下三〇度まで下がった気温が、多くの兵士に砲弾、銃弾と似た傷を負わせていた。

一方、アメリカ海軍の猛烈な航空攻撃、艦砲射撃の中、強引に海兵隊の撃滅を企てた中国軍の損害もまた大きい。アメリカ軍情報部の推定では、死傷者三万七五〇〇人となっている。

このうちのかなりの部分が、海兵と同様に凍傷によるものと見られる。

一九五〇年一二月に大陸からやってきた寒気団は、両軍の兵士を傷つけたようである。

このように、結果的には敗れたものの、アメリカ第一海兵師団は創設以来もっとも厳しい戦いを何とか切り抜けたのであった。

海兵隊の将兵は他の三軍（陸、海、空軍）と違って当時も今も全員が志願兵であり、士気は高い。

また陸軍と異なり、独自の航空部隊を有している。この二点から見ても、その戦力は陸軍の師団を大きく上まわる。

だからこそ難しい任務を命ぜられ、またそれを遂行することができたのであろう。

中国軍の一〇月末からの大攻勢により、国連軍の被った損害は戦死者合計七〇〇〇人、負傷者二万四〇〇〇人、軍需物資一〇万トンに達したと算定されたのである。

第七章　参加各国軍隊の規模、編成、そして戦闘

この章では、戦争に参加した国々の戦闘部隊について説明する。またここに掲げた以外のいくつかの国は、医療団を派遣したり病院船を送ったりしたが、その詳細については他書に譲りたい。

まず国連軍側には、韓国、アメリカ、イギリス、オーストラリア、ベルギー、カナダ、コロンビア、オランダ、エチオピア、フランス、ギリシア、ニュージーランド、フィリピン、タイ、トルコ、南アフリカ連邦、ルクセンブルグの一七ヵ国が加わった。一方、共産側は北朝鮮、中国、ソ連の三ヵ国である。

また、日本については、海上保安庁の依頼で民間人のグループが機雷掃海作業に従事しているが、これが戦争参加に当たるかどうか、議論の分かれるところである。

韓国軍

建国当時の歴史の項でも述べたが、健軍初期の韓国軍は数々の辛酸をなめていた。もっとも悲惨であったのは、軍隊の中に潜んでいた南朝鮮労働党員（彼らは〝南労細胞〟と呼ばれた）との確執である。

一九四八年に勃発した済州島暴動事件のさいには、鎮圧に向かった正規軍の一コ大隊が南労党員の扇動によりそのまま暴徒の側に寝返るという事実さえあった。この時、反対した将校、兵士数十名は、その場で射殺されたといわれる。

また開戦半年前にも三八度線の西端で守備についていた二コ大隊が、〝北〟へ逃亡するという事件が発生している。

これらの事実が、〝北〟の首脳に「韓国軍恐るるに足らず」の印象を与えたことは否めない。

その他、優秀な訓練教官の不足、アメリカからの援助の遅れなどが同軍強化の妨げとなっていた。

しかし〝北〟の侵攻が始まると、装備は不充分ながらＲＯＫ軍は善戦する。やはり自国が侵略されるという現実に直面すると、兵士の士気は奮いたつものらしい。

初期こそ、北朝鮮軍の戦車を先頭に立てた奇襲に敗退するが、その危機を乗り越えたあとは粘り強さを発揮した。

アメリカ軍の歴代第八軍司令官による韓国軍の評価は、次のようになる。

まず戦争の初期には、対戦車戦闘の訓練不足が弱点となって現われていた。

韓国軍の編成（1951年以降）

	連隊 No.	所属軍団	備　　考
第 1 師団	11、12、15	I	
第 2 師団	17、31、32	IX	
第 3 師団	22、23、26	II	のち第26連隊が18連隊と交代
第 5 師団	27、35、36	II	
第 6 師団	2、7、19	II	
第 7 師団	3、5、8	X	
第 8 師団	10、16、21	II	
第 9 師団	28、29、30	IX	
第11師団	9、13、20	II	
第12師団	37、51、52	X	
第15師団	38、39、50	ROK-I	
第20師団	60、61、62	X	
第21師団	63、65、66	ROK-I	
第22師団	67、68、69		
第25師団	70、71、72		
第26師団	73、74、75		
第27師団	77、78、79		
首都師団	1、17、18	IX	のち第1騎兵隊と26連隊で構成

注）所属軍団：ROKと記されたもの以外はアメリカ陸軍の軍団である。

「敵戦車出現！」の情報だけで歩兵は浮き足立ち、ある者は陣地を棄てて逃亡した。

ただしこのような状況については、第二次世界大戦のヨーロッパ戦線でも同様であり、戦車に対抗する有効な攻撃手段を持たないかぎり、いかなる軍隊でも同じである。

また韓国軍の強弱は、指揮官の能力に左右されるところがとくに大きかった。明確な目的意識を持った有能な将校に指揮されれば、持てる能力を充分に発揮するが、その逆の場合は簡単に退却する。

このひとつの例が、第六歩兵師団とその第二連隊である。第二連隊は一九五〇年～五二年の戦いでたびたび敗れ、逃亡兵も少なからずあった。

一時は韓国軍の中でももっとも弱いとされていたが、五二年五月の中国軍の〝五月攻勢〟のさいには、第六師団長の直接指揮を受け、勇名を轟《とどろ》かせた。五月攻勢をかける中国軍の大波の中で、この連隊は兵員の七割が死傷するほどの損害を出しながらも、前線陣地を死守したのである。

この戦闘の直前に、バン・フリート中将は第六師団について「この師団は頼りにならず、その戦闘力はアメリカ陸軍の歩兵師団の一〇分の一以下である」と懸念していた。

第八軍の司令官としては、リッジウェイの韓国軍に対する評価がもっとも高く、逆にバン・フリートがもっとも低い。とくに彼は一九五二年初め、「韓国軍は戦力としては役に立たない」と発言して、ROK軍、韓国政府の非難を浴びた。しかし、これはのちに、韓国軍を奮起させるためのひとつの手段であったと説明されている。

韓国軍は、この戦争のあと兵士への教育を強化し、反共意識を徐々に高めていった。そのため一九六〇年代に入ると、単位兵員数あたりの戦闘力はアメリカ陸軍の歩兵師団を上まわるほどになった。

一九六五～七二年のベトナム戦争において、この事実がはっきりと示されるのである。

北朝鮮軍

北朝鮮軍（朝鮮民主主義人民共和国人民軍・NKA）の創立から一九五〇年六月の侵攻ま

北朝鮮軍の編成（1953年7月：休戦時）

所　属	編　成		
第1軍団	第8師団	81、82、83歩兵連隊	
	第47師団	113、123、124	2コ師団
第2軍団	第2師団	4、6、17歩兵連隊	
	第13師団	19、21、23	
	第27師団	172、173、174	3コ師団
	第24歩兵旅団		1コ旅団
第3軍団	第1師団	2、3、4歩兵連隊	
	第15師団	45、48、50	
	第37師団	70、71、76	
	第45師団	89、90、91	4コ師団
第4軍団	第4師団	5、18、29歩兵連隊	
	第5師団	10、11、12	
	第10師団	25、27、33	3コ師団
第5軍団	第6師団	1、13、15歩兵連隊	
	第12師団	30、31、32	
	第46師団	158、159、160	3コ師団
	第20、22、25歩兵旅団		3コ旅団
第7軍団	第3師団	7、8、9歩兵連隊	
	第7師団	51、53、54	
	第9師団	85、86、87	3コ師団
独立部隊	第16対空砲師団（4コ対空砲連隊）		
	独立対空砲連隊（21、24、32、38連隊）		
	独立5コ戦車連隊（104、105、106、107、109連隊）T34/85×200台		
	独立2コ重戦車連隊（206、208連隊）JSⅢ重戦車×80台		
	2コ砲兵連隊、2コ重迫撃砲連隊		

での経緯はすでに述べた。ここではNKA軍についての特筆すべき事柄をいくつか取り上げてみる。

開戦初頭のNKA軍の侵攻は驚くほどの速度で行なわれ、これは間違いなくドイツ陸軍顔負けの〝電撃戦〟であった。一二〇～一五〇台からなるT34戦車、Su76自走砲部隊は、韓国軍の前線を数ヵ所で突破し、開戦わずか数日にして敵国の首都ソウルを陥落させたのである。

これは、韓国軍に戦車および有効な対戦車砲が存在しなかったためでもあるが、突進速度の重要性を知っていたNKA上層部の判断の正しさによる。しかし、その後の戦闘についてNKA軍はなすところなく終わり、戦力としては韓国軍より常に低かったと思われる。

釜山橋頭堡をつぶすことに失敗し、さらに仁川上陸作戦により退路を遮断され、大損害をこうむったのであった。

壊滅的打撃を受けた人民軍の再建は、中国人民解放軍の強力なバックアップがあってはじめて可能になった。

一九五〇年一二月から、半年ごとに一二コ軍団(中国軍の〝軍〟に相当)が組織され、最終的には六コ軍団(約一八コ師団)が揃った。しかし、兵員の徴募計画は遅れに遅れ、兵力的に中国志願軍より常に少なかったようである。

この原因のひとつは同国の人口で、北朝鮮のそれは韓国の約半分しかない。そうであれば、いかに努力しても兵員の絶対数は韓国軍に及ばない。一九五〇年の冬以降戦闘の主役は、NKA軍ではなく中国志願軍であった理由はここにある。

また、NKA軍のひとつの特徴は、当時でもまた現在でもゲリラ部隊に力をいれていた点である。

戦争中、韓国領内にいたゲリラののべ人数は四万人(最大時)! で、人民軍総数の二〇〜二五パーセントにあたる。

韓国軍の発表によると、戦争勃発から一四ヵ月の間にゲリラとの戦闘回数は一三〇〇回に及んだ。その結果、一・七万人のゲリラを戦死させ、二・四万人を負傷させている。対する韓国軍野戦警察隊の損害も戦死一九〇〇名、負傷、行方不明九〇〇〇名（一部に民間人を含む）という大きなものであった。

NKA軍が独自に戦った戦闘のうち最大のものは、一九五一年八月の〝パンチボール〟（三八度線北部・大禺山地）攻防戦である。

この戦いではNKA軍最強と言われた第一師団が、第二、第一三、第四五師団の支援を受けて主役をつとめ、韓国軍第五師団、米陸軍第二師団と二ヵ月にわたり闘い続けた。その舞台となったのは一二一一高地で、ここは韓国、アメリカ陸軍に対し北朝鮮軍の頑強さを見せつけた戦場といえる。

一二一一高地についてNKA軍は『英雄高地』『勝利高地』と呼んでいるが、アメリカ軍は他の激戦地と同様に『血まみれの嶺：ブラディ・リッジ』と名づけた。

この高地は同年九月初め、国連軍の手に陥るが、一〇月にNKA軍はそれをふたたび取り戻すのである。この闘いにおける北朝鮮軍の損害は一・五三万人、国連軍のそれは一・二万人であった。

航空機の支援が常にあるUN軍と、それなしで闘う北朝鮮軍では戦闘力に大きな差がある。それを考慮したとき、この闘いは総合的に見てNKA軍の勝利だったと判断できる。

NKA軍の最大の弱点は、本国の軍需産業がアメリカ軍機の爆撃により壊滅に瀕し、そのため常に補給不足に悩んでいたところにある。

これは最後まで改善されず、北朝鮮軍の足かせとなってしまった。

アメリカ陸軍と海兵隊

アメリカの地上戦力は、陸軍（Army）と海兵隊（Marine Corps: USMC）から構成されている。

陸軍は当時二四コ師団を持ち、そのうちの八コ師団を韓国へ送っていた（州軍をふくまず）。兵員数から見れば、二五パーセントを朝鮮へ、二五パーセントをヨーロッパへ、二五パーセントが休養・再編成、残りが教育中ということになる。

海兵隊は予備一コをふくめて四コ師団を持ち、第一海兵師団のみが朝鮮で戦っていた。陸軍の師団の兵員数は約一・三万人で、戦力的に考えれば北朝鮮の師団の三倍、中国志願軍の二倍と思われる。

戦争の初期にアメリカ陸軍はNKA軍の進撃を阻止し得なかったが、それ以後は各師団の戦闘力は充実し、撤退する場合でも一応整然と行なうだけの余力を持っていた。五〇年一二月の〝一二月の撤退〟においても、かなりの損害を出しながらも多くの民間人を中国軍の大包囲網から脱出させている。

これが可能な理由は、それぞれの師団の持つ輸送力が豊富なこと、常に空軍、海軍の支援を受けられることなどであろうか。確かに元山港からの大撤退など、危機一髪といった状況

アメリカ軍の編成（1951年以降）

師団No.	所属連隊 No.	重砲兵大隊 No.	砲兵大隊 No.	戦車大隊 No.	工兵大隊 No.	対空砲大隊 No.
第2師団	9、23、38	12	15、37、38	72	2	82
第3師団	7、15、8	9	10、39、58	64	10	3
第7師団	17、31、32	31	48、49、57	73	13	15
第24師団	19、21、34	11	13、52、63	70	3	26
第25師団	24、27、35	90	8、64、69	89	65	21
第40師団	160、223、224	981	143、625、980	140	578	140
第45師団	179、180、279	189	158、160、171	245	120	145
第1騎兵師団	5、7、8	82	61、77、99	6	8	29

注）アメリカ陸軍の歩兵師団はすべて完全編成（1950年12月より）で兵員1万2000～1万3000人歩兵連隊×3コ、重砲兵大隊（155 mm砲）×1コ、砲兵大隊（105 mm砲）×3コ、戦車大隊×1コ、工兵大隊×1コ、対空砲大隊×1コの編成である。

第1海兵師団：3コ海兵連隊（1、5、7連隊）、増援4コ海兵大隊（1、2、3、4大隊）、1コ砲兵隊（11砲兵連隊）、1コ戦車大隊（1戦車大隊）1コ工兵大隊（1工兵大隊）、1コ水陸両用戦大隊（1両用大隊）兵員数は2万～2万4000人

もあるにはあったが、三軍の協力が壊滅寸前のところで不可能を可能にしている。

さもなければ、この戦争の戦死者が四万人以下で済むことなど絶対にない。元山港から海路脱出できなかったとすれば、一二月だけで一〇万人以上のアメリカ兵が死傷するか捕虜になっていたはずである。

ただ、陸軍も海兵隊も、戦闘のたびに航空戦力の支援があることを当然とする雰囲気がこの戦争で出来上がってしまっていた。

別の見方をすれば、航空支援が約束されなければ歩兵は動こうとしないのである。とくに一九五三年春、休戦が間近に迫るとこのような状況はますます顕著になっていった。

この頃から中国軍の最終攻勢が開始され、アメリカ陸軍は防衛体勢をとっていたので、歩兵の出動が空軍の有無に左右されるという状態は表に出なかった。

しかし、約一〇年後のベトナム戦争ではその戦争の目的がはっきりしないこともあって、この傾向は多くの戦場でみられたのであった。

他方、北朝鮮、中国軍の将兵にとっては、味方の航空機を頭上に見ることはほとんどなかった。常に陸上兵力は、それ自身のみで闘わねばならなかったのである。

中国軍が一九七七年に闘った中越戦争（対ベトナム戦争）においてもこれは同様であり、指揮官の多くは自国空軍の支援なしに闘うことに疑問を感じたはずであった。

ともかく、アメリカ陸軍にとっては、もはや純粋に足に頼って闘うという意味での歩兵を中心とする戦力が軍の大部分を占めるという編成自体が、この戦争を最後に消えてしまった。

一九九〇年において、アメリカ陸軍は一八コの師団を有するが、その中で歩兵師団はわずか四コ（二二パーセント）に過ぎないのである。

このように見ていくと、朝鮮戦争がアメリカ軍全体に与えた影響がはっきりする。そしてまた、ベトナム戦争で勝てなかった原因も、おぼろ気ながら見えてくるような気がするのである。

中国軍

中国軍については、別項に「中国側から見た朝鮮戦争」を記述しているので、ここでは簡単に説明するにとどめる。

中国軍の戦術について、とくに参戦から約半年間は徹底的に〝人海戦術（Human Wave

Attack)〟に頼っていた。いや、充分な補給能力、空軍力、火力がなかったため、他の戦術を採用できなかったというのが本音であろう。この点では、戦前の日本陸軍が歩兵の突進（白兵）による攻撃に異常な執念を燃やした理由も同じである。

ともかく、一九五〇年一一月～一二月の北朝鮮領内の闘いのさいには、二～四倍の兵力を活用して米、韓、国連軍を総退却に追い込んだ。

敵の陣地が地雷、鉄条網、豊富な火力に守られていようがいまいが、野や山を埋めつくすほどの兵力でひた押しに進む。歩兵の絶え間ない大波が、国連軍の陣地を呑み込んでしまうのである。この人海戦術は、二五年後の中越戦争のさいにも採用され、機械力に頼るアメリカ軍との戦闘に慣れていたベトナム軍将兵を震え上がらせた。

ともかく、後方には一千万人をはるかに超える兵力が控えているので、少々の人的損害など恐るるに足らないと志願軍の首脳は考えていたに違いない。

しかし、戦争が終わって損害が明確になると、それは決して小さいものではなかった。すでに何度となく述べたとおり、戦死者は米軍の四倍近いのである。加えて事故死者、戦病死者もほぼ同様の割合であろう。

問題はこれをどう考えるか、という点に絞られる。

豊かなアメリカは、近代兵器を駆使して兵員の犠牲を減らした代わりに莫大な戦費を費やす。一方、貧しい中国は戦費のかわりに人命を消費するのである。

残念ながら、あるアメリカの将軍が述べた「アジアにおける人命の値段は、欧米と比較し

中国軍の編成（歩兵師団以上）

初期の呼称		師　団 No.	後期の呼称
第13志願軍	第2野戦軍	第1、2、7師団	第 1 軍
第 3 志願軍	第2野戦軍	第34/(31)、35、36	第12軍
第 3 志願軍	第2野戦軍	第29、44、45	第15軍
第 9 志願軍		第46、47、48/(32)	第16軍
第 9 志願軍	第3野戦軍	第58、59、60、89、	第20軍
第 9 志願軍		第67、69、73	第23軍
第 9 志願軍		第70、72、77/(74)	第24軍
第 9 志願軍	第3野戦軍	第76、77、78、88	第26軍
第 9 志願軍	第3野戦軍	第79、80、81、90	第27軍
第13志願軍	第4野戦軍	第112、113、114	第38軍
第13志願軍	第4野戦軍	第115、116、117	第39軍
第13志願軍	第4野戦軍	第118、119、120	第40軍
		第121、121、123	第41軍
第14志願軍	第4野戦軍	第124、125、126	第42軍
第13志願軍		第133、136、137	第46軍
第13志願軍	第4野戦軍	第139、140、141	第47軍
第13志願軍	第4野戦軍	第148、149、150	第50軍
第20志願軍		第160、161、162/(130、132、135)	第54軍
第 3 志願軍	第2野戦軍	第178/(33、181) 179、180	第60軍
第19志願軍	第1野戦軍	第187、188、189	第63軍
第19志願軍	第1野戦軍	第190、191、192	第64軍
第19志願軍	第1野戦軍	第193、194、195	第65軍
	第1野戦軍	第196、197、201	第66軍
第20志願軍		第199、200、201	第67軍
第20志願軍		第201、203、204	第68軍
		第208、209、210	第70軍

注）/(　) は途中で交代した場合を示す。

てかなり安い」という言葉は、当時もまた現在も当たっているようである。

著者は当初、朝鮮戦争における中国軍の〝人海戦術〟について多少の疑問を感じていた。火砲、地雷、小火器によって充分に守られている敵陣に、アーマー・ジャケット（防弾チョッキ）も着用せずに突撃するという戦術が本当にあり得るのか、といった単純な疑問である。

しかしアメリカ、韓国、そしてイギリス軍の記録を調べると、〝人海戦術〟はかなり頻繁に実施されたと考えざるを得ない。

地雷原に関しては、それを除去する手間と時間を惜しみ、兵の第一陣に踏ませて突撃路を拓くといった事実もたびたびあった。また火砲は迫撃砲をのぞいてほとんどなく、その代わりに数百人の兵士による手榴弾の一斉投擲《とうてき》に頼る戦法も多用している。

前述のごとく、人海戦術は中越戦争でも中国側歩兵師団のごく普通の戦術として使われ、これについてベトナム側の記録も確かに存在するのである。

結局、中国軍にとって許容できる戦死者の数は、「絶対数ではなく、あくまでも相対数」によって決められていたと考えられる。

朝鮮戦争の場合、アメリカ軍と中国軍の総兵員数の比は四対一（一〇〇〇万人対二五〇万人）であった。とするなら相対的な戦死者数をこの比率におさめられれば、戦争は続けられるのである。

事実、中国軍とアメリカ軍の事故、戦病死者をのぞいた戦死者の割合は、ほぼこの四対一という割合になっている。

このようなきわめて冷酷な現実を、国民、指導者が疑問なく受け入れたところに、中国軍の真の強さの秘密があると言えよう。かつて毛沢東は、「中国という国家は、いかなる強大な敵さえも人民の大波の中で溺れさせるであろう」と述べたが、この言葉はその意味からは間違いなく真実であった。

ただ、国民が民主化という流れに目覚めた場合、この論理がいつまで通用するかという疑問は残る。

ソ連軍

第二次大戦が終わり新中国が誕生する頃から、ソ連（ソビエト社会主義共和国連邦）は積極的に中国、北朝鮮への軍事援助を行なってきた。

朝鮮戦争で使用された共産側の近代兵器のすべてがソ連製であった、といっても決して過言ではない。とくに戦車（T34、SU76）、戦闘機（MiG15）は、有償か無償かは別としてソ連から送られてきたものである。

それに加えて、この大国は多くの軍事顧問を両国に送り込んだ。その数は一九五〇年代に一〇万人に達している。彼らは兵員の訓練、各種兵器の操作方法などの教育に取り組み、一部は兵器生産技術についてのアドバイザーをつとめている。

しかし、何といっても特筆されるべきものは、秘密裡に戦闘に参加した空軍の実戦部隊である。現在では、この部隊の規模はかなりはっきりしており、またこのことをロシア政府は隠そうとしていない。

ソ連航空部隊は、丹陽（安東）付近のふたつの基地に展開し、戦闘機の総数は常に一五〇機前後（二コ航空師団）であった。初期にはラボーチキンLa11レシプロ戦闘機であったが、のちにすべてがMiG15ジェット戦闘機になった。その実戦への参加は、一九五〇年一一月末頃からといわれている。

パイロットのほとんどは、わずか五年前に終わった第二次大戦（独ソ戦）の空中戦闘の経験者であったから、技術としてはNKA空軍、中国空軍のパイロットよりかなり高かったと見てよい。しかし、当時ソ連政府は、実戦参加の事実を隠すため、飛行士に厳重な制限を課していた。

これらは、

○海上および三八度線以南の飛行禁止

○飛行服も中国軍あるいは北朝鮮軍のものとし、かつ無線連絡のさいロシア語を使わないこと

などである。

また任務としては、アメリカ空軍を撃滅するのではなく、北朝鮮内の交通網、工場、発電所などの防衛が主となっていた。また中朝軍の機体の整備、レーダー・サイトの運用、パイロットの訓練も、この航空部隊とその地上員たちが担当していたらしい。

ソ連軍航空部隊の戦果と損害は明らかにされていない。ただ、朝鮮戦争で戦死、事故死、戦病死したソ連軍人の総数が一八〇名（プラウダ紙一九八九年、赤い星紙では一八七名）であることを考えると、このうちのかなりの部分が空中戦による戦死者だと見るべきである。

同部隊は、この戦争中に一一人のエース（五機以上の敵機撃墜者）を出しているが、その中の最高エースは一四機撃墜のA・P・スモレチェコフ大佐であった。

彼はMiG15を駆ってB29爆撃機三機、ジェット戦闘機一一機を射ち落としている。中国空軍のエースが七名であることから推測すると、ソ連軍航空部隊は中国軍と同等以上の戦果（そして損害）を記録しているはずである。

しかしこの朝鮮派遣ソ連軍は、同じ任務についている中国空軍部隊より、政治・国際情勢に極端に左右されていた。

たとえば、ソ連政府が国連の場において和平提案を提出すると、それに連動して活動は下火になり、その提案が拒否されるとふたたび活発化するというわけである。

ソ連としては、アメリカおよび国際連合と表立って事をかまえる意図は毛頭なく、国際共産主義のリーダーとして面目を保つため戦闘機部隊を派遣していたようである。

もちろんその中には、仮想敵国となりつつあったアメリカ空軍の実力を、常に確かめていたいという気もあったのであろう。

これに対するアメリカ空軍も、朝鮮戦争に少数のソ連軍陣が参加していたことを知っていた。

当時からミグ戦闘機のパイロットの中に、明らかに白人がいると噂されていた。また航空機同士の無線の会話に、時折ロシア語が混じることもあった。

米空軍首脳はこの事実に気づいていながら、ソ連を刺激しないためにこの問題について公に言及することはしなかった。

米・ソ連両国は互いの国民に何も知らせないまま、異国の上空で戦い続けていたのであった。

この戦争中に唯一回だけ、アメリカ軍旗とソ連機による空中戦が発生している。

それは一九五二年一一月一八日のことで、場所はソ連、朝鮮国境の会寧上空である。

アメリカ海軍の航空母艦オリスカニーから発艦したグラマンF9Fパンサー戦闘機三機が、近くを飛行中のMiG15三機を発見し、その直後空中戦となった。一〇分間にわたって闘いはつづき一機のミグが黒煙に包まれ墜落した。米海軍機に損害はなかったが、三機のミグは日頃闘っているものとは明らかに異なる塗装、マークであり、ソ連機と判断された。

アメリカ海軍はこの戦闘の勃発をまったく公表せず、またソビエトもいっさい報道しなかった。そして、一五年後の一九六八年に発生したアメリカ海軍の情報艦〝プエブロ号事件〟のさいに、この米・ソの空中戦がようやく明らかにされたのである。

イギリス軍

イギリス軍はUN（国連軍）として、アメリカに次ぐ兵力を派遣した。

これらの概要は、
陸軍　二コ旅団および支援部隊
海軍　航空母艦一隻、巡洋艦二隻
　駆逐艦八隻、支援艦二〜四隻
空軍　二コ哨戒、輸送飛行艇中隊
となっている。
空軍はショート・サンダーランド飛行艇を用いていたが、敵軍との交戦は皆無であった。
また海軍の活躍については別項で述べているので、ここでは陸軍の戦闘にとどめる。
英陸軍はこの戦争に二コ旅団（Brigade）を派遣していた。
本来ブリゲードとは、連隊（Regiment）と師団（Division）の中間に位置する単位である。
一コ師団は平均的には三コ連隊から構成されるから、一コ旅団は一・五コ連隊ということになろうが、そうではなく、二コ連隊からなっていることが多い。
しかしこの戦争における英軍旅団は一コ連隊に戦車連隊、工兵大隊などを加えたもので、正確には旅団相当の戦闘団（Combat Team）と呼ぶべきものである。
加えてその編成はきわめて複雑で、第二七、二八旅団は八コ大隊の組み合わせ、第二九旅団グループは三コ連隊が交代で旅団の主力を努めていた。
これを簡単にまとめると、
○第二七旅団と第二八旅団は、歩兵主体の軽旅団

朝鮮戦争に参加した国連諸国軍の戦力

オーストラリア	歩兵2コ大隊、海軍小部隊、1コ戦闘機中隊（F86Fセイバー戦闘機）
ベルギー	歩兵1コ大隊（約1000人）
カナダ	増強歩兵1コ旅団、海軍小部隊、1コ輸送機中隊（C47ダコタ輸送機）
コロンビア	歩兵1コ大隊（約800人）、海軍フリゲート艦1隻
エチオピア	歩兵1コ大隊（約1070人）
フランス	増強歩兵1コ大隊（約1000人）
イギリス	2コ歩兵旅団、1コ戦車連隊、1.5コ砲兵連隊、1.5コ戦闘工兵連隊 極東艦隊（軽航空母艦1隻、巡洋艦2隻主力） 2コ飛行艇輸送中隊（サンダーランド飛行艇） 2コ戦闘機中隊（ミーティアF8戦闘機） 1コ輸送機中隊（C47ダコタ輸送機） 総兵員数2.2万人
ギリシア	1コ歩兵大隊、1コ輸送機中隊（C47ダコタ輸送機）
オランダ	1コ歩兵大隊、海軍小部隊（約700人）
ルクセンブルグ	1コ歩兵中隊（約700人）
ニュージーランド	1コ砲兵中隊（約500人）
フィリピン	1コ歩兵大隊、1コ戦車中隊（約5000人）
南アフリカ	1コ戦闘機中隊（F51ムスタング戦闘機）
タイ	1コ歩兵大隊、海軍小部隊、0.5コ輸送機中隊（C47ダコタ輸送機）
トルコ	1コ歩兵旅団（約6100人）
他	野戦病院、治療グループを派遣した国々：デンマーク、インド、イタリア、ノルウェー、スウェーデン
計	派遣　陸軍部隊20ヵ国、海軍8ヵ国、空軍4ヵ国 人員　約3.5万人

英連邦軍（陸軍）の編成

・第27、第28軽旅団（第27/28連邦歩兵旅団）
　英軍8コ大隊、オーストラリア軍3コ大隊
　カナダ軍1コ連隊、ニュージーランド軍1コ連隊（大隊相当）

・第29英国歩兵旅団グループ
　6コ歩兵大隊、第8アイルランド軽騎兵連隊、1コ戦車中隊、2コ迫撃砲連隊
　対空砲大隊

参加歩兵連隊：第1ミドルエセックス、第1王立サリー軽歩兵、
第1ダーバン軽歩兵
第1ワーウィックス、第1エイシールズ、
第1王立フュジリアーズ
第1エセックス、第1ノーザンバーランド、
第1レイセスターズ
第1グロスターズ、第1ウェルチ、
第1ウェリントンズ（デュークス）
第1ウルスターズ、第1ノーフォークス、
第1リバプール

参加戦車部隊：第7王立戦車C中隊、第2、第5戦車連隊、
第5イニスクリングス、第8アイルランド騎兵

○第二九旅団は強力な戦車連隊を含んだ軽機械化師団と考えればよい。

そのうち、二七と二八は予備とされていた八コ大隊を三〜五コずつ組み合わせて使用し、残りの大隊を休養、再編成および訓練にあてていた。

第二九旅団グループは、主力として第八アイルランド軽騎兵連隊を持ち、他にも第二、第五戦車連隊を組み込んでいる。

兵員数でいえば、軽旅団が三〇〇〇〜四〇〇〇名、軽師団（第二九旅団）が七〇〇〇名といったところであろうか。

しかし、朝鮮で闘うイギリス兵士の数は七〇〇〇名（陸軍のみ）である。

なぜなら第二七／二八旅団にはオー

ストラリア兵、カナダ兵、ニュージーランド兵の部隊が含まれているから、このような数字となる。

構成も指揮系統も複雑な第二七／二八旅団と違って、充分な戦力を有していたのが第二九旅団であった。

ステンガンの操作方法を韓国兵士に教える英軍兵士——空母を中心とした機動部隊など、米軍に次ぐ兵力が派遣された。

打撃力の主体は、第八軽騎兵連隊（三コ大隊編成）の保有する一二〇台の戦車である。このうちの二コ大隊が最新鋭のセンチュリオンMk3、一コ大隊が高速ながら少々旧式のクロムウェルとなっている。

また第七王位戦車連隊のC中隊が、一八台の鈍足、重装甲のチャーチル戦車を持って参加している。のちに第一および第七戦車連隊が投入されるが、いずれの部隊もセンチュリオン戦車だけで構成されていた。

しかし、どの戦車部隊も三〜六ヵ月で交代していたので、戦線における英軍戦車の数は二〇〇台を超えていないはずである。

一方、カナダ陸軍もこれとは別に四コ戦車

中隊を送り、第二七／二八旅団に協力させた。こちらの方は最大時に五六台の戦車を持っていたが、いずれもアメリカ製のM4A3シャーマンであった。

のちに前述の第二七／二八旅団は、オーストラリア軍、ニュージーランド軍と合体して、『英連邦第一歩兵師団』、また英第二九歩兵旅団はカナダ軍第二五歩兵旅団（連隊規模）と合体して『英陸軍第一歩兵師団（臨時）』となった。

しかし、英、オーストラリア、カナダ、ニュージーランド軍の兵力を合わせても二コ師団の戦力とは成り得ず、せいぜい三コ旅団相当と思われる。

朝鮮戦争における英連邦軍は、各国がそれぞれの思惑を持ち、供出する兵力もまちまちであった。そのうえ、師団、旅団、連隊の規模が国によって大きく異なっていた。

たとえば五〇〇人という、大隊と中隊の中間程度の人数しか送らなかったニュージーランド陸軍は、この部隊を第一六野戦（歩兵）連隊と名付けている。

これと比較して、英国の歩兵連隊の兵員数は本国正規編成で二八〇〇～三二〇〇名、朝鮮の編成では二五〇〇名（支援部隊をふくまず）となっている。

このどちらもレジメントという呼称であるから、軍隊の単位と兵員数は不明確きわまる。

もっとも戦争の初期においてはアメリカ軍（たとえば第二五歩兵師団）でさえも、定数の半分しかいない部隊を師団と呼んでいる。

このため、部隊の編成と兵員数がまったく一致しないような記述がたびたび表われるが、この点はあらかじめ承知しておいていただきたい。ちなみに戦車部隊についても同様であり、例をあげれば、第七王立戦車連隊のC中隊〝C〟Sqという部隊はスコードロン（中隊）といいながら戦力は大隊相当である。
逆に各戦車連隊（第一、第五）は、本国の戦車連隊の五〇パーセント～六〇パーセントの規模となっている。

（注・イギリス陸軍の編成について
イギリス陸軍の編成〈戦闘序列〉については、他国と多少呼称が異なっているので、ここで説明を加えておく。
歩兵部隊には「連隊」がなく、三～四コ大隊で、「旅団」が編成される。これが他国の「連隊」に相当する。
また名称として「連隊」を名乗っても、これは歴史上の伝統ある名称をそのまま受け継いでいるだけで、実体は「大隊」規模であることが多い。
戦車部隊についても同様で、歴史のある騎兵連隊を名のった「連隊」となっていても実質的な戦力は「増強された大隊」に近いと見るべきである。
これを基本にして考えると、
第二七、第二八は、英陸軍の一般的な旅団
第二九は「増強された旅団」
とするべきかも知れない）
これだけ大きな兵力を投入したイギリス軍であるが、人的損失の数値がはっきりしない。

資料により六八六、八八九、一一七〇人といった数が記されている。

またアメリカの資料のように、事故による死者と戦死者の区別がなされていないことも明確さを欠く原因であろう。

もっとも信頼できる数値として、

陸軍　将校八六人　兵士七七九人　計八六五人

海軍　〃一人　〃七人　計　八人

空軍　〃四人　〃六人　計　一〇人

を挙げておく。これによれば、戦死者（事故による死者をふくむ）の合計は九七三人となる。（つまり戦闘による死者八八三人、事故死者九〇人）

なお、この数字にはパイロットは含まれない。

一方、負傷者は将校二〇〇人、兵士二五〇〇人と見れば大きな誤りはあるまい。この数値はアメリカ軍の人的損失の約三パーセントにあたる。

イギリス陸軍が戦った主要な戦闘のうち、もっとも有名なものは、休戦が成立するわずか二ヵ月前に発生した〝フック丘をめぐる闘い The Hook〟である。

この戦闘は二つの点から戦史に残ることになった。

まず、朝鮮戦争で一番最後に行なわれた大規模戦闘であったこと、次に英軍が経験したもっとも激しい戦闘であったことが理由である。〝ザ・フック〟とは地名ではなく、英軍の守る陣地の形が釣針に似ていたことからこの名が付けられた。

一九五三年五月二八日、英軍一コ連隊が首都ソウルの外郭陣地を守っていた。この陣地は北西西四〇キロの位置にあり、標高が六〇〜八〇メートルの小さな丘であった。つまり、現在南北朝鮮の唯一の接点である板門店（パンムンジョム）の南西一〇キロの地点である。

近くにサンチョン川が流れ、主要な港仁川にも近い。

当時戦線は、三八度線北方で完全に膠着《こうちゃく》していた。両軍は互いに陣地にこもり、わずかな競り合いだけの状態である。しかし、その一方で休戦時の線引きを有利にしようと、共産軍は活動を開始する。

この丘はすぐ下に仁川からソウルに通じる道路が通っていることもあり、これまでに四回にわたり共産軍（主力は中国軍）の攻撃を受けていた。

そのため、防衛を受け持つイギリス陸軍ウェリントン公爵連隊（通称〝Dukes〟）二八〇〇人は、堅固な陣地を設営していた。

塹壕の延長は五キロに及び、八ヵ所の観測所、四ヵ所の指揮所、三ヵ所の弾薬庫まで備えられていた。

また増援として、陣地の南側に英陸軍第二〇野戦砲兵連隊が、二五ポンド砲、一〇五ミリ榴弾砲を持ち布陣する。

加えて、敵の大軍の来襲が考えられたので、英陸軍第一戦車連隊のC中隊がフック陣地内で待機していた。

この戦車中隊は、重量五〇トンの戦車センチュリオンMk3を一二台（別の資料では九台）保有する。いずれの戦車も、丘に造られた窪地に配置され、装甲板を持った砲台、機関銃座として使用される。

火器、弾薬は豊富に用意されていたが、戦力の中心たる歩兵の能力に不安があった。それまでフックを守っていた歴戦のスコットランド高地連隊（通称〝Black Watch〟）が引き揚げ、あまり戦闘経験のないデュークスが配属されていたからである。

この重要拠点を守備する部隊の交代は、休戦が間近で国連軍がもはや大戦闘はないと考えていた証拠とも言える。

それを知ってか知らずか、五月二八日朝から中国軍の大攻撃が開始された。

英軍の記録では、この砲撃は六〇、八二ミリ迫撃砲、七六、八五、一〇〇ミリ野砲、一二二、一三〇ミリ榴弾砲のすべてが使われ、昼間のうちに五〇〇〇発、夕方から夜半にかけて七〇〇〇発という凄まじいものであった。休みなく降り注ぐ砲弾は、五ヵ所の前哨拠点の内の二ヵ所を破壊し、またセンチュリオン戦車一台も大口径砲弾の直撃を受けて中破した。

準備砲撃のあと、午前九時頃から中国軍四コ連隊約六五〇〇名がゆっくりとフックに接近してきた。

当日の天候は時間と共に悪化し、夜に入ると激しい降雨がひとしきり続いた。

フック丘には三段の防衛線が引かれていたが、その正面の長さはわずか九〇〇メートルである。

この短い前線に向かって、数百人の中国兵が波状攻撃を仕掛けてきた。

埋没されていた数百コの地雷の大部分は、昼間の準備砲撃でほとんど爆破されてしまい、残ったものでは中国兵の進撃を阻止できない。その上、中国軍は地雷の存在など無視して進んでくるのである。

夜一〇時をまわった頃から、激しい雨の中で両軍は泥にまみれて戦闘を続けた。とくに英軍の第一防衛線では、人海戦術で突撃してくる中国軍とデュークスの兵士が手榴弾を投げ合い、拳銃、シャベルまで使った白兵戦が行なわれた。

砲兵部隊が射ち上げた照明弾が輝いている数分間だけ敵味方が確認でき、それが消えると再び暗闇と銃声だけが戦場を支配する。

英兵にとってもっとも恐ろしい敵の兵器は、中国兵そのものであった。とくに爆薬の入った鞄をかかえてみずから動く爆弾となって塹壕に飛び込んでくる兵士によって、いくつかの陣地が完全に破壊された。

両軍の砲兵はそれぞれ味方を掩護し、敵を攻撃しようと努力していたが、間もなく敵・味方があまり接近したので、発射のペースを落とさざるを得ない有様であった。

一〇時半には英軍の第一線の一部が突破され、中国軍が続々と裂目から侵入してきた。このままでは第二防衛線も危うくなる。

このとき、満を持していたセンチュリオン戦車が砲撃を開始した。一二門の二〇ポンド（八三・四ミリ）砲、そして二四梃の機関銃が鉄条網を乗り越え接近してくる敵兵をとらえた。

また、数台のセンチュリオンは敵からの目標となる危険をおかし、サーチライトを点灯して戦場を照らし出した。

共産軍四コ中隊の攻撃を受け、壊滅寸前であった観測所〝ポイント一二一〟を掩護するため、四台の戦車が二〇ポンド砲の集中射撃を行なって敵兵を殺傷したが、同時に味方の兵士もそれにより負傷するような凄絶な闘いであった。

戦闘は、その後三時半まで絶え間なく続いた。

英軍の戦力は次第に衰えていき、後方の第二〇野戦砲兵連隊の警備中隊が歩兵として救援に駆けつけるような状況であった。

しかし、中国軍の方も多くの死傷者を出していた。二重、三重に張られていた英軍のコイル状の鉄条網が中国軍の侵入阻止に大きく役立っていた。

それは互いにからみ合っていて、切断しても爆破してもなかなか排除できないのである。ある地点では、この鉄条網に十数人の中国兵の死体がからまり、その様子は四〇年前の第一次世界大戦における西部戦線のそれと酷似していた。

四時すぎに英軍の増援部隊が到着すると、フック陣地の奪取に失敗した中国軍は徐々に撤退しはじめた。近づいてきた夜明けと共に、国連軍の地上攻撃機が出撃してくるのが明白であったからである。

一夜明けたフック陣地は硝煙が漂い、負傷者のうめき声があちこちで聞こえていた。ある塹壕の中では、中国兵と英兵が重なり合って死んでいた。

また最も東側の中隊指揮所では、爆薬をかかえて突っ込んできた中国兵によって、居合わせた将校四人全員が爆死していた。

第一戦車連隊C中隊のセンチュリオンは二台が完全に破壊され、四台が損傷を受けていた。一台の戦車には二〇〇発以上の小火器の銃弾が命中していたが、いずれも厚い装甲板を貫通できなかったようである。

中国軍は、この攻撃のさい六〇〇～九〇〇名の戦死者、その二倍の負傷者を出したと思われる。

英軍の側は死者一四二名、負傷者四四〇名である。

この戦争における英陸軍の戦死者総数を約八七〇名とすると、フック丘の戦闘ではわずか一夜にしてその一六パーセントを出してしまったことになる。

この戦いによって、〝デュークス〟は英陸軍の最も勇名を馳せた連隊となったが、闘いの中心である兵士の年齢は一九～二〇歳に過ぎなかった。

そして二ヵ月後、この戦争は終わりを告げたのである。現在でもフック丘にはいくつかの塹壕の跡が残っており、当時の激戦を偲ばせている。

オーストラリア軍

朝鮮戦争の勃発と共に、オーストラリア軍は陸、海、空三軍の一部を投入した。

それらは三軍それぞれの実戦力の三〇パーセント前後である。

まず海軍については、中型航空母艦一隻（RANシドニー）、駆逐艦二隻、空軍についてはは第七七飛行中隊（ノースアメリカンF51Dレシプロ戦闘機、のちにグロスター・ミーティアMk7／8ジェット戦闘機）である。

また、ダグラスC47輸送機を使用している二コ輸送飛行中隊が、陸軍への補給を担当した。

陸軍は王立オーストラリア連隊（RAR）を組織して派遣したが、その兵力は約四四〇〇人と比較的小規模である。そのうえ第一、第二RARは、第二七、二八英連邦歩兵旅団の一部として英軍と共に行動したので、独立した記録としてはほとんど残されていない。

しかし英軍の資料からは、在韓オーストラリア軍の闘い振りがきわめて勇敢であったことが見てとれる。

一九五〇年秋、国連軍の大反撃のさい、第一RARは水原周辺の戦いで敗走する北鮮軍を痛撃し、二〇〇〇人近い捕虜を得ている。

また一〇月二二日、二三日、開城をめぐる戦闘では、同軍の実施した包囲作戦が完全に成功した。戦意を喪失した北軍は戦死者二七〇名、捕虜二四〇名を出したが、これに対し攻撃した第一RARの第三大隊は死者一名、負傷者七名を記録したにとどまっている。

しかし、このような楽な戦いも一九五〇年一〇月いっぱいであった。二〇万人に及ぶ中国軍が介入すると、他の国連軍と同様にオーストラリア軍も大きな損害を出す。

とくに翌年一〇月、イムジン河をはさんだ丘陵地帯の戦いでは、互いに喰うか喰われるかといった肉弾戦となった。

標高二〇〇〜三〇〇メートルの小さな丘のひとつひとつを奪い合って、共産軍と国連軍は死闘を繰り返し、オーストラリア軍もその中にあって戦い続けた。時にはひとつの塹壕をめぐって、両軍の兵士が拳銃とナイフで殺し合うような凄惨な場面も生じている。

一九五三年の終わりまでのべ二・八万人のオーストラリア兵が派遣されたが、そのうちの二七八名が朝鮮の土となった。

なおオーストラリア空軍は、第七七飛行中隊を投入したが、この77SQが使用したのは、前述のとおりグロスター・ミーティアMk7／8双発ジェット戦闘機である。

これは、第二次大戦中に開発された英空軍初のジェット機で、共産空軍のMiG15と同系のエンジンを装備していた。しかし、性能的には出現時期に約五年の差があることもあって、MiGに大きく劣っていた。

だが空中戦の歴史から見れば、英国製とソ連製のジェット機同士の対決は非常に興味深いものと言える。結局、オーストラリア空軍（RAAF）はミグとの対決に敗れ、三二名のパイロットを失っている。

海軍（RAN）は、三八ヵ月間にフリゲート艦以上の軍艦一一隻を交代で朝鮮沖合へ送った。

このうちの一〇隻の水上艦艇は、のべ八万五四〇〇発の砲弾（三・七〜一二センチ砲弾）を敵陣目がけて射ち込んだ。この間の水兵の戦死者はわずかに三名、負傷者は六名だけである。

ただ一隻のみ投入された空母シドニーでは、搭載する艦隊航空部隊（RANFAA）の一機の航空機が撃墜され、七七機が損傷を受けたが、これらの総てが共産軍の対空砲火によるものであった。

艦上機搭乗員の戦死者は二一名であるので、この戦争におけるオーストラリア軍の戦死者の合計は三三四名となる。

ベルギー軍／ルクセンブルグ軍

一九五一年一月末、ベルギーは一コ大隊（八〇〇名）を朝鮮に送ったが、これは砲兵一コ中隊をふくんだ三コ中隊編成であった。

この部隊は〝ベルグ大隊〟と呼ばれ、イギリス軍第二九旅団の指揮下で実戦に参加した。

一方、隣国ながら政治的には一体の国家ルクセンブルグは、軽編成歩兵一コ中隊（四八名）をベルギー軍に加えて派遣した。さらにルクセンブルグ軍は、のちに正規編成の二コ中隊にまで増強した。

戦闘に参加したベルギー／ルクセンブルグ軍は、すぐに中共軍の攻撃を受け、一時的に後退し体勢を立て直す必要が生じた。そのため、五一年五月には兵力を一・五倍に増やし、両軍を合わせると約二〇〇〇名に達したとのことである。

両軍は、一九五五年六月まで朝鮮に駐留したが、戦死者はベルギー軍一〇一名、ルクセンブルグ軍二名（一説には一二名）であった。

カナダ軍

カナダ軍は、英連邦軍の一部としてこの戦争に参加したが、その経緯はかなり曲折したものであった。

カナダ国内には「なぜ遠い朝鮮半島の戦争に王立カナダ陸軍を送らねばならないのか」といった気運が存在したからである。また当時の首相サン・ローランが派遣を決定したあとも、どの程度の兵力を送るべきかといった議論が続いた。

結局、カナダ陸軍行動軍（Canadian Army Active Force: CAAF）という独立戦闘団が編成された。

それは、第二五歩兵旅団に特殊部隊（CASF）を加えたものである。のちに〝パトリシア王女の軽歩兵連隊〟の第二大隊が増援される。

一九五一年二月の国連軍の再反撃にともなって、カナダ軍も戦闘状態に入り、主として英第二七歩兵旅団と一緒に共産軍と戦った。

戦場は三八度線付近の丘陵地帯であった。この冬の寒さは厳しく、また戦闘もそれに劣らない凄絶なものとなった。

戦いが予想より激しいことを知ったカナダ政府はつぎつぎと新しい部隊を送り込んだが、本国の兵力が不足気味であったので、在韓部隊に交代制をとりいれた。したがって他の派遣軍と異なり、カナダ軍将兵は短い者ではわずか三ヵ月間で本国へ帰ることができた。

カナダ軍にとってもっとも激しかった戦闘は、一九五二年三月中旬にイムジン川南岸で行なわれた。

英、カナダ連合部隊の守る陣地に中国兵が来襲したが、彼らは米空軍の攻撃をまぬがれるために接近戦を挑んできた。

一一〇〇名の英、カナダ軍と四〇〇〇名の中国軍は、のちに〝三月の夜戦〟と呼ばれる激戦を展開したが、結局英連邦軍は持ちこたえたのである。

この一週間に〝パトリシア王女の連隊〟は、一〇〇人の死傷者を出している。

さらにこの戦いにおいて、カナダ軍のM4A3シャーマン戦車一二台は、移動トーチカとして使用されたが、これは共産側がたびたび用いた戦車の用法とまったく同様であった。

一九五二年夏から、戦線は三八度線をはさんで膠着状態となったが、カナダ軍の特殊部隊は共産軍陣地に小規模の攻撃を仕掛け、少なからぬ戦果をあげた。

同軍の派遣兵力は、歩兵一コ連隊（三コ大隊、野砲一コ大隊、対戦車砲一コ大隊）である。

一方海軍は、駆逐艦一～三隻を五〇年の七月末から投入し、沿岸砲撃に当たらせている。

空軍は連絡、偵察機一コ中隊（一二機）を送り、地上軍の作戦に協力させた。

総計二・二万人のカナダ兵がこの戦争に参加したが、戦死者は三一四人、負傷者は二〇二〇人を数えている。

コロンビア軍

中央アメリカのコロンビアは、一・五万キロの彼方からフリゲート艦一隻（アルミランテ・パディラ）と歩兵一コ大隊（約一一〇〇名）を送ってきた。

この大隊は、そのまま〝コロンビア大隊〟と呼ばれ、アメリカ陸軍第二四歩兵師団の指揮下に配属された。そして、のちに第三一歩兵連隊へと移され、朝鮮半島中部での戦闘に参加した。

この地区〝オールド・バルディ〟（アメリカ軍の名付けたある盆地の呼称）をめぐる戦いにおいて、コロンビア大隊はわずか三日間で三八人の戦死者を出している。

アフリカ大陸からきた南アフリカ共和国、エチオピア軍、南アメリカからやってきたコロンビア軍の兵士は、朝鮮半島の厳冬期に多くの凍傷患者を出すことになった。

最終的にコロンビア軍はのべ一・一万人の兵士を送り込み、一三一名の戦死者を出してしまった。

オランダ軍

オランダ軍は一九五〇年一一月に朝鮮に上陸したが、その兵力は歩兵一コ大隊（六四〇名）であった。その後、三コ歩兵小隊が増援として送られてきた。当時同国は、その植民地オランダ領ニューギニアに約六〇〇〇人の軍隊を派遣していたので、朝鮮に大兵力を送る余裕がなかったといえる。

オランダ陸軍は、オウデン少佐指揮のもとに、アメリカ第三八歩兵連隊と共同して戦った。

一九五一年二月、同少佐が中共軍の攻撃によって殺されたことを知ったオランダ政府は、兵力を二倍に増やす。しかし、一五〇〇名に達したオランダ軍でも、その兵力は国連軍の一パーセントに満たなかった。

一九五四年九月に同軍は朝鮮から引き揚げたが、それまでの戦死者は一二〇名である。海軍は、駆逐艦一隻を五〇年七月から派遣しているが、特筆すべき活動は見せていない。

エチオピア軍

当時のエチオピア皇帝ハイレ・セラシェは、反共主義者として知られており、彼は最精鋭たる近衛兵一コ大隊を国連軍に供出した。

この大隊は完全編成で、一一〇〇名から構成されていた。

地理的な要因でエチオピア軍の到着は一九五一年五月になってしまったが、ちょうどその時期は中国軍、北朝鮮軍の第二次春季攻勢にあたっていた。

前線に向かったエチオピア軍は、さっそく共産軍と衝突し、歩兵同士の凄惨な戦いが繰りひろげられた。共に近代的な兵器を持たず、また闘志も高かったため、戦闘の状況は常に接近戦であった。エチオピア軍は、米軍が〝ポーク・チョップ・ヒル〟と名付けた丘の陣地で中国軍と対峙したまま休戦を迎えた。

同軍の大隊は自らを〝カグネウ大隊〟と称し、アメリカ第三二歩兵連隊の指揮下にあったが、一五〇人の戦死者を記録している。

フランス軍

一九五〇年初冬に到着したフランス軍は〝フランシス大隊〟という名の一コ大隊である。しかし、単位としては一コ大隊であるが、歩兵三コ中隊と支援中隊が増援されていたので、実質的に増強一コ大隊の戦闘力を持っていた。

兵員数としては約一四〇〇名である。

比較的小兵力にもかかわらず、仏軍部隊は長い期間第一線にあり、中国軍との死闘を繰り返した。

一九五一年一〇月の〝ハート・ブレーク・リッジの戦い〟は、規模こそ小さかったものの、参加した兵士の三分の一が死傷するといった激しい戦闘であった。この他、仏軍は三八度線の北部で、小さな丘をめぐって戦い続けた。

しかし、フランスにとっては朝鮮の戦争より、インドシナ半島のベトナム（フランス領インドシナ）の紛争の方がはるかに重要であった。それは、朝鮮と同じ時期に激しくなりつつあったからである。

五二年のフランスは、海軍の戦艦をふくむ大量の増援を行ない、ベトナム北部の完全制圧を狙っていた。

そのため、どうしても朝鮮戦争への介入の度合は最小限に抑えたかったのである。

朝鮮に休戦の兆しが見えると、フランス軍は一〇〇〇名まで削減され、五三年一〇月には撤退を完了する。

フランス陸軍の戦死者は二六一名であった。

また、フランス海軍はこの海域に小型砲艦一隻を派遣していたが、これについても戦争半ばにベトナムに向け去っていった。

ギリシア軍

ギリシアは陸軍第八、第九歩兵師団からの志願者八五〇名、そして一五〇名の支援部隊からなる一コ戦闘団を組織して朝鮮に送った。

この戦闘団は、アメリカ第七騎兵連隊の指揮下に入り、他の国連軍歩兵部隊と同様に三八度線近くの陣地争奪の戦いに参加した。

この戦いは、両軍が強固な陣地を築き、それを少しずつ奪取していく形のものであったため、犠牲者の多いわりには進展が見られなかった。

たとえば一九五一年一〇月、〝スコッチ・ヒルの戦い〟ではギリシア軍は二八人の戦死者を出しながら標高三一三メートルの丘を占領したが、この丘は三ヵ月間に六回も奪取、撤退が繰り返された。

休戦になってからしばらくの間、ギリシア軍は監視の任務をおびて朝鮮に駐留した。

なお、三〇ヵ月にわたる戦いの結果、同軍の戦死者は一八二名を数えた。

ニュージーランド軍

カナダ、オーストラリア、南アフリカと共に英連邦の一員であるニュージーランドは、一コ戦闘部隊（約五〇〇名）とフリゲート艦二隻を派遣している。

戦闘部隊の方は、はじめから第二七／二八英連邦歩兵旅団に組み込まれていたが、これはNZ陸軍部隊があまりに小人数であり、単独の行動は危険と見られたからであった。

またその事実を隠す目的で、わずか五〇〇名のNZ軍を『ニュージーランド第一六歩兵連隊』と呼ぶこともあった。同部隊は歩兵二コ中隊、野砲一コ小隊からなっていた。

戦場におけるニュージーランド軍の戦いぶりは不明で、戦死者数もはっきりしないが、五〇名前後であったと考えられる。

海軍の二隻のフリゲート艦は、英、オーストラリア海軍の航空母艦の護衛に当たっていた。

フィリピン軍

一九五〇年九月中旬、朝鮮に到着し、一九五四年四月まで駐留した。

戦力は独立一コ〝大隊戦闘チーム〟BCT（機械化）という戦闘団である。具体的には総兵員数二六〇〇名であり、編成は、

三コ狙撃中隊（兵員四五〇名×三コ）

一コ戦車中隊（M4戦車一七台）

一コ軽戦車（偵察）中隊（M24戦車一七台）

一コ自走榴弾砲中隊（M24一五五ミリ砲六門）となっていて、これ以外に五〇〇人からなる支援部隊をともなっていた。

戦車および自走榴弾砲の実数については、韓国軍に対する供与が優先し、いずれも定数の半分程度であったと思われる。

このような、独立した戦闘団を臨時に編成して海外の戦場に派遣する手法は、オーストラリア陸軍と同様である。

一九五四年の春までに、第一〇、第二〇、第一九、第一四、第二（投入順）の五コBCTが交代で戦場にあった。

戦闘に参加したのは五〇年一〇月以降で、最初は米第二五歩兵師団と共同して実施した韓国南部でのゲリラ掃討戦であった。

当時のゲリラは、一ヵ月前まで釜山橋頭堡を包囲していた北朝鮮正規兵の残存兵力である。したがってゲリラ相手とは言っても戦闘は激しいものであり、フィリピン軍の死傷者も少なくなかった。

五一年春の国連軍の再攻勢時に、フィリピン軍は英軍、米軍と共にイムジン川で中国軍拠点に攻撃をかけこれを占領した。

このときには、三ヵ国軍の戦車が共同して中国軍の陣地を砲撃したが、これは戦争中唯一の出来事である。

フィリピン軍は、一九五〇年の一月に編成されたばかりの軍隊であり、その九ヵ月後には実戦を経験する。同軍の人的損害は不明だが、戦死者は一二〇名前後と推定されている。

タイ国軍

タイは陸軍と海軍の一部を朝鮮に送ったが、その規模は、

陸軍　第二一歩兵連隊　約四〇〇〇人

海軍　コルベット艦二隻

であった。

第二一歩兵連隊は、のちに〝女王のシキリット・ガード〟とのニックネームを与えられる。一九五〇年九月に朝鮮に到着したのは、第二一連隊の第一大隊だけであったが、のちに三コ大隊まで増強された。

タイ陸軍は米、英軍と共に行動していたが、初めの一年間はゲリラ掃討戦を受け持っていた。その後五一年一二月には、海州付近で中国軍と戦った。

この戦争にタイはのべ一万九〇〇〇名の兵員を参加させたが、戦死者は少なくわずかに一二五名にすぎない。

二隻のコルベットは、主としてアメリカ航空母艦の対潜水艦哨戒任務を担当した。ただし共産側の潜水艦が出現しなかったので、交戦の機会は一度もやってこなかった。

トルコ軍

朝鮮戦争ではアメリカ以外に一六ヵ国の軍隊が国連軍（UN軍）として派遣された。この中でアメリカについで最も多くの損失を記録したのが、アジアの反対側からはるばる参加したトルコ軍である。

トルコ軍の全兵員数は約六〇〇〇名で、その主力は三コ大隊編成の第二四一歩兵連隊（四六〇〇名）であった。これに加えて一コ砲兵大隊（一〇五ミリ榴弾砲一八門）、通信、工兵、補給などの各一コ中隊が送られた。

第二四一連隊は、のちに完全編成の第二、第三、第四旅団と交代しているので、在韓兵力は六〇〇〇名を越えたものと思われる。

トルコは、第二次世界大戦においては中立を保つことができたが、それが裏目に出て兵器の近代化は大幅に遅れていた。このため、朝鮮にやってきたトルコ兵の大部分は、ボルト・アクションの小銃を持っているような有様であった。

しかし、同国の仮想敵国は常にロシア／ソビエトであった事実もあり、反共意識はきわめて高かった。

トルコ軍の兵士は機動戦を苦手としたものの、固定陣地をめぐる戦闘ではきわめて頑強であった。

五〇年一一月の中国軍の侵入のさい、最後まで北朝鮮内の守備陣地を放棄せず、一部の小部隊は全滅するまで戦った。これに対して、アメリカ軍歩兵部隊の方が早々と撤退してしまったとされている。

もし、トルコ軍の小火器が近代化されたものであったなら、同軍はより大きな戦果を挙げたものと推測される。

また、同軍の車両保有数が少なく、この点でも不利はまぬかれなかった。

米軍から供与された105ミリ砲を使用するトルコ軍砲兵(上)
対地上攻撃に活躍した南アフリカ空軍所属のF51戦闘機(下)

この事実を知ったアメリカは百数十台のトラック、ジープを供与したが、これらの一部は日本国内で組み立てられたものである。

トルコ軍はこのように、朝鮮戦争において最初（五〇年一〇月一日）から最後（一九五三年五月）まで戦い続け、米軍の次に多くの死傷者を出している。

同軍の戦死者は九三〇名、負傷者は二一三〇名であった。

しかし、その割には同軍

国連軍の米・韓国以外の航空戦闘部隊の決算

南アフリカ空軍	ノースアメリカンＦ51×95機（配備数） ソーティ数約1万500回 損害　戦闘損失60機　事故損失13機 合計73機 戦死・行方不明者40〜50名　捕虜10名 ノースアメリカンＦ86Ｆ　配備数不明 損失4〜5機
オーストラリア空軍	グロスター・ミーティアＦ8×87機（配備数） ソーティ数　1万8181回 損害　戦闘損失・事故損失　合計46機 戦死・行方不明　32名 ノースアメリカンＦ51　配備数不明 損失10機？　戦死・行方不明者10名
オーストラリア海軍	ホーカー・シーフュリーFB 11×26機　ソーティ数2100回 損害　戦闘損失11機、事故損失14機　合計25機　戦死者3名
イギリス海軍	ホーカー・シーフュリーＦ6×13機 フェアリー・ファイアフライＦ1/5×13機 ソーティ数　1万1500回 （他に少数のスーパーマリン・シーファイア） 損害　戦闘損失、事故損失　合計41機 戦死・行方不明者数は不明

注）資料によってデータは全く異なる。また艦上機の機数については、空母の配備数、空母への配備数によって異なる。また南アフリカ空軍、オーストラリア空軍の記述については、藤田俊夫氏の研究による。

の活躍は知られていない。これについては、ベトナム戦争における韓国軍の場合とよく似ている。

この理由は、一にも二にも使用している言語が一般的でない点が挙げられる。トルコ語が読め、それを英訳できる人が日本はもちろん欧米にも極めて少ないのである。

もしトルコ本国を訪ねることができれば、異国の地で勇戦したトルコ軍の記録を見つけ出すのは決して難しくないはずである。

その他

南アフリカ連邦は、〝空飛ぶチータ〟と名付けられた第二飛行中隊を派遣した。

使用機種はアメリカ製のノースアメリカンF51Dムスタングであったが、のちにはアメリカ空軍の最新鋭機ノースアメリカンF86Fセイバーを入手した。これらはいずれも〝飛びカモシカ・スプリング・ボクス〟のマークを付けていた。

機数は定数二四機となっているが、実際には二〇機以下であったと思われる。

SAAF（南アフリカ連邦空軍）は、主として烏山（オーサン）基地を使って、共産軍への地上攻撃に活躍した。とくに、イギリスが空軍機を派遣しなかったこともあり、SAAF第二中隊は英陸軍を支援する場合が多かった。

SAAFは、この戦争の始めから終わりまで参加し、約五〇名のパイロットを失っている。

またスウェーデン、デンマーク、ノルウェー、イタリアの四ヵ国の赤十字は、医師、看護婦からなる医療チームを送り込んだ。とくにデンマークの病院船ユトランディアは、仁川、釜山と移動しながら傷病兵の治療に当たり、多くの国連軍兵士の命を救っている。

（注・英連邦軍の中に第六〇インド降下兵救難中隊という部隊名が見られるが、これはインド駐留英陸軍の一部でインド軍ではない。〈ただし兵士の半数はインド人である〉したがって、インドはこの戦争に戦闘部隊を派遣しなかったと判断した。

またカリブ海の小国プエルトリコから将校団が派遣されアメリカ陸軍と共に行動したが、これには小兵力の護衛グループ〈最大時に兵士六〇名〉が同行している。このプエルトリコからの一団を戦闘部隊に組み入れている資料もある）

第八章　中国側から見た朝鮮戦争

一　参戦直後の状況

社会主義国に沸き上がったペレストロイカ（改革）、グラスノスチ（情報公開）を受けて、中国においても過去の戦争についての資料が一九八八年頃からいっせいに公開され始めている。速度と資料の量において、その動きはダムの水門が一挙に開いたような勢いを持つ。

朝鮮戦争の記録についても、まったく同様で、公刊戦史に該当する「中国人民志願軍抗美援朝戦史」を始めとし、大量の資料が公開された。そのほとんどが〝内部発行（部内資料）〟と書かれているが、多少の労をいとわねば日本においても入手可能である。

それらの資料を詳細に見ていくと、中国軍部がこの大戦争の正確な記録を残そうと努力している意図がよくわかる。

たとえば、かつて中国はつねに北朝鮮と同一の歩調で朝鮮戦争を見つめてきたが、最近の出版物では独自の見方に変わってきている。また、一九五九年に北朝鮮と共同で発表した膨大な戦果に対しても、きわめて冷静な分析を取り入れて見直しをすすめている。

ひとつの例として、国連軍航空機の撃墜機数（一九五五年一二月発表）を検討しよう。それによると共産軍の戦果は、なんと一万二二二四機！　であった。この数字は、中国・北朝鮮軍の合計数である。

一九八八年、中国はこのうち二三四七機が自国軍の戦果と発表した。となると、残りの九八七七機が北朝鮮の戦果となる（一部にソ連空軍による戦果あり）。中国軍と比べて、極めて弱体な北の戦闘機隊、対空砲部隊が、中国軍の五倍近い戦果を挙げたことになるのである。

一九八九年春に行なわれた歴史学会で、この点をソ連人研究者に質問されると、中国の報道官は「北朝鮮の戦果に関しては、北に直接聞いて欲しい」と答えている。つまり中国は自国として納得できる数値を発表するが、北朝鮮も独自に戦果を見直す判断をすべきである、というわけであろう。

また、中国は自軍の人的損害についても、詳しい数字を公表している。（その詳細と検討は別稿に示すが、死傷者数約三六万人、そのうち戦死者一三・三万人であった）

この数値をアメリカ軍の死傷者一六万人、そのうち戦死者五・四二万人（事故死者二・〇六万人を含む）と比較すると、中国軍の戦死者はアメリカ軍の四倍に達している。

この一事をもってしても、中国軍がこの戦争で大損害を出している実態がわかる。そして

北朝鮮軍・中国軍の戦果の割合

	A. 総合戦果	B. 北朝鮮軍の戦果	C. 中国軍の戦果	国連軍の戦果*	アメリカ空軍の戦果
人的戦果	109万3839人	37万5791 (34.4%)	71万8048 (65.6%)	142万	
航空機	1万2224機	2062 (16.9%)	1万162 (83.1%)	1500	976機
艦船	552隻	428 (77.5%)	124 (22.5%)	1000	593隻
戦車	2868台	1152 (40.2%)	1716 (60.8%)	2000	1327台
車両	1万1472台	3453 (30.0%)	8019 (70.0%)	10万	8万2920
火砲	7695門	2492 (32.4%)	5203 (67.6%)	—	—
小火器	12万6148梃	5万2886 (41.9%)	7万2262 (58.1%)		
		34.8%	65.2%		

注）人的戦果については死傷者、捕虜、集団投降などをふくむ。
他の兵器の場合は全壊、損傷、捕獲をふくむ。
データは資料によって大きく異なる。このデータは、
A．1953年12月の両国の合同戦果発表時のもの。
B．A−Cを北朝鮮の戦果としたもの。
C．1988年7月、中国軍事科学院発表のもの。
*：国連軍の各軍隊で戦果を公表しているのはアメリカ空軍のみである。

中国軍の物的総合戦果

区分	戦車	装甲車	車両	航空機	火砲	携帯火器
第Ⅰ期	32台	5台	765台	4機	529門	4530梃
Ⅱ	166	41	3481	6	1161	1万1848
Ⅲ	47	13	242	—	398	6670
Ⅳ	120	2	827	—	288	6799
Ⅴ	170	16	1104	—	757	1万5405
Ⅵ	437	9	142	—	146	3762
Ⅶ	486	1	515	—	240	3171
Ⅷ	317	0	322	—	224	5258
Ⅸ	251	0	390	—	142	1258
Ⅹ	225	7	426	—	735	1万3561
小計	2251台	94台	8214台	1万162機	4620門	7万2262梃

注）この表の数字は期ごとの撃破、捕獲数の合計を示す。区分は275ページの表を参照。

その数値は、繰り返すが中国政府が公表したものなのである。

これ以外にも、中国の朝鮮戦争に関する資料は詳細を極めており、派遣された部隊の戦闘序列、指揮官名、戦闘の場所、戦闘ごとに付けられた名称まですべて公開されている。

また主要な人物については、戦死の日付、功績、状況なども記されている。

確かに、自軍の勝利と兵士の勇戦の状況を大仰に書き立てているきらいはあるが、その中からも多くの真実が顔を出しているのである。

それではこれらの前提にもとづいて、「中国軍の側から見た朝鮮戦争」を述べよう。

なおこの章に関しては、

「中国人民志願軍抗美援朝戦史」

「新中国軍事活動記実一九四九〜一九五九」

「当代中国軍隊的軍事工作」

「中国空軍史、同海軍史、当代中国空軍」

を参考にしている。

まず、介入直前の中国人民解放軍の戦力を見て行くことにする。

どのようにして調査したのかは不明だが、ひとケタの人数まできちんと計算されている。

総兵力　一三七九万六七八八人（一三八〇万人！）

内訳　正規軍および地方軍　七八九万一三九三人

民兵、国境警備隊　五九〇万五三九五人

中国軍の戦闘序列（1953年7月：休戦時）

軍番号	師　団　番　号		兵員の概数
第1軍	3コ歩兵師団	(1、2、7師団)	兵員数2.4万人
12	〃	(34、35、36)	2.1 〃
15	〃	(29、44、45)	2.1 〃
16	〃	(46、47、48)	2.1 〃
20	4コ歩兵師団	(58、59、60、89)	2.8 〃
23	3コ　〃	(67、69、73)	2.1 〃
24	〃	(70、72、77)	2.1 〃
26	4コ歩兵師団	(76、77、78、88)	2.8 〃
27	〃	(79、80、81、90)	2.8 〃
38	3コ歩兵師団	(112、113、114)	1.8 〃
39	〃	(115、116、117)	1.8 〃
40	〃	(118、119、120)	1.8 〃
41	〃	(121、122、123)	1.8 〃
42	〃	(124、125、126)	1.8 〃
46	〃	(133、136、137)	1.8 〃
47	〃	(139、140、141)	1.8 〃
50	〃	(148、149、150)	1.8 〃
54	〃	(160、161、162)	1.8 〃
60	〃	(178、179、180)	1.8 〃
63	〃	(187、188、189)	1.8 〃
64	〃	(190、191、192)	1.8 〃
65	〃	(193、194、195)	1.8 〃
66	〃	(196、197、198)	1.8 〃
67	〃	(199、200、201)	1.6 〃
68	〃	(202、203、204)	1.5 〃
70	〃	(208、209、210)	1.5 〃
		合計　81コ歩兵師団	51.1万人
独立部隊	4コ　機械化砲兵師団		
	1コ　ロケット砲兵師団		
	6コ　対戦車砲連隊		
	4コ　対空砲連隊		
	4コ　戦車連隊		
	5コ　馬匹牽引砲兵連隊		

1953年におけるその他の部隊

車両牽引式砲兵師団　第1砲兵師団（25、26、27砲兵連隊）　3コ砲兵連隊
　　　　　　　　　　2　〃　（28、29、30　〃　）　〃
　　　　　　　　　　7　〃　（11、20、21　〃　）　〃
　　　　　　　　　　8　〃　（31、44、45、47、48）　5コ　〃

ロケット砲兵師団　第21RA師団（201、202、203）の3コ・ロケット砲兵連隊
独立対戦車連隊（401、402、403、404、405、406の6コ対戦車連隊）
馬匹牽引砲兵連隊（9、10、40、41、不明の5コ砲兵連隊）
対空砲連隊（1、2、3、9の4コ対空砲連隊）
戦車連隊（1、6、他2コ連隊、番号不明の4コ戦車連隊）

近代的な兵器の有無はともかく、一四〇〇万人近い武装兵力は、他の世界中の軍人数の総和に等しい。つまり、全世界の軍人の半分は中国兵というわけである。

また、戦争に参加した総兵員数は三五〇万人を超え、犠牲者の総数は戦死一三・三万人を含めて四〇万人に届こうという数になろう。

ここで参加全部隊のリストを掲げる。

戦争の初期には、志願軍、野戦軍という呼称であったが、のちには軍という名称に統一され、編成もすっきりした形となった。なお、志願軍の代わりに義勇軍という呼称も使われている。

ただし、それまでの編成がわかり難いので、少々スペースを費やして説明する。

最大単位は野戦軍（Field Army）であって、これは一〜四まで存在した。その指揮下に六コの志願軍（Garrison Army）があり、それぞれ三〜四コが野戦軍に属していた。

中国の一コ師団の兵員数は、他国のそれと比べて少なく、八〇〇〇〜九〇〇〇名（当時）であった。平均的に八五〇〇名と見ると、朝鮮に侵攻してきた中国軍の戦術、戦略単位は、

一コ師団　　八五〇〇名
一コ志願軍　約三万名
一コ野戦軍　約一二万名

となる。ただし後期については、正規一コ師団の兵員は約一・一万名となる。もっともすべてこの数値となるわけではなく、より弾力的に編成されていた。

たとえば第三野戦軍は指揮下に一二コ師団を擁していたが、有名な第四野戦軍は二四コ師団（最大時）と二倍の兵員を持っていた。

加えて、中期以降は志願軍、野戦軍とは独立して行動する軍（Army）が新設された。この〝軍〟についても、志願軍、野戦軍から編成替えになったものと、前述のように新しく作られたものの二種類があるが、それらは表の空欄によって区別できる。

一九五二年末には、中国軍の編成は非常にすっきりとした形に改められた。

最大単位は〝軍〟であり、これは原則として三コ師団（兵員二万八〇〇〇名）からなっている。なかには第二六、二七軍のように四コ師団編成のものもあるが、その数は少ない。

中期以降の〝軍〟は、兵員数から見て、初期の〝志願軍〟より多少小さい単位と考えればよい。

これに対して、アメリカ陸軍の師団は中国軍のそれの一・五倍近い兵力を持つ。また海兵師団はより強力で、兵員数は一・八〜二・二万人であるから、中国の師団の二・一〜二・六倍である。加えて火器、戦車などの数も大幅に上まわっている。

このため戦力比は、

一コ海兵師団――中国軍の一コ軍に相当

　陸軍師団――　〃　〇・七五軍に相当

と考えればよい。

この戦争に投入された中国人民解放軍は、四コ野戦軍、七コ志願軍（のち合同して二五コ軍に)、八七コ師団となるが、これは歩兵師団だけである。
他の部隊には、
五コ独立砲兵連隊
四コ砲兵師団(一四コ砲兵連隊)
一コロケット砲兵師団(三コ連隊)
六コ対戦車砲連隊
四コ対空砲連隊
四コ戦車連隊
砲兵合計 一九コ連隊

という膨大な戦力があった。そして共産軍の比率は、北朝鮮一、中国軍一・五〜二・〇となっていて、損害も一九五一年以降については、ほぼこの割合になっている。

一九五〇年一〇月八日、毛沢東首席は中国人民解放軍内に志願軍を組織し、朝鮮に送る決定を下した。その決定の内容は次の六項目よりなっていた。

(1) 志願軍派遣の目的は(北)朝鮮人民の解放戦争を支援し、アメリカ帝国主義とその走狗となっている者(韓国政府)を駆逐すること
(2) 派遣兵力は一三コ兵団(西側の〝軍〟に相当)司令部と、これに所属する第三八、三九、四〇、四二軍(それぞれ三コ歩兵師団からなる)、砲兵第一、二、八師団とする
(3) 人民志願軍の司令員(官)および(最高)政治委員は彭徳懐同志とする

(4) 東北行政区に後方支援（事務をふくむ）基地を設ける
(5) 志願軍の入朝後は、（北）朝鮮人民政府との友情を深め、同国の規律を尊重する
(6) 多くの困難はあろうが、最後の勝利は我方にあることを確信し、情熱と勇気をもって
それを克服すべし

この決定によると、第一陣として派遣された中国軍の兵力は、

歩兵一二コ師団　一三・八万人（いずれも増強師団）
砲兵三コ師団　二・七万人
計　一六・五万人

となる。どちらも志願軍とは言いながら完全な正規軍である。ただし砲兵師団は、〝辺防軍〟（辺境防衛・国境警備隊所属）のもので、人民軍砲兵師団より戦力は弱少であった。

また、これだけの兵力を支えるために、少なくとも三〜四万名の後方支援、輸送部隊が必要であろうから、総兵力は約二〇万名と考えられる。アメリカ情報部も、志願軍の総兵力は約二〇万と推定している。

なお、ここでいう志願軍という表現は、正式な軍の単位ではなく、政治的意味合いの〝中国の朝鮮派遣軍〟のことである。

それでは、なぜ建国後間もない新中国が、この戦争に介入したのか、という点について考えてみたい。

まず同国の首脳が、国連軍の仁川上陸作戦の成功によって北朝鮮の敗北が決定的になった

事実を知ったことである。

開戦から九月一〇日までは、北朝鮮は信じられぬほどの勢いで韓国を叩きのめし、南部の〝解放〟は火を見るより明らかであった。

しかしながらクロマイト作戦は戦局を完全に逆転させたどころか、朝鮮民主主義人民共和国の存在さえ脅かした。もし北朝鮮という国が消滅すれば、自国の向こうに、すでに仮想敵国になっていたアメリカの息のかかった国家が誕生する。

これは、新中国としては決して座視できる事態ではなかった。

前述のごとく毛沢東と中国政府が、仁川上陸と、その後の北朝鮮軍の敗退によって受けた衝撃は非常に大きかった。

あまり敗北に関する報道を行なわない共産側の資料にも、〝朝鮮人民軍は退却を続け、南北から挟撃される可能性が大である〟といった記述が続く。

参戦までのその後の状況は急ピッチで、

九月三〇日　共産党、解放軍首脳緊急会議

一〇月七日　国連軍が三八度線を越えたら介入すると警告

八日　朝鮮への支援を決定

九日　朝鮮への出兵を決定

一九日　志願軍、鴨緑江を越える

となっている。

なんと介入決定から実際の介入までわずか一〇日間しかなく、現代史の中でもまれに見る速さであった。

志願軍の第一陣は七日分の食料、兵士一人当たり一七〇発の小銃弾、三コの手投げ弾しか持たず、〝ルビコン河〟ならぬ鴨緑江を渡ったのである。

二　戦争の推移

それでは、中国側から見た朝鮮戦争を時間を追って見ていくことにする。記述はあくまで軍事的な事項、推移を優先し、政治的な部分は取り扱わずにすすめている。

●一九五〇年

一〇月一九日
一〇月九日の決定に従って、人民志願軍の第一陣が鴨緑江を渡り北朝鮮に入った。二三日、第二陣がそれに続く。その兵力は、歩兵三コ軍九コ師団、砲兵三コ師団、高射砲兵、工兵各一コ連隊であった。
一〇月二五日
温井、元山などで総攻撃開始（第一次戦役と呼称）。攻撃は完全に成功し、一一月五日までに一・五万人の敵軍を殲滅《せんめつ》。
（注・殲滅：死傷、捕虜、自発的投降、義起〈寝返り〉、戦線離脱、逃亡などのすべてを含

む）

一〇月三一日

工兵司令部、一八コ工兵連隊と共に入朝。

一一月六日

二コ鉄道兵師団入朝。

（注・中国人民解放軍の陸軍は、人民軍〈歩兵〉、砲兵、高射砲兵、工兵、鉄道兵からなる。

鉄道兵とは鉄道、道路建設が主な任務であるが、迫撃砲、対空砲も有する）

一一月二五日

北朝鮮の大部分の地域から国連軍を駆逐。一部の部隊は、三八度線以南まで進出。ほぼ一ヵ月間で第二次戦役を大成功裡に終了し、戦局を徹底的に有利とする。敵の殲滅数三・六万人以上。

一二月二一日

志願軍空軍・航空（兵）第四師団、安東基地で実戦配備につく。ただし実動は一コ大隊。

一二月三一日

国連軍が急造した三八度線沿いの陣地を突破。水原（韓国領内）付近まで南下進出。三八度線以北の大部分を占領、この戦いを第三次戦役と呼ぶが、この時の敵の殲滅数は一・九万人。

●一九五一年

一月二一日

空軍第四師団第二八大隊、アメリカ空軍機と初交戦。二九日、F84戦闘機二機を撃墜破。

一月二五日

国連軍の組織的反攻始まる。中国軍の一部は防御にまわる。その後総反撃（第四次戦役）。敵殲滅七・八万人。ただし三月一四日、金城から主動的撤退。四月二一日、三八度付近で敵の進出を阻止する。

（注・この記述から中国軍が初めて大きな打撃を受け、一部で撤退を余儀なくされたことがわかる。主動的撤退とは旧日本軍の〝転進〟と同義語であろうか）

二月七日

中央軍事委員会は、この戦争が長期化することを確認。それに対応できるように意志統一をはかった。また人民解放軍の戦力増強を決定する。

三月三一日

戦車（兵）二コ師団、一コ連隊が装甲兵司令部と共に入朝。またこの月に、北の全土に対空監視哨（防空哨）を組織する。アメリカ軍機の攻撃から、主として輸送網を防衛することが目的。

四月二二日

第五次戦役。国連軍のピョンヤン占領の意図を粉砕。六月一〇日頃まで激戦が続く。敵の殲滅八・二万人。中国軍は機動防御という戦術を採用する。その後夏に向け、両軍とも戦略防御体勢をとる。

五月二六日

毛沢東は、対アメリカ・イギリス軍との戦闘については、大規模攻撃よりも小さな包囲戦が有効であると指示する。

(注・これは五一年春における戦いで、中国軍が国連軍の圧倒的な火力、空軍力により大きな損害を出した事実によるものと推測される。この一ヵ月後、中国軍首脳は〝持久戦、積極防御〟方針を決定する)

七月一〇日

休戦会談開始。

七月二〇日

この日から八月末まで、北朝鮮は数十年振りの大洪水に見舞われる。交通、輸送網は寸断され、前線への補給は困難となる。

八月一八日

休戦会談は不調におわり、国連軍の夏季攻勢始まる。アメリカ軍二コ師団、韓国軍五コ師団が猛攻。中・北朝鮮軍防御にまわる。九月一八日、ようやく反撃成功。殲滅七・八万人。また、夏季攻勢に合わせてアメリカ空・海軍が集中攻撃。中国軍苦闘する。しかし朝鮮人民軍の協力のもとに反撃。空軍機、高射砲を合わせて五二年六月までに三八〇機以上の国連軍機を撃墜。

九月四日

休戦会談が再開されたことにより、今後の作戦は〝陣地防御〟を主とし、また陣地からの出撃も小規模とする決定が下る。

九月二〇日

鴨緑江のすぐ北にある中国領内安東と、北朝鮮の首都ピョンヤン（平壌）間の主要交通網の確保のため、中国人民空軍が大量に投入される。戦闘機一〇コ師団、爆撃機二コ師団。これらの航空戦力は休戦までに国連空軍の航空機三三〇機を撃墜、九五機を撃破した。

九月二九日

国連軍の秋季攻勢開始。中国軍は陣地にこもって反撃。二四日間にわたって激戦続く。一〇月二二日、攻勢休止。殲滅七・九万人。

一〇月二三日

抗美援朝戦争一周年記念日の戦果発表。

国連軍三八・七万人を殲滅

内アメリカ軍一七・六万人

物的戦果　各種車両　九四五台

〃砲　三五五八門

〃航空機　一三一二機

いずれも撃破、捕獲などの合計数。
一〇月二九日
敵の圧力が高まっているため、各陣地（とくに平城地区）の防衛強化。
一〇月三〇日
敵の戦線に対し局部的反撃作戦を実施、一一月末まで続行。二一ヵ所の陣地を占領、敵の損害一万人以上。
一一月一五日
西部沿岸の諸島を占領するため、上陸作戦が実施され、大和島など一〇数島を占領。約一〇〇〇名の守備兵力を撃滅。
（注・この作戦は一一月いっぱいかかり、中国軍の勝利に終わる。しかし、一一月三〇日に大和島上空で、中国空軍はアメリカ戦闘機隊により大損害を受ける）
一二月二三日
人民志願軍、高射砲三コ師団、レーダー部隊、探照灯部隊を送り、交通網の防御を固める。
●一九五二年
一月二八日
アメリカ軍に対する反細菌戦キャンペーン開始。約半年間にわたって続く。
一月二九日

中国軍による戦争期間の区分

区分	呼　　称	期　　間
I	第1次戦役	1950·10·25〜11·5
II	2 〃	1950·11·25〜12·24（約20日間空白）
III	3 〃	1950·12·31〜1951·1·8（約7日間空白）
IV	4 〃	1951· 1·25〜4·21（約17日間空白）
V	5 〃	1951· 4·22〜6·10
VI	1951年夏秋防衛作戦期間	1951· 6·11〜11·30
VII	1952年春夏陣地強固作戦期間	1951·12· 1〜1952·8·31
VIII	1952年秋季反撃作戦期間	1952· 9· 1〜11·30
IX	1953年春季山岳戦期間	1952·12· 1〜1953·4·30
X	1953年夏季反撃作戦期間	1953· 5· 1〜7·27

志願軍、小規模戦闘活動を開始。狙撃、奇襲などによる敵兵員の損耗が目的。

二月二四日

細菌戦をふたたび非難。

三月二六日

自軍の陣地を強化し、それをトンネル、坑道でつなぐ防御地帯造成工事に着手。

六月六日

それぞれの陣地を〝永久築城〟として、〝堅守的性格〟を持たせるように指示。

六月一〇日

郭山上空でアメリカ空軍のB29爆撃機を一夜に三機撃墜。最大の戦果をあげる。

六月二三日

アメリカ空軍、朝鮮北部の工場、施設を猛烈に爆撃。二三日から二六日の四日間に一五〇〇機来襲、七月一一日には一二〇〇機来襲。ピョンヤン他七八の町が損害をうける。

九月一八日
中国軍、朝鮮人民軍、秋季反撃作戦を発動。一〇月三一日までに七七回にわたり六〇ヵ所で攻撃。敵殲滅二・七万人。
一〇月一四日
国連軍の〝金化攻勢〟に反撃。志願軍、金化北方の上甘怜地区で陣地戦を展開。一一月二五日、金化攻勢を粉砕。殲滅二・五万人。
一〇月二四日
志願軍参戦二周年記念日。
中国人民軍の一九五一年一〇月〜五二年一〇月一五日の戦果公表。
殲滅六〇万六〇三四人、うちアメリカ軍二九万一〇一一人、航空機七三三機、戦車一二四七台、各種砲四二八〇門を撃破または捕獲。
一二月一一日
国連軍の北朝鮮大挙上陸にそなえて、海岸の防御体制を強化。
●一九五三年
四月六日
ピョンヤン、元山を結ぶライン以外の防空を一本化。四コ高射砲師団（七コ連隊、一六コ大隊、サーチライト一三コ大隊、レーダー六コ連隊）の規模で構成。

中国側から見た戦闘の激しさ

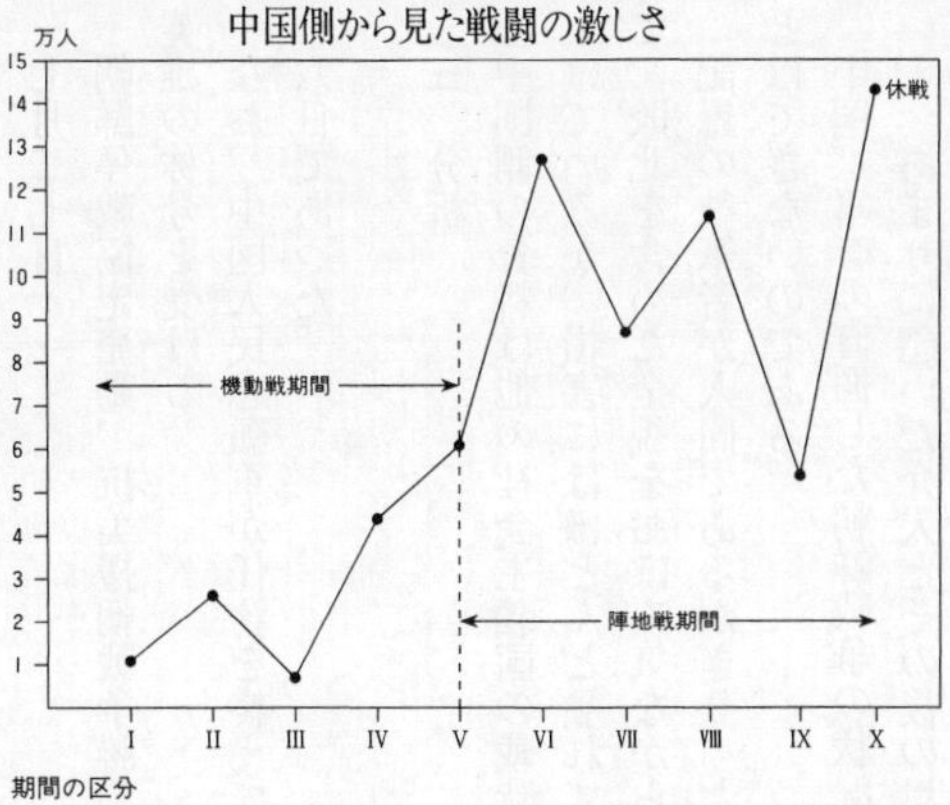

四月一〇日

傷病兵捕虜の交換開始。五月三日までに六六七〇人を帰し、六八四人を受けとる。

四月一三日

陣地は強固となり、兵員の士気高まる。夏季攻勢の時期を六月初めと決定。

五月一三日

予定より早く三コ軍が参加して夏季反撃第一次、第二次作戦を同時に発動。一三日～二六日までに敵四一〇〇人を殲滅。二七日以降四・一万人を殲滅。

六月一八日

李大統領、二・七万人の捕虜を協定に反して釈放、断固抗議。

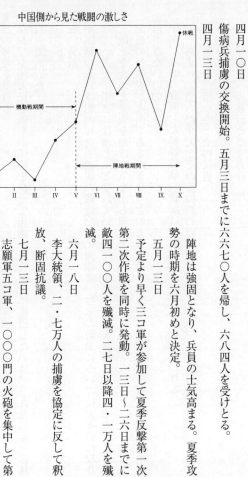

七月一三日

志願軍五コ軍、一〇〇〇門の火砲を集中して第三次夏季反撃開始。目標は金城。前線の長さ二五キロにわたり五キロ前進。一七〇平方キロを確保。七・八万人の敵を殲滅。第一次、第二次を合わせると二二・三万人、二四〇平方キロを占領。

七月二七日　朝鮮停戦協定発動、抗美援朝戦争勝利に終わる。司令員彭徳懐、朝鮮民主主義人民共和国英雄の称号を受ける。

なお、中国人民志願軍が任務を終えて北朝鮮から完全に撤退したのは、一九五八年一〇月二六日であった。

三　分析

中国側の資料は他の社会主義国の戦時記録と同様に、自軍の戦果については大々的に取り上げているが、損害にはほとんど触れていない。しかし、資料を詳細に検討することによって、敗北を含めた全貌をおぼろ気ながら理解できる。記録の執筆者が人間であるかぎり、どのような場合においてもすべての真実を押し隠すことはできないのである。

中国（軍）の直面した朝鮮戦争の状況は、次の諸点に収束すると思われる。

(1) あまりに急いだ介入とその後の思わぬ勝利
(2) 最初の悲惨な冬とその反省
(3) アメリカの近代兵器の威力
(4) 陣地戦への移行と堅守方針

(5)　陣地強化と小規模反撃
(6)　休戦直前の大規模反撃

それでは各項について簡単に分析を行なう。

(1)の分析

解放軍が介入を急いだのは、現在から振り返っても当然である。国連軍は〝北〟の首都ピョンヤンを占領し、一部の部隊は鴨緑江まで達しようとしていた。もし中国軍が参戦しなければ、あと二週間足らずの内に、国連軍は北朝鮮全土を占領していたであろう。

準備不足のまま入朝した志願軍であったが、またたく間に国連軍に大打撃を与え、二ヵ月以内に〝北〟の全土から追い払うほどの実力を見せた。

この間、第一陣二〇万人に加えて、一一月七日には実に九コ歩兵師団（第二〇、二六、二七軍、それぞれ三コ師団からなる）の第二陣を送り込んでいる。また支援部隊として、大工兵部隊（一〇月三一日）、鉄道部隊（一一月六日）が派遣されているから、一一月中旬の時点で朝鮮にいる中国兵の総数は四〇万人に達していた。これに北朝鮮軍約一〇万人が加わる。

一方、中国軍の介入に気づかず、目前の勝利に酔っていた国連軍は韓国軍一〇万、米軍一〇万、その他一万程度であった。

突然介入してきた二倍以上の大軍に、国連軍が震え上がったのは言うまでもない。

アメリカ軍は一二月末まで、海路、陸路にわたり撤退を続ける。中国軍は準備、補給の不足にもかかわらず、米軍を二〇〇キロにわたって駆逐し、思わぬ勝利を手にしたのであった。

⑵の分析

この勝利の裏には、誰の眼にも明らかな不安材料が潜んでいた。

それは小銃、機関銃、手榴弾、迫撃砲など、つまり人力で運搬できる兵器以外の重火器を持たず、戦術は兵員数を頼りにした〝人海戦術〟である。一台の戦車、一機の航空機、一隻の軍艦もなく、補給もまた人力、少数のトラックあるいは馬車、手押車に頼っている。

半島の冬は厳しいことがわかっているにもかかわらず、充分な防寒衣服、暖房用器具、燃料はなく、一二月末から恐ろしいほどの寒気が襲うと、中国軍はそれによって莫大な人的損害を記録する。中国の資料には、「解放軍兵士は信じられないほどの勇気を持って、襲いくる寒さと闘った」という記述が見られるが、この冬に前線で死亡した中国兵のかなりの部分が、凍傷や食糧不足からくる病死であった。

なかには高級指揮官の何人かが前線を離れ、防寒具、燃料の緊急輸送を北京の上層部に直訴したという報告もある。また捕虜の証言にも、「このまま陣地にいて凍死するよりも、敵に攻撃をかけて戦死すべきだ」との声が出て、無謀な突撃を実施したとのことであった。

⑶の分析

春の訪れと共に、国連軍は体勢を立て直し、弱り切った中国軍兵士に襲いかかる。

五一年の春から、アメリカ軍は空軍力、火力を増強し、共産軍（この時期の主力は中国軍）の弱点を攻撃しはじめた。

捕虜の証言から、その弱点が装備の貧弱なこと、補給が不足であることを知った。このため、まず航空戦力の大部分を輸送の阻止に振り向け、鉄道、道路網を徹底的に攻撃した。

米軍に捕獲された共産軍の小火器――中共軍は、人力で運搬できる兵器と、兵員数を頼りにした人海戦術で闘い続けた。

韓国内の輸送網がほとんど攻撃を受けることなく活動するのに対し、北朝鮮内のそれは絶え間なく飛来する国連軍航空機によって昼夜を分かたず攻撃された。もともとトラックを始めとする近代的な輸送手段は、貧しい中国、北朝鮮軍には多くない。それが航空攻撃の目標となるのだから、ますます不足していた。

また、国連軍は制海権を握っているので、戦線の近く、たとえば仁川港まで大量の物資を海上輸送することが可能だった。

戦争中に、航空機によって破壊された共産側の輸送車両は、トラック八・三万台、鉄道貨車一・一万台にのぼっている。

陸上部隊への航空支援については、国連軍が直接支援約六万回、間接・阻止攻撃に二〇万回も出撃したのに対し、共産空軍の活動はわずかに一〇〇〇回足らずであった。

このため、中国軍の上空にいるのは常に敵機であり、これが士気に影響を与えたことは確実である。加えて国連空軍は、三万回以上にわたって北朝鮮領内の都市、工業地帯、各種施設を爆撃したが、それに対して中国空軍は有効に反撃できなかった。

また戦車、装甲車両、大口径砲などについても、国連軍は中国軍の五～一〇倍近い数量を持っていた。火砲のうち中国軍の保有数が国連軍を上まわっていたのは、小、中口径迫撃砲のみであった。

さらに、共産側は魚雷艇以上の戦闘艦艇を保有していなかったが、国連軍は戦艦、巡洋艦、駆逐艦を有し、沿岸支援砲撃に活用した。一九五〇年一一月には元山港を包囲した中国軍が、米艦隊の艦砲射撃によって大損害を出している。

(4)の分析

介入から半年後、中国志願軍は多くの教訓を学んだ。その最大のものは、この戦場で機動戦を続行するかぎり、たとえいくつかの戦闘に勝てるとしても、あまりに損害が大きいということであった。

前項でも述べたが、緒戦の勝利は常に人的損害を顧みない〝人海戦術〟によって保たれていた。これが中国軍の戦死者一三・三万人とアメリカ軍の三万人との差とも言える。

この損失に驚いた解放軍は戦術を大幅に変更し、二月七日、この戦争が長期化すること、そして攻勢よりも縦深陣地にこもって戦うことの二点を確認した。つまり戦争に勝つ希望を棄て去り、負けないという目的を選んだのである。

中国の戦史にも度々、「陣地戦へ移行」という記述が登場する。いくつかの例外はあるものの、中国軍が野外決戦を挑んだのは、介入後の二ヵ月および休戦直前の時期のみであった。

大量の近代兵器を駆使する国連軍に対抗して長期間戦い続けるとなると、この〝陣地戦〟の決定は正しく、かつ唯一の道であった。

堅固な陣地にこもれば、大規模な爆撃、砲撃にもそれほどの損失を出さずにすむ。また縦深三〇キロに及ぶ陣地群を、敵軍が突破することは不可能である。

しかし別の観点に立てば、それはまた朝鮮戦争の勝利を共産側があきらめた証拠でもあったから、その戦略変更の真の意味を知る者は、中国政府、解放軍の上層部数人だけであったろう。

共産側からみた２つの期間の戦果の割合

	機動戦期間 1950/7〜51/5	陣地戦期間 1951/6〜53/7	合　計
戦闘車両　台	777（25.6%）	2253（74.4%）	3030（100%）
車　両　台	7028（71.8〃）	2765（28.2〃）	9793（〃）
航空機　機	891（7.4〃）	1万1080（92.6〃）	1万1971（〃）
重火器　門	3412（76.6〃）	1042（23.4〃）	4454（〃）
軽火器　梃	5万5105（61.5〃）	3万4471（38.5〃）	8万9576（〃）
艦　艇　隻	5（2.4〃）	204（97.6〃）	209（〃）

注）共産側は機動（遊撃）戦期間　1950年7月〜51年6月10日
　　陣地強固戦期間　1951年6月11月〜休戦としている。
つまり機動戦約1年、陣地戦約2年となる。表を詳しく見ると機動戦の期間には車両、重火器、軽火器の戦果が多いことがわかる。
後半は地上戦闘にかわって航空戦が激化し、また国連軍が戦車を大量に投入した事実が示されている。

⑸の分析

陣地戦に移行した中国志願軍は、その陣地を恒久的なものにしていった。たとえば、金城—自在洞間においては、幅（深さ）三〇キロの間に七層の陣地が造られ、それぞれが坑道で結ばれている。これには、鉄材、木材とコンクリートが大量に使われており、内部に救護所、炊事場まであった。

五二年から五三年にかけての冬には、二度の越冬の失敗を活かして木炭や石油ストーブが準備されていた。しかし陣地の整備が進み、居心地がよくなってしまうと二つの問題が生じた。

ひとつは大規模な攻勢を開始しにくくなってしまったことである。陣地内に棲みついた兵士を狩り出し、それを訓練して攻勢に出るためには多大な努力を要する。それは重火器についても同様で、それらを陣地の外へ運び、歩兵と共に前進させるのは大仕事となっていた。

陣地とは、あくまで防御に適したものであって、攻撃には不向きである。志願軍首脳は、兵士と下級指揮官が陣地から出撃したがらないようになることを恐れて、五二年一月に小規模戦闘活動を指令したが、これは狙撃手の大量投入、小グループによる威力偵察、遊撃戦闘などを意味している。

朝鮮中部地域に春が訪れると、中国軍は小兵力に分かれて陣地から出撃し、国連軍の前線を襲った。この活動は六月頃まで続いている。

しかし、初期（五月～六月上旬）にこそ、この種の戦闘は共産軍に有利に進んだが、間もなく国連軍は警戒を強め、逆襲に転じた。共産軍の小部隊が陣地から出撃してくると、待ちかまえていた大兵力が航空機、重火器の支援のもとにそれを捕捉し、全滅するまで攻撃し続けるのである。

このため、志願軍の損害が続出したので、六月六日にふたたび〝堅守防御〟的思想が伝達され、共産軍の活動は低下した。

もうひとつの共産側の懸念は、国連軍が陣地群／前線の後方に大挙上陸してくるのではないかという危惧である。

幅三〇キロにわたる大陣地を突破するとなれば、国連軍は少なくとも一〇万人を超す犠牲を覚悟しなければならない。休戦会談が行なわれているとき、それほどの犠牲を払う必要はない。

しかし、膠着状態となっている戦局、戦闘を一挙に逆転するとなれば、三八度線沿いの共産側の陣地ベルトをそのまま残し、その背後に上陸を決行する作戦が考えられる。

たとえば、半島がもっとも狭くなっている部分、黄海側の南浦と日本海側の元山に大軍を上陸させればよい。国連軍が東と西から手を結べば、陣地にいる十数万の中国、北朝鮮軍は腹背に敵を受け、全滅することになる。

一九五〇年九月の仁川上陸による戦局の大逆転を知っているだけに、共産軍首脳の頭の中には常にこの懸念があった。このため、三八度線に大軍を張り付けておきながらも、南浦、新安州、高城、元山、興南、といった北朝鮮の港の周辺には、これまた大軍を置いていたのである。

一九五二年の一二月から、共産軍は国連軍の上陸を阻止すべく、海岸防御に力を入れ始めた。これにより、前線に向けられるべき兵力が削減され、ますます攻勢が実施しにくくなった。

(6)の分析

休戦協定が調印される見通しが高まると共に、共産軍はその前に少しでも勢力範囲を広げようと画策し、最後の攻勢に出た。

一九五三年六月から七月にかけての一六回の攻撃はきわめて大規模なもので、常に十数台の戦車をともなっている。中でも最大の戦闘は、七月一三日から二週間にわたる金城戦役であった。

中国軍六コ軍（一九コ師団）、火砲一三〇〇門、戦車二〇台が参加し、国連軍の前線を一部ではあるが一五キロ押し戻した。

人的戦果は殲滅六・一万人という大きな戦果を挙げたものの、国連軍は攻勢を予期していたので、共産側の損害も大きかった。国連軍の公表によると、共産軍の六月中の損害は三・六万人、七月七・二万人となっている。

共産軍と同様に、国連軍もまたそれぞれの陣地を強固なものとし、空軍、砲兵は敵の出撃ほとんど動かない状況になっていたのである。

を待ちかまえていたようである。

戦争初期、北朝鮮軍は八コ師団（約九万人）で韓国軍を崩壊させた。しかし、九三年が過ぎ去った戦場において、たとえば一九コ師団（二二万人）で攻勢をかけたところで、戦線はほとんど動かない状況になっていたのである。

四　総括

中国軍は、この戦争でどんな教訓を学んだのであろうか。推測すれば次のようになろう。

(1)　兵員数が多いということは軍の強さにつながる。しかし人海戦術に頼るかぎり、人的損害も充分に大きい

(2)　強力な空軍、海軍を持っていないので、当然ながら陸軍の負担増となり、これなしでは終局的な勝利を望めない

(3)　アメリカ（軍）は張り子の虎であるという認識は、明らかに間違っていた。同じ兵器を保有していても、国民政府軍とは比較にならないほど強力であった

(4)　物資の補給と輸送手段の確保は、戦闘そのものよりも重要で、これなしに近代戦を闘い抜くことは不可能である

その一方で、中国政府はこの戦争の結果を〝勝利〟と考え、アメリカ帝国主義（軍）を打ち負かした〝勝利原因〟を掲げている。かなり我田引水ながら、それらを列挙すると次のよ

勝利を喜び合う中国兵と北朝鮮兵――北朝鮮の全土から国連軍の駆逐に成功したが、その代償はあまりにも大きかった。

うにまとめられる。

(1) 中国共産党中央委員会及び人民解放軍軍事委員が、正確な戦略決定を行なったこと。とくに志願軍派遣という重大な決定を最も適当な時期に実行したこと

(2) 志願軍の指揮官が高い戦闘精神と、卓越した指揮能力を持っていたこと

(3) 志願軍が高度の政治的覚悟をもって勇戦敢闘したこと。三〇万人の中国軍兵士が国家から叙勲され、また二三万人が朝鮮民主主義人民共和国から表彰された。うち一二人は共和国最高の勲章〝共和国英雄〟を受けている

(4) 中国、朝鮮（北）人民の巨大な支援があったこと

(1)～(4)を見てみると、納得できるのは(1)の参戦時期の決定だけである。

確かに中国軍投入のタイミングがあと一ヵ月遅れていたら、北朝鮮全土が国連軍の占領下におかれたに違いない。

他の項目はいかにも社会主義国特有な言いまわしに過ぎず、論ずるに値しない。それよりも、もっと現実的な勝利の要因（中国語では主要因素）を公表して欲しいものであり、また中国がこの戦争から学んだ教訓も知りたいと思う。

一九七九年春、ベトナムとの間で発生した大規模国境紛争（中越戦争）のあとには、中国政府と中央軍事委員会は、多くの反省点を内部資料ながら発表した。

そうであるなら一九五三年に終わった戦争の記録は、より本音の部分が述べられていてもよさそうに感じられる。しかし、洪水のように出版され始めた中国のこの戦争に関する書籍のなかにも、それはほとんど見当たらない。

五　中国空軍の活動

中国の空軍は、〝抗美援朝〟（アメリカに対抗し、朝鮮を助ける。美はアメリカを示す）を旗印に、一九五〇年一二月より行動を開始した。しかし本格的に参戦したのは、翌年の九月からである。

鴨緑江北方に第三、第四航空（兵）師団が展開し、北朝鮮上空に侵入してくる米空軍機を迎撃した。その効果はさっそく表われて一九五一年九月、一〇月で撃墜破三〇機、一一月、一二月には同四三機という戦果を挙げている。

五二年二月一〇日、中国空軍は初めて米空軍のB29重爆撃機を撃墜した。

中国空軍の主な空戦の戦果

戦闘の名称	空戦の地域	参加米軍機数	参加中国機数	中国軍の戦果 撃 墜/撃 破
1951年 9月25日の空戦	安州地区上空	20機	16機	F86×1/なし
〃 10月 5日 〃	清川江 〃	数十〃	42〃	F80×3/不明×2
〃 10月10日 〃	〃	30〃	38〃	F80×4/不明×1
〃 11月18日 〃	永柔、安州、清川江 〃	数十〃	16〃	F84×6/なし
〃 11月23日 〃	〃	50〃	20〃	F84×7/不明×1
第2次大和島攻撃 〃	大和島 〃	80〃	49〃	F86×3/F86×5
12月 2日 〃	粛川、清川江 〃	20〃	42〃	F86×3/F86×1
1952年 1月 6日 〃	安州 〃	数十〃	36〃	F80、F84合わせて6
〃 2月10日 〃	泰川 〃	8〃	2〃	F86×2/なし
〃 11月15日 〃	〃	10〃	32〃	F86×3/なし
〃 12月 2日 〃	鉄山 〃	28〃	40〃	F86×5/なし
〃 12月 3日 〃	岩浦 〃	数十〃	36	F86×3/F86×3
1953年 2月 4日 〃	鎮南浦西南地区 〃	4〃	4〃	F4U×2/なし
〃 3月13日 〃	鉄山 〃	64〃	64〃	F86×2、F84×4/なし
〃 4月 7日 〃	国境上空	1〃	2〃	F86×1/なし

中国空軍の空中戦の決算

戦果の内訳	損失の内訳	エースの氏名と撃墜数
F80 戦闘機×26機	MiG15 戦闘機×224機	王 海 9機
F84 〃 ×46機	Tu2 爆撃機× 4機	趙 寶桐 7機
F86 〃 ×211機	La11 戦闘機× 3機	劉 玉堤 6機
F51 〃 ×12機	計 231機	蔣 道平 5機
F4U 〃 ×18機		孫 生緑 5機
その他 15機		范 万章 5機
計 328機		韓 徳彩 5機
		魯 珉 5機
		計 8人

同年三月には八コ航空師団（一コ航空師団は約五〇機からなる）が米軍機の迎撃にあたる。最終的には朝鮮戦争に参加したのは、一〇コ迎撃航空師団、二コ爆撃航空師団であった。一コ航空師団の正確な戦力は明らかでないが、中期以後では七〇〜一〇〇機の航空機を保有していたと思われる。

中国空軍は、本土の基地から出撃している限り、きわめて有利に闘うことができた。戦闘空域は遠くとも基地から一五〇キロしかなく、また基地が爆撃される恐れもない。加えて空中戦はかならず味方の確保している地域の上空で行なわれていた。

二年半の戦闘の結果は、

戦果：撃墜　三三八機、撃破九五機

損害：総数　三三九機、うち撃墜されたもの二三一機（六八パーセント）と発表されている。

残りは事故による損失と思われる。

またミグＭｉＧ15のパイロットの中から、趙寶桐、王海、孫生緑、魯珉、劉玉堤などの六名（別の資料では七名）の一級英雄（五機以上の敵機を撃墜したエースの意味か）を出している。

中でも〝王海〟の搭乗していたミグ戦闘機は、北京の軍事博物館に現在でも展示されており、この機体のプラスチック・モデルも発売されるほどの人気である。

確かに、中国空軍は米空軍を相手に勇戦敢闘したが、それはあくまでも侵攻してくる敵機に対する迎撃戦闘に限られていた。これはまた北朝鮮の空軍についても同様であって、戦争の最初の三ヵ月を除けば共産空軍が国連軍の地上部隊を襲うことは皆無に近かった。

このため、少なくとも国連軍の将兵は敵の航空攻撃をまったく気にせず闘うことができたのである。

この点からは、中国空軍の能力不足は明らかと評価される。

一方、中国義勇軍は初期に国連空軍の地上攻撃によって大きな打撃を受けていた。なぜなら、介入は一九五〇年一〇月末であったが、その時には有力な対空部隊をともなっていなかったからである。

五一年二月〜四月になって、ようやく対空砲部隊が朝鮮に入った。

戦いが激化すると、高射砲兵第六一、六二、六三、六四師団に加えて、いくつかの対空砲連隊が増派された。これによって、米軍機の爆弾の命中率（どのように判定したのか不明）が五〇パーセントから一〇分の一に低下したといわれている。

また一般の歩兵部隊についても、対空部隊将兵の指導で〝飛行機狩り班〟が編成された。これは歩兵の軽機、重機関銃を統一的に運用して、対空射撃の効果を向上させるものであった。

このような多くの努力が実を結び、共産軍の対空部隊はこの戦争中に撃墜四一三機、撃破一五五九機という大きな戦果を挙げたのであった。

一九八一年に、中国の航空雑誌の投書欄に一人の学生が提示した疑問が、より正確な数字を探求するための論争となった。

彼は、どう考えても戦争が休戦になった直後（一九五三年一二月）に中国・北朝鮮から発表された戦果が、あまりに過大であるという疑問を表した。確かに朝鮮戦争のスケールと比して、撃墜破一万二二〇〇機という数は大き過ぎる。

参考までに、第二次大戦中のアメリカ軍機の総損失数は四万六八〇〇機であり、これは太平洋から地中海、北アフリカ、全ヨーロッパをふくんだものである。

論争に終止符が打たれたのは二年後で、中国の航空史家は数字を次のように訂正した。

『中国軍の戦果は――空軍と合わせて――撃墜破二三四七機である。一万二二二四機マイナス二三四七機の残り九八七七機という数値については、中国は関知しない』

つまり、北朝鮮軍が撃墜破した最大数が九八七七機となるわけだが、NKA軍の戦果は客観的に見ても中国軍よりずっと少ないはずである。

ここで、少しでも真実に近づこうとする意味で、航空戦における中国軍の戦果を再度見直してみよう。

空中戦において　撃墜三三八機　撃破　九五機
高射砲　〃　四一五機　〃　一五五九機
小計　〃　七四五機　〃　一六五四機
合計　二三九九機

となる。これ以外に、歩兵師団の〝飛行機狩り班〟がかなりの数を撃墜破している。それらを加えると、総合戦果は撃墜八〇〇機、撃破二〇〇〇機と見てよい。

中国の訂正後の戦果二三四七機との差は二〇パーセントで、戦争の結果の統計としてみるとき、充分に納得できる数値となる。

もっともソ連軍航空部隊は、独自に一一〇〇～一三〇〇機の戦果を公表しており、これを含めた数値の検討は今後少しずつ行なわれていくはずである。

現代戦における敵味方の航空機の損害については、各国の研究者によって資料の分析が行なわれ、かなり正確な数値が判明するようになってきている。

しかし、この高射砲師団の国連軍撃墜数のような、地対空の戦果が公表されることは少ない。そしてまたこの数値は、撃墜数に関する限り、充分に精度の高いものとみてよさそうである。

戦争初期には旧日本軍機、および国民政府軍から捕獲した米国製航空機で構成されていた中国空軍であるが、その後の進歩はめざましいものであった。

一九五二年六月には、二二コ航空師団一八〇〇機（うち約五〇パーセントがジェット戦闘機）までに成長していた。

さらに一一月には、イリューシンＩＬ28ジェット爆撃機まで保有することになる。

またその六ヵ月後にいたっては、

ジェット戦闘機　MiG15×九五〇機
レシプロ戦闘機　La7、La11、YaK9×一六〇機
ジェット爆撃機　IL28×一〇〇機
レシプロ攻撃機　Tu2、IL10×一八〇機
をそろえていた。

これだけの航空戦力は、米空軍の力をもってしても、短期間で撃滅できるものではなかった。休戦時に中国空軍の保有機数は三〇〇〇機にまで増大し、極東米空軍を数の上では凌駕するのであった。

一九八九年末に出版された中国空軍史によると、朝鮮戦争における同国空軍の最終決算は次のようになる。

出撃回数	二四五七回
出撃のべ機数	二万六四九一機
戦闘の回数	三六六回
戦闘参加機数	四八七二機
戦闘参加乗員数	三七三名
敵機を撃墜・撃破した乗員数	二一二名
撃墜された機数	二三一機
損傷した機数	一五一機

搭乗員の死者数　　　一一六名

なお、機種別の戦果、損害、エースの氏名、撃墜数などについては別表（三二四ページ）に掲げる。

第九章　朝鮮戦争に係わった主要な人物

この戦争に係わった多くの軍人、民間人の中から韓国人六人、北朝鮮人五人、アメリカ人六人、中国人三人、ソ連人一人を取り上げ簡単に紹介する。

これらの人々だけではなく戦争の加害者、被害者に眼を向けると、勃発の責任のほとんどが軍人ではなく政治家にあることがわかる。またその意味から、政治という役割には軍人以上に優れた人材をあてねばならない。

同時に、真の意味で民主的な国家の建設を目指すなら、シビリアン・コントロールこそ絶対条件となる。

この戦争のさなかに起こった、トルーマン大統領とマッカーサー元帥の確執における前者の勝利がなかったら、戦争は、場合によっては我国まで巻き込む第三次世界大戦へと発展する可能性さえ存在した。とすると、この項に登場させるのは、政治家のみの方がよいのかも知れない。

ここでは、それぞれの人物の国籍としては、その人の生まれた国ではなく在職中に所属した国を記している。

また大韓民国→韓国

朝鮮民主主義人民共和国→北朝鮮

とした。

すべての人々の生年を加えたかったが、アメリカ人以外は正確な記録がなく、断念せざるを得なかった。

なお、韓国、北朝鮮、中国人の場合は、現地での発音が不明だと正確な表記が出来ない。たとえば、林は一般的にはLimで示されるが、人によってはLimgをあてる。したがって本書では一番近い日本語読みのみを記しておいた。

もちろん毛沢東、李承晩といった指導者に対しては、正確に表記したつもりである。他の東洋人については専門家の指摘を待ちたい。

また、役職で記した場合、階級で記した場合があるが、それらはもっともその人物にふさわしいと感じられたからである。

李承晩（りしょうばん）大統領——韓国

Ri Sungman

一八七五年、黄海道の名家に生まれる。一九〇〇年代初頭からアメリカに渡り、アイビーリーグの大学を卒業する頃から朝鮮の独立を志して活躍。帰国して上海に作られた大韓民国臨時政府の大統領に指名された。このあと太平洋戦争終結までに、アメリカとの太いパイプを作り上げ、独立の日を待っていた。

一九四八年五月の総選挙において、韓国の初代大統領に選ばれた。その生い立ち、経歴とも非の打ちどころがなかったが、アメリカ生活が永かっただけに親米、反共思想はきわめて強く、それが多くの敵を作り出していた。

一九五〇年五月の総選挙では、彼とその一派は大敗し、野に下らざるを得なかった。

その直後に始まった朝鮮戦争において韓国は強力な政府を必要とし、ふたたび李は大統領に復帰している。

戦争中は権力を一手に握り、〝北〟の政府を倒すことに全力を傾注した。しかし彼の強烈な民族主義には、バックアップしているアメリカさえ散々に手を焼く始末であった。

五三年夏の停戦協定には徹底的に反対し、「停戦は韓国の生存権を脅かす」と主張、アメリカ政府を窮地に追い込んだ。

彼の政権はのべ一三年に及んだが、末期には独裁の色合いが濃くなり、国民の間に不満が広がった。

六〇年四月、国民の李大統領に対する反感は頂点に達し、彼の政府は崩壊する。その後アメリカに亡命したが、一九六九年、その地で没した。

彼は生まれながらのエリートであり、滞米中もアメリカの上流階級の人々とのみ交際していたと言われる。しかしその一方で、数十年にわたって祖国の独立のために力を尽くした事実も高く評価されるべきである。

白善燁（はくぜんよう）将軍――韓国

一九二二年、ピョンヤンに生まれるが、共産主義による支配を嫌い南に移住。蔡と共に創設直後の国防軍に入隊。満州士官学校の卒業者だけにすぐに頭角を現わす。開戦時には第一師団長であった。戦争の前半はほとんど第一線で過ごし、北朝鮮軍、中国軍、共産ゲリラと戦い続けた。休戦交渉が始まると韓国側の代表となり、李大統領の意を受けて共産側にとってもっとも手強い相手となった。

のちに参謀総長に就任、同時に韓国国防軍初の大将の地位についた。一九六〇年に退役して駐仏大使などを歴任。著書に「韓国戦争一千日」があり、実戦部隊指揮官の記録として日本語訳も出版されている。

蔡秉徳（さいへいとく）将軍――韓国

日本の陸軍士官学校（陸士）第四九期卒業。韓国軍創設に参加し、開戦当時の国防軍司令官兼陸軍参謀総長であったが、実質的には韓国陸軍の最高指揮官である。

彼は〝北〟の侵攻の可能性については、それを充分に理解していたものの、時期の判断を誤り初期の大敗北を招いた。

北朝鮮軍の攻撃のさい退却を拒否し、自殺的な防御戦闘を行なって開戦一ヵ月後に河東地区で戦死。

張昌国（ちょうしょうこく）将軍——韓国

陸士五九期卒業後、国防軍に入隊し、開戦時は第五歩兵師団長（准将）であった。戦いが陣地戦に移行してから山岳地の戦闘を得意とし、鉄の三角地帯周辺で勇名を轟かせた。のちに国防軍二番目の大将となる。

丁一権（ていいっけん）将軍——韓国

蔡参謀総長のあとを継いで朝鮮戦争を闘い抜き、国防軍第一軍団長をつとめた。アメリカ陸軍大学を卒業しただけに英語が堪能で、在韓米軍との連絡将校をつとめる。

戦争中の韓国国防軍の戦略方針は、彼に負うところが大である。

金日成（きんにっせい）北朝鮮首相——北朝鮮

Kim Il-song

一九一二年、平安南道に生まれ、三〇年代後半から共産党に入党し、抗日遊撃隊を組織して日本軍と戦った。太平洋戦争中は抗日組織の連合・統一をはかった。一九四五年八月、ソ連軍の進出にともなって北朝鮮の人々をまとめ、朝鮮民主主義人民共和国を誕生させる。この直後朝鮮労働党（共産党）、軍事委員会の委員長を兼任し、権力を一手に握った。

北朝鮮の発展に力を注ぐが、その目的を完全に果たさないまま、南朝鮮（韓国）の軍事力による〝解放〟をはかる。彼と朝鮮労働党中央委員会が、朝鮮戦争勃発の実質的な責任者であった事実は何人《なにびと》も否定できない。

金日成は、〝南〟の解放が迅速に実施されれば、アメリカ（および国際連合）はそれを阻止できないと考えていた。

しかし、その目論みは大きくはずれ、北朝鮮人民軍はアメリカ軍をはじめとする国連軍を相手に困難な闘いを強いられる。

一九五〇年一〇月、北朝鮮は国連軍の攻撃によって崩壊の危機を迎えるが、このとき金は中国共産党に支援を求め、これを乗り切った。

戦後においては、中ソの対立を目の当たりに見て、社会主義陣営にありながら独自の路線を歩み始めた。さらに北朝鮮は――もちろん否定しているものの――韓国に対してテロ行為を繰り返し、国際的な孤立状態にある。一九九四年七月八日、死去。

金光俠（きんこうきょう）将軍――北朝鮮

一九一三年生まれのソ連派の軍人で、ソ連の陸軍士官学校を卒業。開戦時には第二軍団長であった。その後すぐに人民陸軍総参謀長に昇進し、戦争の指導にあたる。五二年中に〝北〟二番目の大将となり、六〇年、副首相。

金武亭（きんぶてい）将軍――北朝鮮

中国八路軍の一員として朝鮮人ながら毛沢東の長征に参加し、帰国後人民軍に入隊。金光俠のあとを継いで第二軍団長となる。緒戦においては大いに活躍したが、国連軍の仁川上陸により同軍団は大打撃を受けて敗走する。この退却の責任を問われて粛清（刑死？）された。

姜健（かんけん）将軍――北朝鮮

一九五〇年六月の開戦時における北朝鮮人民軍総参謀長であり、この二年前から労働党中央委員をつとめている。したがって姜はこの戦争の実質的な立案者であった可能性が強い。また地位的にも、中将という軍の最高位にあった。

中国東北部の出身で、早くからソ連に学び、母国語以上にロシア語に堪能であったと言われる。当然、金政権内のソ連派の代表でもあったが、同年八月、最前線を視察中にアメリカ空軍機の爆撃を受け戦死となっている。

しかし、反姜勢力による暗殺との噂も流れ、真相はいまだはっきりしない。もし戦死とすれば、共産軍側の最高位の軍人の〝戦死〟となる。

南日（なんにち）中将――北朝鮮

二年にわたった朝鮮戦争休戦会談で一貫して北朝鮮側の代表をつとめた。金日成の信頼の厚い剛直な軍人であり、他の参加三ヵ国（中国、韓国、アメリカ）の代表が入れ替わったことと対照的である。

交渉のさいには、一度として笑顔を見せず、時には三時間一言もしゃべらず、また顔面にハエがとまってもそれを追い払うことさえしなかった。

この態度は交渉を有利に進めたとも言えるが、その反面、アメリカ軍人に共産主義者の冷血、冷徹性を印象づける結果となった。

事実、アメリカ側代表T・ジョイ中将をはじめ、すべての団員が彼に強い反感を持ったと記している。

休戦後は副首相をつとめていたが、その後の彼の消息ははっきりせぬまま、現在に至っている。

ダグラス・マッカーサー元帥――アメリカ

Douglas MacArthur

一八八〇年、アーカンソー州の軍人一家に誕生し、生まれた時から軍人になるべく育てられ、アメリカ陸軍の元帥まで昇りつめた。

陸軍大学校在学中から極東・アジアに関心を持ち、四一年七月、極東軍総司令官となる。日米開戦とともに日本軍と闘うが敗れ、オーストラリアに脱出し再起をはかる。アメリカの反攻と共に太平洋方面の作戦を指揮した。日本降伏後、占領軍最高司令官の地位につき、朝鮮戦争勃発と共に国連軍総司令官をも兼任した。

緒戦の敗北をなんとか持ちこたえ、その後自ら発案した仁川上陸作戦を実施し、見事な勝利を得る。

しかし中国軍が大挙介入し、戦争の行方がわからなくなると共に共産軍（国）への強硬策をつぎつぎと発表し、不拡大方針をとるワシントンと激しく衝突した。

結局、彼は一九五一年四月に解任されるが、これはアメリカ政府が健全なシビリアン・コントロールを発揮した好例である。

彼の軍事的才能については、研究者によって大きく評価が分かれるところであって、現在にいたるも決定的なものはない。また彼の性格についても、それは同様である。

朝鮮戦争に関連しては、
(1)　〝北〟の侵攻を予知できなかったこと
(2)　仁川上陸作戦について鮮やかな手腕を発揮したこと
(3)　中国軍の参戦を見通せなかったこと

などがあげられる。

陸軍を引退したあと、レミントン・ランド社の社長に就任したが、これといった業績を残すことなく一九六〇年に退職した。回想録を執筆しながら余生を送り、一九六四年に死去。

ディーン・G・アチソン国務長官――アメリカ
Dean G. Acheson

第二次世界大戦中、国務次官をつとめたあと、四九年一月から国務長官となって朝鮮戦争中の全期間を通じてその職にあった。

戦争勃発後一ヵ月足らずの間に、韓国を救うための国連軍が結成されたのは、彼の手腕によるところが大きい。また、結成のあとも参加各国の間を飛びまわり、団結の強化に努力している。

この意味からは、危機に瀕した韓国にとっても、もっとも頼りになる人物であった。

休戦後はアメリカの軍事大拡張に反対したため、対ソ強硬論者より攻撃を受け引退に追い込まれた。一九七一年、七八歳で死去。

ウォルトン・H・ウォーカー中将――アメリカ
Walton H. Walker

第二次大戦において、有名な機甲将軍パットンのもとで軍団長をつとめる。

朝鮮戦争の勃発と共に第八軍の司令官に任命された。

豪放な性格から〝ブルドッグ〟というニックネームがつき、本人も好んでウォーカー・ブルドッグと自身を呼んでいた。

彼が第八軍を指揮したとき、国連軍は釜山橋頭堡に押しこめられていた。ウォーカーはこの危機的状況を見事に打開し、戦局を立て直した。この事実から彼の防御戦闘の手腕は高く評価されている。

五〇年一二月、厳冬のソウル北方で乗っていたジープがトラックと衝突、横転し、その下敷きとなって死亡（ただし〝北〟は特殊部隊の攻撃によるものと公表）。これを戦死と見れば、国連軍の最高位の軍人の〝戦死〟である。

ウィリアム・F・ディーン少将――アメリカ

William F. Dean

イリノイ州に一八九九年、生まれる。一九四一年、中佐で第二次大戦を迎え、ヨーロッパ戦線（フランス、ドイツ）を転戦、終戦時は第四四歩兵師団長であった。

朝鮮戦争では、アメリカ第二四歩兵師団の指揮官であり、侵入してきたNKA軍に対する最初の反撃を指揮した。

しかしその直後、大田市をめぐる戦闘で捕虜となり、三年間を〝北〟の収容所で過ごす。国連軍側で捕虜となった最高位の軍人であった。休戦後捕虜交換協定により釈放、帰国。

この経験をつづった「ディーン将軍物語」を出版した。

ジェームス・バン・フリート中将――アメリカ

James Van-Fleet

アメリカ軍三人目の第八軍司令官。一兵卒から叩き上げの、米軍唯一の将官である。ヨーロッパ戦線ではわずか一年の間に、大隊長から師団長まで昇進している。また一貫して歩兵畑を歩き続けた。

彼を有名にしたのは、一九五二年八月のバン・フリート攻勢と、その時の攻撃に使用された〝バン・フリート弾薬量〟である。

彼は攻勢にさいし、異常なほどの事前砲撃を行なうことから、この名がつけられた。しかし強固な陣地にたてこもる敵に対しては、砲撃の効果の限界が明らかにされた。いかに強大な火力を集中しても、それだけでは敵を壊滅できないことを思い知らされ、フリートの正面攻撃戦術も結局失敗に終わった。

帰国後、軍を離れて、民間会社の重役に転身する。

毛沢東（もうたくとう）主席――中国

Mao Tse-tung

一八九三年に湖南省に生まれた現代中国の指導者。

一八歳で革命に身を投じ、共産党と共に新生中国の建国に専念し、一九四九年一〇月にその理想を手中に握った。

その間、中国国内の反共産勢力を始め、中国駐留日本軍と十数年にわたり戦い続けた。とくに国民党軍との戦闘は長期間続き、一時は敗北寸前まで追いつめられた。

三四年一〇月、世界史に残る中国共産党軍（紅軍）の一・二万キロに及ぶ〝長征〟を成功させ、同党の基礎が築かれた。

建国後は中国人民政府主席となり、六億の国民から神の如く尊敬された。

一九五〇年一〇月、国連軍の北朝鮮進撃を強く非難、戦争への介入を決定し、のべ三〇〇万人の人民解放志願軍を朝鮮半島に送る。この志願軍は四〇万人近い死傷者を出したが、朝鮮民主主義人民共和国の存続という目的は達成した。

戦後の一九六〇年、政治、軍事の中枢からの引退を決める。

あとを継いだ劉少奇は大中国をまとめておくことができず、六五年からプロレタリア文化大革命が勃発し、約一〇年間続く。

このため毛はふたたび復帰し、運動の中心人物となった。ただし、この時はすでに八〇歳近い高齢であって、象徴的な存在でしかなかった。

毛は中国建設の最大の功労者であり、また歴史上の人物としてその偉業は残るであろうが、晩年の行動は決して爽やかなものではなかった。

中国国内の動揺がおさまらぬ一九七六年に八三歳で死去し、その遺体は北京の毛沢東記念館に、永久保存されている。

林彪（りんぴょう）将軍——中国

Lin Piao

中国湖北省で一九〇八年に出生、二八年に毛沢東のもとに馳せ参じ、その後一九六五年まで彼と行動を共にする。

日中戦争では常に最前線で戦い、三度負傷している。建国後は人民解放軍の中枢にあって、抗美援朝戦争においては第四野戦軍の総司令官をつとめた。

彼の指揮するこの野戦軍は、一九五〇年一一月〜一二月の戦いでアメリカ軍を敗退させた。

五九年には国防部長となり、三五〇万人の人民解放軍の頂点をきわめる。また六六年には、中国憲法によって毛主席の唯一人の後継者と定められた。

しかし、この後彼の運命は大きく変わる。

一族を率いてクーデターを画策し、それに失敗してソ連に逃亡をはかった。この途中、航空機事故で死亡したが、まだ六四歳という若さであった。林彪の死についてはまだ多くの謎が残っており、中国研究者の関心を集めている。

彭徳懐（ほうとくかい）将軍——中国

Pan de way

新生中国の初代国防部長（国防大臣）であり、朝鮮戦争に中国が送った人民志願軍の総司令官である。背は高くないが、がっしりとした体格の典型的な軍人であった。

毛沢東の側近ナンバーワンといわれながらも、彭はより現実的な考えを持っていたといわれる。

戦争の初期こそ、〝人海戦術〟でアメリカ軍を打ち破れると信じていたが、そのための犠牲者が非常に大きいことを悟ると共に、陣地戦への移行を決断した。

一九五一年夏以降、中国軍の戦死者数が減少した点については、彼の功績が大である。

戦後の一九五九年、毛沢東の大躍進・人民公社優先計画に反対し失脚したが、これは中国軍の近代化を大きく妨げる原因となった。

彼の最後は悲惨で、文化大革命のさい逮捕され、拷問のすえ獄中死している。

ヨセフ・スターリン首相――ロシア
Joseph Stalin

一八九七年、グルジアに生まれ、本名はジュガシビリである。

二〇歳のときから社会主義の実現に身を投じ、職業革命家となる。ロシア革命にさいしてはボルゴグラード（後のスターリングラード）の戦いに参加し、赤軍首脳の信頼を得た。一九二二年、共産党書記長となり、仇敵トロツキーを排除、抹殺した。

その後、幾多の権力闘争を勝ち抜き、またソビエト連邦最大の危機であった第二次大戦を乗り切った。この功績は高く評価されるべきであるが、反面、彼の政権は徹底的な反対派弾圧と粛清による恐怖に支えられていた。スターリンが権力を握っていた時代の犠牲者は、婦女子を含めて二〇〇〇~四〇〇〇万人と言われている。またその中の大部分は、自分がどんな罪によって罰せられているのかも理解できないような状態であった。

朝鮮戦争に対するスターリンの思惑は、金日成が、「南解放は短期間で成功する」と確約するので、ともかくやらせてみようとする程度のものであった。

冷戦は極東だけではなく欧州において、なお激しさを増していたからである。したがって金から開戦の承認を促されたとき、強くその意志を押しとどめる努力もしなかったと思われる。

戦争が激しくなると、二コ航空師団を鴨緑江北方の中国領内に送った。そしてこれがスターリンの考え得る最大限の兵力展開であった。彼のいるモスクワから朝鮮半島は、あまりに遠いところに思えたのである。

彼の権力はその死まで揺るぎないものであったが、その後ニキータ・フルシチョフが書記長に就任すると、早速スターリン体制の非難キャンペーンが開始された。

現在では、彼は本来の社会主義を堕落させた張本人と評価されている。

第十章　参考文献

朝鮮戦争は、我が国の隣国の戦争であっただけに関心は非常に高く、実に多くの文献、研究資料が発表されている。加えて一般書についても数十種が発行され、そのほとんどが現在でも容易に入手できる。

そのために、ここでは書名のリストを掲げる代わりに、それぞれの分野での代表的な出版物を紹介するにとどめたい。

また、アメリカで刊行された主な関係書籍に関してもそのほとんどが翻訳されており、これまた簡単に手に入り、日本語で読むことができる。たとえば、この戦争におけるアメリカ空軍の活動について言えば、三つの戦史、二つの参加・体験記、ひとつの写真集が出版されているほどである。

しかし中国、北朝鮮の側から見た資料についてはほとんどなく、この点が朝鮮戦争を研究しようとする者の大きな障壁となっていた。

　すでにたびたび記しているように、この分野の中国側の書籍は一九八八年より大量に現われている。ご承知のごとく、中国語は多くの漢字が日本語と共通なので、少々努力すれば読むことができる。また軍事用語については、中国側から「中日軍事用語辞典・日汉軍語常用詞江」が出版されておりこれが大変役に立つ。

　したがって、残る部分は北朝鮮のものだけであるが、この国のデータ、情報公開にはまだまだ時間がかかろう。

　ソ連がペレストロイカ、グラスノスチの道を歩み始めたことによって、多くの社会主義国が所有する情報を公開しはじめた。しかし、せっかく公開しても、その内容は決して充実したものではなく、重要な部分が隠されている場合も多々ある。

　研究者は機会を見て、そのベールを少しずつ剝がす努力を怠ってはならないと思う。

日本

(1)「朝鮮戦争」(全三巻)　佐々木春隆　原書房

(2)「朝鮮戦争」(全三巻)　児島襄　文藝春秋社

(3)「朝鮮戦争」(全一〇巻)　陸戦史研究普及会編　原書房

日本の〝朝鮮戦争研究〟の基本となる出版物がこの三点である。

ただし(3)は、自衛隊幹部による純粋の戦闘分析である。個々の戦闘に関して実に詳細に解説されているが、戦争全体の流れを見るにはあまりにミクロ的に過ぎる。

これに対して反対の視点に立っているのが(2)である。ノンフィクションであることはもちろんだが、文章の中には会話体が入り、これがハードな記述を柔らげている。
(1)は主として韓国側から見たものであって、戦争の実態をもっともよく伝えているように思える。
しかし、このいずれも、どうしたわけか航空戦に関する記述がきわめて少ない。

とくに(2)については、セイバーとミグとの空中戦、戦術爆撃、海軍航空部隊の活躍などについてほとんど触れてない。

国連軍が、あの程度の損害で戦争を〝引き分け〟に持ち込めた要因は、空軍力の差にあったと思われるのだが……。

これまで紹介した書籍は、いずれも読み終えるのに軽く一週間はかかろうという大著である。より簡単にこの戦争を知ろうとする場合には、次の二冊をすすめる。
(4)「朝鮮戦争」小谷秀二郎　サンケイ出版社
(5)「朝鮮戦争」神谷不二　中央公論社
(4)は、多くの写真と読みやすい文章で最も適当な入門書の役割を果たしている。
(5)は戦闘の描写よりも、韓国、北朝鮮とそれをめぐる国家の動きに注目し、この戦争の外的状況をわかりやすく我々に解説している。
この二冊は対照的な立場、構成となっているため、合わせて読み比べるべきであろう。

韓国

韓国の公的機関が刊行したこの戦争に関する戦史としては、国防部戦史編さん委員会の、「韓国戦争史研究」（全二巻）「韓国戦争史」（全八巻）

がある。この二つが決定的といえるが、日本語の完訳は出版されていない。

しかし後者については、何と中国語の全訳が刊行されていて、北京市内で入手できる。内容に関してはあらゆる出版物の中で、もっとも充実していると考えて良い。残念な点は、少々図が少なく、また全体の戦況を示す地図がないことであろうか。

すでに述べたとおり、一応の中国語は数ヵ月の勉学で読めるようになるので、本格的に朝鮮戦争を学ぼうとする研究者には入手を強くすすめておきたい。

「朝鮮戦争」（全五巻）黒竜江朝鮮民族出版社（内部発行）

また現在、手軽に入手できるものとして、元韓国陸軍参謀総長であり、戦争の全期間を通じて第一線にあった白善燁（はくぜんよう・ベクソンヨップ）による、「白善燁回想録」韓国戦争一千日　白善燁　ジャパン・ミリタリー・レビュー社　一九八八年

がある。

私見ではあるが、厳密な意味で紛争の渦中にあった人物の手記、回想録、回顧録などは、いずれも事件を分析するための手がかりとはなるが、歴史書とはなり得ないと思う。あまり

に著者の主観が〝真実〟とかけ離れている場合が多いからである。

しかし、本書は日本語で読める韓国人の書いた朝鮮戦争史の中では出色のものであって、一読に値する。

他にも韓国語で書かれた戦争関係類書は多く存在するが、日本人が読破するのは困難であろう。

北朝鮮

朝鮮民主主義人民共和国は、この戦争に関する公刊戦史を発行しているのであろうか。「祖国解放戦史」外国文出版社（ピョンヤン？）がこれに当たる可能性が高い。他には、
「朝鮮近代革命運動史」朝鮮科学院歴史研究所編
については日本語訳が出ているが、これは朝鮮戦争の戦史ではない。また右記の外国文出版社が出している
「朝鮮人民軍」一九七九年
には多くの情報が含まれているはずである。
ともかく、北朝鮮については正式な国交がなく、出版物の入手は容易でない。加えて著者は朝鮮・韓国語はまったく読めず、本書の執筆に当たっては北朝鮮の資料は何ひとつ読んでいないことを記すにとどめる。

アメリカ

アメリカの朝鮮戦争関連の論文、書籍、文献、研究資料はコンピュータ・データ・サービスで検索したところ、少なくとも三八〇〇種を越える。

これには軍隊内部の出版物（たとえば戦争に参加した師団、連隊史）等がふくまれていないから、総数は五〇〇〇種を上まわるはずである。したがって、その全部を読むことなどとうてい不可能であろう。

一方、主要なもの十数冊（たとえば、国連軍総司令官であったマッカーサー、クラーク、リッジウェイの回想録）は、すべて和訳されているので手軽に読むことができる。

しかし、いずれも戦争の全貌を知るには適しているとは言えない。韓国の項でも述べたが、個人の手記には——心情的には理解できるが——自分の失敗、判断ミスといったものがあまり書かれず、多分に都合の良い解釈がまかり通っているからである。

英文で書かれた数百（論文をふくめず）の出版物のなかから一冊を選ぶのはかなり難しい。専門の研究者の間でも意見は分かれるところであろうが、著者は英文の読みやすさも加味して、「The Korean War」by Max Hasztings　Michael Joseph Ltd 社　一九八七年をすすめたい。四七六ページもある大著であるが、鮮明な写真と共に、この戦争の概要をよく伝えている。また、巻末の索引がよく整理されていて、何と二四ページも延々と続いており、研究の良い手助けとなる。

また戦争全般についての公刊戦史としては、「The Conflict in Korea」 Department of State 一九六八年があり、また陸、海、空軍、海兵隊もそれぞれ独自の（公刊）戦史を出版している。

中国

中国が刊行している資料としては、すでに本文中でも取り上げている次の三冊が決定版となる。

(1)「中国人民志願軍・抗美援朝戦史」軍事科学院軍事歴史研究部編著　軍事科学出版社
(2)「当代中国軍隊的軍事工作」（上・下）当代中国人民委員会編著　中国社会科学出版社
(3)「新中国軍事活動紀実」一九四九〜一九五九　礼峰編著　中共党史資料出版社

まず、(1)は題名そのままの本で、文章の量は多くない代わりに、大量の表、図が記載されている。その詳しいことは、アメリカの出版物をはるかに超えており、四つの軍の司令官はもちろん、参謀長、政治委員の名前まで一目瞭然である。

また、主な戦闘を一覧表にまとめてあり、これは戦史研究上貴重な資料と言えよう。ただ、何とも残念なことは社会主義国の軍事出版物の常とは言え、戦果は記されていても自軍の損害がまったく隠されているのである。

ただし、文章中には損害数がかなり記載されている。

(2)はこれまた分厚い二冊の本で、内容の濃い点では(1)に劣らず、まさにデータの宝庫である。内容は朝鮮戦争に限っていないが、分量的にはもっとも多く、読みごたえは充分である。

⑶は中国軍に関する一日ごとのChronologyで、これだけ詳しい年表、日誌は西側にも見当たらない。五五〇ページを超す大著がただただ日々の状況を語り続けているのである。しかし、これまた社会主義国の本であり、党中央幹部の言行、そして人民と軍に対する大仰な形容が続出する部分には辟易すること間違いない。

他の中国側の参考書としては、海軍史、空軍史が出版されており、陸軍史も一九九九年中には刊行が予定されている。

また参戦兵士の手記などもいくつかあり、前記の書物と共に日本国内で入手可能である。さらに北京市内にある人民解放軍軍事博物館の一階にある売店に行けば、一般書店では売られていない〝内部発行〟の文字の入った関係書籍を買うことができる。本来は、中国の民間人、外国人には販売しないのかも知れないが、少なくとも一九九五年夏の時点では自由に、それも堂々と入手できた。また韓国語からの訳本〝朝鮮戦争〟（中国語）もここで購入したものである。

なお、もっとも研究者、ファンの多い航空戦に関しては、

「当代中国空軍」当代中国空軍編集委員会　中国社会科学出版社　一九八九年

が刊行されており、内容の濃さでは〝空軍史〟をはるかに凌いでいる。

さて、このように朝鮮戦争に関する書籍、文献は非常に多く、そのため か細部まで研究されているように思える。

しかし、相変わらず北朝鮮のものは少なく、あっても結局のところ自国政府のPR臭の強い出版物であろう。同国がアルバニアほどではないにしろ、鎖国まがいの政策をとっている現在、本当の戦史の刊行はまだまだ先になると考えられる。

また戦争中、国連軍の爆撃により北の全土が破壊され、多くの資料は灰燼に帰してしまった。

となれば統計的な資料の刊行など、もはや不可能なのかも知れない。

けれども〝北〟が国家として存続する限り、〝真実に近い歴史〟をまとめて、それを発表することが自国の国民のためにも必要と思うのだが……。

単行本　平成十一年六月　光人社刊

あとがき

三八ヵ月つづき、少なくとも二〇〇万人の犠牲者を出し、ふたつの国を完全に荒廃させた戦争は、朝鮮半島にどのような変化をもたらしたのであろうか。

変化と呼べるものは、戦前、戦後を通じて髪の毛一筋ほどもない。

国土の面積、国境線の位置変わらず。両国の政治形態変わらず。緊張状態、敵対意識変わらず……。

もっとも変わったとされるものを無理にでも探せば、同じ民族でありながらふたつの異なった体制下での、互いの憎しみの度合いである。

とくに〝侵略〟を受けた韓国の人々の北の指導部に対する感情は、怨念と表現すべきところまで高まった。

さらに当時の金日成を首班とする北朝鮮政府、そしてわが国の一部左翼系知識人がなんと言おうと、朝鮮戦争が〝北〟の全面的な武力侵攻で開始されたことはすでに周知の事実である。

それ以前に三八度線をめぐって小さな衝突が頻発していたにせよ、この歴史的真実は変わるものではない。

本文中でも記したが、朝鮮戦争が韓国側から仕掛けられたと信じている人々は、多くの事実から眼を逸らさずに、また単純なイデオロギーに惑わされることなく、戦争勃発時の状況を直視してほしい。

当時の韓国では、李承晩政権が六月初めの選挙に大敗、また軍事力は北の半分程度と弱体であり、そのうえ国内では武装した共産ゲリラが活発に活動していた。

このような状態の中でとても〝北進〟などできるものではない。

もしそれでも韓国が〝北進〟を実行したとするなら、なぜ開戦直後に全戦線で敗退し、わずか三日で自国の首都を敵に占領される、というような事態が起こり得たのであろうか。

現在ではかつて〝北〟を強力に後押ししていたロシア（旧ソ連）、中国政府の要人さえ、南進の事実を認めている。

ともかく北朝鮮政府は南の人民を、「アメリカ帝国主義の搾取から解放し、社会主義の恩恵を享受させせよう」として〝侵略〟を開始したのである。

このため少なく見積もっても二〇〇万人、最大三五〇万人という犠牲者を出してしまった。一人よがりのイデオロギーがいかに恐ろしい結果を招くものか、この戦争はそれを如実に示している。

それ以前に、南を解放しようとした北自身が、欧米諸国、さらに他のアジアの国々と比べても決して豊かとは言えない状況にあった。

これを忘れて隣国の武力解放に邁進《まいしん》するとは、まさに開いた口がふさがらないのである。

しかし現実というものは、見方によってはそれ以上の怪物とも言える。

この事実の確認を公式の場で要求すれば、現在断続的に行なわれている南北朝鮮の統一に関する会談は、明らかに中断に至るであろう。

場合によっては〝北〟はその非難を、交渉中断のための口実にするかも知れない。

北朝鮮政府が「あの戦争勃発の責任は当方にある」と告白する日が、今世紀のうちにやってくるであろうか。

もしあるとするなら、その日こそ「朝鮮民主主義人民共和国」に本当の民主主義が根付いたことの証明と、著者には思えるのである。

朝鮮半島にどのような未来が待っていようと、この戦争の悲劇は忘れられることはなく、また犠牲者は生き返らない。とすれば半島の土に眠る人々に真の意味で安息を与える必要がある。

北の立派な墓の中に横たわる一人の男の魂に、今もなお二〇〇万人の死者は問いかけ続けている。

あれは本当に必要な戦争だったのか、と……。

墓の中の男は自問する。確かに自分の主義、主張を信じ誇りをもって歩んできた生涯だが、そのなかにわずかに痛みを感ずる部分がある。〝解放〟という目的は、南の同胞に受け入れられたのであろうか。二〇〇万人の犠牲をどのように考えるべきなのであろうか。これまで他人はおろか、自分自身にまでこの問いを隠し続けてきたし、このあとも隠し続けるだろうが、その答えははっきりしている。

しかしながら、その答えを明らかにすることこそ、戦争の犠牲者たちに安息を与えるものなのである。

それとも時間という誰にも止めることのできない流れは、過去のすべての過ちをいつの間にか跡形もなく消し去ってしまうものなのであろうか。

これまでの本シリーズと同様、出版に当たっては光人社編集部のスタッフに大変お世話になった。著者の作品にはいずれも多くの図表が含まれており、割付け、校正には他書より数段の労力を必要とする。この点からも感謝の意を表しておきたい。

文庫版のあとがき

本書の初版は二〇年ほど前に刊行されている。その後、韓国と北朝鮮の間には、延坪島砲撃、哨戒艦沈没事件（いずれも二〇一〇年）という軍事衝突が存在した。さらに二〇一八、一九年と三回にわたって北の金正恩朝鮮労働党委員長、アメリカのトランプ大統領との南北関係の改善に向けた会談が行なわれている。

しかし、それでも南北をめぐる状況は、二〇年前とほとんど変わっていない。いくつかの経済的な問題を抱えながらも、韓国は大きな発展を遂げ、二〇一九年の統計を見ると国民の一〇人に一人が海外旅行に出かけ、半分の家庭が自家用車を保有している。

一方、三代にわたる金一族の統治が続く北の国民は、相も変わらず慢性的な電力不足、食料難に悩まされている。

これを記している二〇二〇年の初夏でも、餓死者がでているという情報さえ伝えられている。現代にあって信じられないような話であるが、ネットによる検索を試みると事実と思われる。

それでもいっさい北は、このような状況を変えようとしていない。かえって国民への統制を強め、いろいろな手段をもって南を恫喝している。

場合によっては、かなり規模の大きな軍事衝突さえ、辞さない構えである。

このようなとき、我が国をはじめ周辺諸国は、七〇年前、一〇〇〇日にわたって激しく戦われた朝鮮戦争を振り返ってみるべきなのである。

なにしろ、南北はもちろん我が国をはじめ世界の十数ヵ国を巻き込み、少なくとも二〇〇万という命が失われたのだから。

現代にあって、アフリカの地域紛争を別にすれば、二つの国の軍事衝突の可能性のあるのは、世界を見渡しても朝鮮／韓半島だけなのである。

したがってできれば、この地でかつて行なわれた大戦争を学ぶことが必須と考え、本書の出版となった。

本書は類書と比べて、政治状況よりも軍事的な推移に重点を置いているが、多くの情報を含んでいる。この面から、ご愛読をお願いするところである。

二〇二〇年七月

著　者

NF文庫

わかりやすい朝鮮戦争

二〇二〇年九月二十日　第一刷発行
著者　三野正洋
発行者　皆川豪志
発行所　株式会社　潮書房光人新社
〒100-8077　東京都千代田区大手町一-七-二
電話／〇三-六二八一-九八九一(代)
印刷・製本　凸版印刷株式会社
定価はカバーに表示してあります
乱丁・落丁のものはお取りかえ致します。本文は中性紙を使用
ISBN978-4-7698-3183-9　C0195
http://www.kojinsha.co.jp

NF文庫

刊行のことば

第二次世界大戦の戦火が熄《や》んで五〇年――その間、小社は夥しい数の戦争の記録を渉猟し、発掘し、常に公正なる立場を貫いて書誌とし、大方の絶讃を博して今日に及ぶが、その源は、散華された世代への熱き思い入れであり、同時に、その記録を誌して平和の礎とし、後世に伝えんとするにある。

小社の出版物は、戦記、伝記、文学、エッセイ、写真集、その他、すでに一、〇〇〇点を越え、加えて戦後五〇年になんなんとするを契機として、「光人社NF(ノンフィクション)文庫」を創刊して、読者諸賢の熱烈要望におこたえする次第である。人生のバイブルとして、心弱きときの活性の糧《かて》として、散華の世代からの感動の肉声に、あなたもぜひ、耳を傾けて下さい。